Joachim Widmann · „Dich kriegen wir weich"

Joachim Widmann

„Dich kriegen wir weich"

Berichte aus dem
Alltag einer Diktatur

1997

BOUVIER VERLAG · BONN

Die Deutsche Bibliothek - CIP-Einheitsaufnahme

Widmann, Joachim:
"Dich kriegen wir weich" : Berichte aus dem Alltag einer Diktatur /
Joachim Widmann. - Bonn : Bouvier, 1997
ISBN 3-416-02672-1

„Die Mitarbeiter der Abteilung XIV stehen in ihrem täglichen Dienst Staatsverbrechern gegenüber (...). Das setzt bei den Mitarbeitern der Abteilung XIV voraus, daß jedem Genossen aus tiefster, innerster Überzeugung klar ist, daß es sich bei diesen Häftlingen um wirkliche Feinde unseres Arbeiter- und Bauernstaates und damit des gesamten sozialistischen Lagers handelt (...)"

Aus einer „Ausarbeitung zur Persönlichkeitsstruktur der Mitarbeiter in der Untersuchungshaftanstalt" der Staatssicherheit, HA XIV, Bezirksverwaltung Frankfurt (Oder), ohne Datum (wahrscheinlich 1969), ohne Unterschrift

*

Einzelzelle. Keine Beschäftigung, nichts zu lesen, Kommunikation mit anderen war unmöglich. Nach einer Woche in Isolation begannen die Verhöre mit diesen Worten eines Offiziers der Staatssicherheit: „Dich kriegen wir weich".

Aus dem Bericht eines früheren Untersuchungshäftlings
der Staatssicherheit (1961)

*

„Geliebt bist Du vom Volk, vom Volk geehrt:
Seht, welch ein Leben, wahrhaft lebenswert,
Das seine Kraft an alle weitergibt –
Geehrt bist Du vom Volk, vom Volk geliebt."

Johannes R. Becher zum 65. Geburtstag Walter Ulbrichts,
„Neues Deutschland", 14. Juni 1958

*

„Das Bundesverfassungsgericht hat im Hinblick auf die DDR festgestellt: ‚Eine Unterordnung des Lebensrechts des einzelnen unter staatliches Interesse war materiell schwerstes Unrecht.'

Jedem Neugeborenen in der DDR wurden 1 000 Mark geschenkt. Die Kinder besuchten jahrelang eine Kita, später die Schule. Jeder bekam eine Lehrstelle, meist mit häufigem Unterricht, viele nahmen dann noch an Lehrgängen teil oder gingen in eine Berufsschule. Dies alles war umsonst, auf Kosten des Staates.

Manche, die auf diese Weise eine Facharbeiter-Ausbildung erhalten hatten, wollten nach dem Westen, weil sie dort mehr und besseres Geld für ihre Arbeit verdienten. Ist es tatsächlich schwerstes materielles Unrecht, wenn die Regierung der DDR, die zigtausend Mark in jeden jungen Bürger investiert hatte, dies verhindern wollte?"

Wolfgang Heyer, Waldesruh, in einem Leserbrief an die
„Berliner Zeitung", Ausgabe vom 22. November 1996

Inhalt

Der Druck ist nicht gewichen

Nachwirkungen der Diktatur

„Alles kann ich gar nicht erzählen", sagt Friedrich Gronau. Von 1952 bis 1989 hatte er immer wieder mit der Staatssicherheit zu tun. Als angeblicher Saboteur saß er zwölf Jahre lang im Gefängnis, dann wurde er bespitzelt: Verhör bei der Stasi; der Inoffizielle Mitarbeiter mit dem Decknamen „Helmut" war ein Freund seines Sohnes, IM „Erna" war die Nachbarin in Golzow, wo Gronau noch heute zurückgezogen lebt; als IM „Gossert" war der örtliche Polizist auf seiner Spur.

Nein, alles kann der alte Mann nicht erzählen. Aber jetzt, da die Deutsche Demokratische Republik und damit seine Schweigeverpflichtung dahin ist, kann er wenigstens die „Dinge, die mir wichtig sind", loswerden. Da war im Zuchthaus Brandenburg der alte KPD-Mann Walter Bergner gewesen, der schon im KZ gesessen hatte wegen seiner Gesinnung und von der DDR nach einem Besuch beim westdeutschen SPD-Chef Kurt Schumacher wieder eingesperrt wurde. Nach zehn Jahren Haft, erzählt Gronau, wurde Bergner für vier Wochen auf eine Entlassungszelle verlegt, um dann doch weiter gefangen zu bleiben: „Der war ein gebrochener Mann hinterher."

Oder der KPD-Mann Christian Eckert, der sich gegen die SED, „die Partei neuen Typs", aufgelehnt hatte und für zwölf Jahre hinter Gitter mußte, obwohl er für seine Sache im griechischen Bürgerkrieg gekämpft hatte.

In einer Einzelzelle saß in Brandenburg ein Junge, den Gronau kennenlernte, als er 17 war. „Der war als 12jähriger eingesperrt worden. Niemand wußte, warum. Auch er selbst nicht. Der konnte kaum sprechen."

Zeugen Jehovas, „die niemandem etwas getan hatten", alte SPD-Genossen, teils ebenfalls schon mit KZ-Vergangenheit – Andersdenkende, die sich nicht gleichschalten ließen und daher zu Kriminellen gestempelt wurden.

9

Mancher davon „hat im Leben nie etwas gehabt", sagt Gronau, nur KZ, DDR-Gefängnis, Unrechtsurteile, und im Knast Gebrüll, Schläge, Dunkelarrest, Wasserzelle oder gar, bei Fehlverhalten: scharfe Hunde. Gronau fühlt sich als ein Hüter dieser dunklen Kapitel der Vergangenheit, es ist ihm wichtig, sich der Namen und der Biographien zu erinnern. Der gebeugte kleine Mann, dessen Unterlippe nervös zittert, wenn er von damals berichtet, lehnt sich in seinem Sessel nicht an, beugt sich zu seinen Zuhörern vor, mit beiden Händen die Krücke seiner Gehhilfe so fest umfassend, daß die Fingerknöchel weiß hervortreten. Je mehr er erzählt, desto mehr Erinnerungen drängen nach. Immer wieder bricht Gronau in Tränen aus, wenn er von den verpfuschten Jahren seiner Leidensgenossen spricht. Er senkt den Kopf, wischt sich die Tränen ab und entschuldigt sich. Von seinem eigenen Leben berichtet er weit gefaßter. Entrüstung hat ihn stets aufrechterhalten und ist bis heute sein stärkstes Gefühl, wenn von seiner Vergangenheit die Rede ist: „Ich habe nichts getan! Wie kann man einem unschuldigen Menschen so etwas antun?"

Das ist eine rhetorische Frage. Die sozialistische Erziehung in Kindereinrichtung, Schule, Hochschule, die Bereitstellung von Arbeitsplätzen für alle und Ferieneinrichtungen für Werktätige, die Führung des Brigadetagebuchs, die Kollektivierung der Hausgemeinschaften und der Landwirtschaft, Sargproduktion, nationale Frage, Nationale Volksarmee, Selbstkritik, Zivilverteidigung, Außenpolitik, Hausordnung, Fortschritt, Traditionspflege, gesellschaftliche Kontrolle, Reiseerlaubnis, Körperkultur, Produktions- und Eigentumsverhältnisse, Grenzregime, Feierabendheim, Mieten, Brot- und Schnapspreis, Lenkung und Anleitung der Kulturschaffenden und der Medien sowie der Parteien des Demokratischen Blocks und der Organisationen der Nationalen Front – alles wurde bestimmt und war durchdrungen von den Kadern und den Verbündeten der Sozialistischen Einheitspartei Deutschlands. Die SED hatte, wie alle Diktatoren, ein simples Weltbild: Hier die Freunde, da die Feinde.

Gronau war ein „Feind": zwölf Jahre Zuchthaus.

Wer waren die Täter? Die Nomenklaturkader der SED? Nur die greisen Herrschaften im Zentralkomitee? Der Stasimann, der „nur

10

seine Pflicht getan hat", wenn er Richter zur Rechtsbeugung, Bürger zum Spitzeln, Menschen ins Gefängnis brachte?

Vom teilnahmslosen Bürger, der von alledem nichts wissen wollte, über den, der sich durch geduckte Haltung, Opportunismus und Heuchelei kleine Fluchten und Vorteile verschaffte, und den kleinen, auf seinen persönlichen Nutzen bedachten Inoffiziellen Mitarbeiter bis hinauf zu Walter Ulbricht oder Erich Honecker war jeder ein Täter oder ist mindestens Teilhaber an der Verantwortung für das Unrecht, das den vermeintlichen Feinden des Systems angetan wurde.

Die genaue Zahl der Opfer ist unbekannt. In der Zentralen Erfassungstelle Salzgitter wurden rund 42 000 Fälle registriert: Politsche Häftlinge, gescheiterte und umgekommene Republikflüchtige. Nach verschiedenen Schätzungen gab es von Oktober 1949 bis November 1989 in der DDR zwischen 150 000 und 200 000 Verurteilungen in politischen Prozessen. Im Potsdamer Militärarchiv lagern zudem um 100 000 „operative Tagesmeldungen" über Grenzzwischenfälle.[1]

Doch repräsentieren diese Zahlen nur einen kleinen Teil der Misere. Als „politischer Prozeß" nicht erfaßt wurden solche Verfahren, bei denen Tatbestände wie „Asoziales Verhalten" oder „Diebstahl von Volkseigentum" zur Verurteilung führten. Im Zuge der Rehabilitierung ehemaliger Strafgefangener sind den zuständigen Juristen immer wieder Fälle untergekommen, bei denen der politische Hintergrund der Urteilsbegründung direkt nicht zu entnehmen ist, aber anhand der Akten der Staatssicherheit nachgewiesen werden kann, daß Volkspolizei, Staatsanwaltschaft und Gericht unter dem Einfluß der SED nur den Anschein erweckten, ein ordentliches Strafverfahren zu führen – dabei war der Tatbestand konstruiert, die Beweise größtenteils falsch: eine politische Intrige gegen den Angeklagten.

---

[1] Deutscher Bundestag (Hrsg.): Materialien der Enquete-Kommission „Aufarbeitung von Geschichte und Folgen der SED-Diktatur in Deutschland", Baden-Baden 1995, Band IX, Seite 21 f. (Im folgenden zit. als „Materialien der Enquete-Kommission".)

11

Solche Intrigen sind auch der Hintergrund für oft unmenschlich hohe Strafmaße gegen Angeklagte, deren Verbrechen einwandfrei nachgewiesen wurde: Wer Pech hatte, an dem wurde ein Exempel statuiert.

Zudem wurden viele Menschen ohne Anklage monatelang inhaftiert und unter Druck gesetzt, um ihnen Geständnisse oder Aussagen über andere abzupressen. Wer ohne Klageerhebung und also ohne Verfahren freikam, taucht weder in der Statistik der Rehabilitierten noch in der der politischen Verfahren auf.

Ein weiteres dunkles Kapitel ist die mitunter monatelang andauernde Verweigerung von Wohnung, Arbeit und Sozialleistungen für viele Angehörige politischer Häftlinge und Haftentlassene – auch hier ist die Zahl der Betroffenen nicht zu ermitteln. Dasselbe gilt für die vielen DDR-Bürger, die wegen mangelhaften „gesellschaftlichen Engagements" in Parteien oder Massenorganisationen als unvollkommene Sozialisten in ihrem beruflichen Fortkommen oder – durch die Verweigerung von Oberschul- und Hochschulausbildung – in ihrer persönlichen Entwicklung behindert wurden.

Opfer der besonderen Methoden, mittels derer die SED ihre Macht erhielt, sind zudem all jene, deren Recht auf Unversehrtheit der Privatsphäre verletzt wurde, sei es durch konspirative Überwachung oder durch Zersetzungsmaßnahmen. Nicht wenige, die sich trotz Mauer und Schießbefehl in der eingeschränkten, aber viele Sicherheiten und Rückhalte bietenden, kleinbürgerlichen Welt der DDR mit den geltenden Verhältnissen arrangiert hatten, lernten erst bei Akteneinsicht, daß sie nicht allein Herren über ihre Biographien gewesen waren.

Hunderttausende Opfer, und doch hört man nur von den Prominenten, an denen die Medien interessiert sind. Als wären die anderen nur Zahlen in der Statistik, werden ihre Biographien als eine Gegebenheit hingenommen.

Daß sich westdeutsche Print- und elektronische Medien hierfür kaum interessieren, ist leicht mit den Interessen ihrer Klientel zu begründen. Daß aber auch im Osten nur sehr wenig Aufklärung über die DDR betrieben wird, überrascht auf den ersten Blick,

12

denn hier wäre eine starke Minderheit des Publikums lebhaft daran interessiert.

Doch sind so gut wie alle Ost-Medien umstrukturiert, aber ohne wesentliche personelle Veränderungen aus der Medienlandschaft der DDR hervorgegangen. Medien in der DDR waren zur eindeutigen Parteinahme für die SED und den Sozialismus gehalten, für jeden einzelnen Journalisten war Opportunismus eine Existenzfrage. In diesem Lichte betrachtet, verwundert es allenfalls milde, daß auch in den neuen Bundesländern eine Kritik der DDR nur sparsam stattfindet.

Dort leben noch viele der Opfer. Zur allgemeinen Hemmung, sich mit ihnen auseinanderzusetzen, trägt bei, daß dort die politische Landschaft in vielen Bereichen von der SED-Nachfolgepartei PDS dominiert wird. Da ist viel vom „Rentenunrecht" gegen die früheren Hauptamtlichen der Stasi und frühere NVA-Leute, also Privilegierte des Systems, die Rede – doch wer spricht vom „Rentenunrecht", das durch Karriereblockaden oder jahrelange Haft auf Seiten der Opfer entsteht?

Wie nach jeder politischen Wende besteht das alte System in den Köpfen und in vielen Strukturen fort. Öffentlichkeit herstellen, um der Bildung von Legenden vorzubeugen: Das war 1994 meine Motivation, eine Artikelserie in der „Märkischen Oderzeitung" zu beginnen, die allein dem Schicksal von Opfern der politischen Gewaltherrschaft in der DDR gewidmet war – solchen aus der schweigenden Masse. Mit der Serie, auf der dieses Buch basiert, erhellte die „Märkische Oderzeitung" in 80 Folgen, die bis August 1996 erschienen, auch ein Stück der eigenen Vergangenheit als Organ der SED-Bezirksleitung Frankfurt (Oder), „Neuer Tag".[2]

Kein Opferschicksal kann erzählt werden, ohne zugleich die Funktionsweise des Machtapparats zu erklären. Die DDR war durchzogen von Beziehungsgeflechten, von Informations- und

---

[2] Die „Märkische Oderzeitung", Regionalzeitung für Ostbrandenburg mit Sitz in Frankfurt (Oder), wurde 1990 gegründet und übernahm Personal, Leserschaft und Verbreitungsgebiet des „Neuen Tag". Die Zeitung gehört heute einer Tochtergesellschaft der Südwestpresse, Ulm.

13

Konsultationssträngen, die den Zweck hatten, das sozialistische Gemeinwesen dicht- und zusammenzuhalten. Das Bild, das die Führung sich von ihrem Staat auf der Basis ihrer Ideologie machte, war gegen jeden Kratzer oder Schatten zu sichern. Ob Stalin das Idol oder der Personenkult abgeschafft war, der Einfluß des Staates gemäß Lenins Theorien überflüssig gemacht oder im Sinne der SED auf dem Umweg über die Stärkung der Herrschaft der Partei der Arbeiterklasse vergrößert werden sollte, ob künstlerische Experimente und Kritik gerade angesagt oder verpönt waren – wie immer das Wunschbild der DDR gerade aussah, es war unbedingt gültig. „Keine Fehlerdiskussion" und „nach vorne denken" – diese Imperative waren die typische Voraussetzung jeder Debatte über die Lage der DDR.

Die Staatssicherheit hatte als Instrument der Parteimacht allzu offenkundige Diskrepanzen zwischen Schein und Wirklichkeit zu erkunden, zu kaschieren oder zu beseitigen. Sie setzte das Feindbild der SED in „politisch-operative Arbeit" um. Ihre Haltung bei dieser Arbeit und wie mit „Feinden" umzugehen war, ist exemplarisch einer MfS-internen „Ausarbeitung zur Persönlichkeitsstruktur der Mitarbeiter in der Untersuchungshaftanstalt"[3] zu entnehmen. „Ausarbeitungen" dienten als Material für interne Forschungen oder Mitarbeiterschulungen, wo als Abschluß ebenfalls „Ausarbeitungen" angefertigt werden konnten. Sie waren Auftragsarbeiten mit dem Zweck, bestehende Normen des MfS zu beschreiben, zu prüfen oder durchzusetzen sowie neue Normen für die tägliche Arbeit herauszubilden:

> *„Erwartungen an die Persönlichkeit eines Mitarbeiters des MfS im Umgang mit Straf- und Untersuchungsgefangenen*
> Die Mitarbeiter der Abteilung XIV stehen in ihrem täglichen Dienst Staatsverbrechern gegenüber, deren Ziel es war, die Machtverhältnisse zu verändern und damit die sozialistische Staats- und Gesellschaftsordnung zu beseitigen. Das setzt bei den Mitarbeitern der Abteilung XIV voraus, daß jedem Genossen aus tiefster, innerster Überzeugung klar ist, daß es sich bei diesen Häftlingen um wirkliche Feinde des Arbeiter- und Bauern-Staates

---

[3] Stasi-Bezirksverwaltung Frankfurt (Oder), Abt. XIV, undatiert (wahrscheinlich 1969), unsigniert.

14

und damit um Feinde des gesamten sozialistischen Lagers handelt und welche hohe Verantwortung bei der Wahrnehmung der dienstlichen Aufgaben diese Mitarbeiter zu erfüllen haben.

Im Entwurf der Dienstanweisung über politisch-operative Dienstdurchführung in den Diensteinheiten XIV der Organe des MfS vom 7. 5. 1969 heißt es: ,Der Umgang mit Häftlingen erfordert ein hohes Klassenbewußtsein und unbedingte Treue zur Partei der Arbeiterklasse und zur Regierung unseres sozialistischen Staates. Deshalb müssen die Angehörigen der Diensteinheiten XIV der Organe des MfS bei der Ausübung ihres Dienstes höchste revolutionäre Wachsamkeit, militärische Disziplin und eine hohe Einsatzbereitschaft beweisen.' Diese Feststellung zeigt, welche hohen Anforderungen an die politisch-ideologische Reife, an den Charakter, das Wissen, die Haltung sowie an das Gesamtverhalten eines Mitarbeiters der Abteilung XIV zu stellen ist.

1. Persönlichkeitsmerkmale, die bei einem Mitarbeiter der Abteilung XIV im Vordergrund stehen

Bei der Auswahl der Genossen für den Dienst in der Abteilung XIV ist zu beachten, daß der beste und bewußteste Genosse, der allen Erwartungen entsprechen würde, nicht in der Abteilung XIV arbeiten könnte, wenn er bestimmten körperlichen Anforderungen nicht entspräche.

Somatische (körperliche) Anforderungen:

– Der Genosse darf von seiner Statur her (Körpergröße) nicht kleiner als 1,65 m sein, um ohne Hilfsmittel durch die Spione in die Zellen schauen zu können;

– Der Genosse sollte in der Regel nicht jünger als 25 Jahre sein; (...)

– Der Genosse sollte nach Möglichkeit sportlich veranlagt sein und zumindest die Grundbegriffe der Selbstverteidigung beherrschen bzw. gewillt sein, Judo zu erlernen, um bei evtl. Vorkommnissen sich erfolgreich wehren zu können;

– Der Genosse muß ordnungsliebend und sauber an sich selbst sein sowie über eine straffe Körperhaltung verfügen, um vor dem Häftling nicht lächerlich zu wirken;

Bildungsmerkmale sowie Charaktereigenschaften:

– Der Genosse muß über ein bestimmtes politisches Grundwissen verfügen (Klarheit in den Grundfragen der Politik von Partei

15

und Regierung) und muß bereit sein, sich im Marxismus-Leninismus ständig weiterzubilden;

- Er muß sich bemühen, die Grundfragen der sozialistischen Strafgesetzgebung zu beherrschen, er muß die Strafprozeßordnung kennen und die Befehle und Weisungen der Untersuchungshaft beherrschen und befolgen;

- Er muß ein der Partei treu ergebener Kämpfer sein und festes Vertrauen zum MfS besitzen, er muß ein wahrer Freund der SU sein und bereit sein, aus den geschichtlichen Erfahrungen der Freunde zu lernen;

- Es dürfen sich in seinem Verhalten keine weichen Charakterzüge zeigen, die dem Feind gegenüber Mitleid verspühren lassen. Er muß frei sein von Angst bzw. aufkommende momentane Angstgefühle überwinden können;

- Er muß die Fähigkeit besitzen, im Verhalten gegenüber dem Feind Stolz, Härte, Unnahbarkeit, Kälte und Überlegenheit zu demonstrieren. Bei dem Gegner muß der feste Eindruck entstehen, daß an diesen Mitarbeiter, der sich korrekt verhält, auf keinen Fall heranzukommen ist, keine Kontaktaufnahme möglich ist, und daß dieser Mitarbeiter des MfS mit seiner gesamten Persönlichkeit fest hinter Partei und Regierung steht.
  Die Treue zur Sache muß in seinem gesamten Verhalten zum Ausdruck kommen.

- Er muß reaktionsfähig sein, schnell im Denken und Handeln und bei plötzlich auftretenden Situationen richtig reagieren und entscheiden können.

- In seinem Wesen muß sich eine bewußte Diszipliniertheit, Tapferkeit, Mut, Kühnheit, Standhaftigkeit, Gewissenhaftigkeit, Entschlossenheit, Selbstaufopferung, Willenskraft, Zähigkeit, Ausdauer, Beharrlichkeit, Heroismus und Patriotismus widerspiegeln.
  Der Patriotismus und der Haß gegen die Feinde dürfen sich nicht nur als eine Deklaration zeigen, sondern muß zur Tat d. h. zur ständigen Wachsamkeit werden.

Ein Mensch mit solchen Charaktereigenschaften muß gleichzeitig die Menschen achten und schätzen, er muß ihre Arbeit achten und lieben. Er muß eine gesunde Einstellung zum Kollektiv haben, muß kritisch und selbstkritisch sein, er muß Offenheit und Ehr-

16

lichkeit seinen Genossen gegenüber zeigen. Er muß kamerad-schaftlich und großzügig.

Egoisten sind weder Freund noch Kamerad.

Er muß weiter solche moralischen Eigenschaften besitzen, wie Fleiß, Beharrlichkeit, Wahrhaftigkeit und Rechtschaffenheit, Ein-fachheit und Bescheidenheit, Konsequenz sich selbst und anderen gegenüber, er muß unbeugsam in der Erreichung gesetzter Ziele sein. (...) Der Mitarbeiter in der Abteilung XIV muß sexuell normal ver-anlagt sein und ordentliche, saubere Beziehungen zum anderen Geschlecht haben. Es müssen sich feste Ansichten und Überzeugungen für das sittliche Verhalten herausbilden. Zu beachten ist, daß ‚trotz guter Absichten‘ viel Unheil ange-richtet werden kann, wenn sich ein Mensch zum Beispiel nur vom Gefühl leiten läßt, wo solche verinnerlichten Charakterzüge nicht mit Überzeugung und Wissen gefestigt sind. Überzeugung und Wissen verleiht dem Menschen die Möglichkeit, moralische Prin-zipien in einer konkreten Situation richtig anzuwenden. Großzü-gigkeit und Wahrhaftigkeit z. B. können sich in ihr Gegenteil verwandeln, wenn man die listigen, hinterhältigen Schlichen des Feindes nicht beachtet bzw. unterschätzt, wenn man keine politi-sche Wachsamkeit übt. (...)"[4]

Die unbeabsichtigte Selbstentlarvung, die in der hierarchischen Differenzierung zwischen „Feind", „Mensch" und „Genosse" gip-felt, erklärt, warum es nicht nur für „Feinde" und „Menschen", sondern auch für den einen oder anderen Genossen eine Genugtu-ung und eine Erleichterung war, als das System endlich zusam-menbrach.

Dessen „Feinde" knüpften besondere Hoffnungen an die Wende von 1989/90. Vieles änderte sich auch wunschgemäß. Einen Wen-depunkt, an dem die früheren Täter und Teilnehmer des Systems zur Einkehr gezwungen worden wären und die Opfer plötzlich ihr Recht erhalten hätten, gab es jedoch nicht – so wenig eine anti-kommunistische „Rachejustiz" auszumachen ist.

---

[4] Originalgetreuer Wortlaut.

17

Natürlich wurde den Opfern das Recht eingeräumt, sich juristisch rehabilitieren zu lassen, natürlich wurden sie finanziell entschädigt, soweit sie Unrechtsjustiz und Haft zu erleiden hatten. Unterhalb dieser Grenze wurde der Schaden vielfach nicht einmal moralisch kompensiert. Denn auf der anderen Seite gingen die meisten Täter straffrei aus, da ein Großteil der Delikte, wie etwa der Bruch des Postgeheimnisses, die Telefonüberwachung oder die lückenlose Ausforschung einer Privatwohnung, nach den DDR-Gesetzen mit einer geringfügigen Strafe belegt oder legal war und daher heute nicht bzw. allenfalls als Beihilfe zu Rechtsbeugung oder einer Tat, die nach jüngsten höchstrichterlichen Entscheidungen als Verstoß gegen die allgemeinen Menschenrechte geahndet werden kann, zu verfolgen ist. Die meisten Täter werden also nicht belangt.

Selbst im Öffentlichen Dienst haben die wenigsten „positiven" Bescheide der Behörde des Bundesbeauftragten für die Unterlagen der Staatssicherheit über eine Tätigkeit als freier, also Inoffizieller Mitarbeiter bei der Stasi, zur Entlassung des so Belasteten geführt. In vielen Behörden ist es üblich, weniger den Tatbestand als Kündigungsgrund zu bewerten, als lediglich die Bereitschaft, den Fragebogen für die sogenannte „Regelanfrage" wahrheitsgemäß auszufüllen. Entsprechende Normen wurden, auch aus Mißtrauen gegenüber den Akten der Staatssicherheit, in einer Vielzahl arbeitsrechtlicher Prozesse gesetzt. Grundsätzlich gilt, daß eine Mitarbeit bei der Stasi allein kein Kündigungsgrund ist.

Dazu kommt, daß viele Opfer nicht in der Lage sind, über ihr zum Teil traumatisches Erleben offen zu sprechen. Viele haben sich der infolge der SED-Propaganda gegen den „Feind" noch immer gegen sie bestehenden Vorbehalte zu erwehren. Das ist einer der Beweggründe dafür, daß die wenigsten, die als Opfer bekannt sind, Anzeige erstatten: Nach übereinstimmenden Angaben aus der Behörde des Bundesbeauftragten für die Unterlagen des Staatssicherheitsdienstes der DDR und verschiedenen Landesstaatsanwaltschaften erheben nur eins bis vier von hundert Opfern Klage gegen die Täter. Auch die Bereitschaft von Opfern, als Zeuge vor Gericht aufzutreten, ist gering.

Dennoch ist die Zahl der laufenden Vorgänge außerordentlich hoch. So waren bei der für DDR-Justiz- und Regierungs-Unrecht

18

im Land Brandenburg zuständigen Schwerpunktstaatsanwaltschaft in Neuruppin Ende 1995[5] 11 500 Einzelvorgänge anhängig, das heißt, allein in Brandenburg waren zu diesem Zeitpunkt 11 500 mögliche Straftaten früherer DDR-Funktionäre bekannt, darunter 5 500, zu denen Ermittlungsverfahren anhingen oder eine Anzeige vorlag. Rund 4 000 Vorgänge sind Gegenstand von 460 Verfahren gegen Richter und Staatsanwälte der früheren DDR, 1 250 Vorgänge beziehen sich auf Mißhandlungen von Strafgefangenen und Todesfälle in Gefängnissen. Hier liefen Ende 1995 rund 290 Verfahren. Wenn es auch bei weitem nicht jeden traf: Unrecht und Willkür waren Alltag in der DDR – das ist angesichts der Zahlen keine moralische Wertung, sondern eine statistisch untermauerte Tatsache.

Die Verletzung der persönlichen Ehre ist bei vielen Opfern so tief gegangen, daß sie allein durch den Sieg des „anderen" Systems nicht zu heilen war. Wie auch, wenn viele der früheren Täter oder deren Handlanger heute in Behörden und Betrieben erneut auf der Karriereleiter emporsteigen – sie haben sich kurzerhand auf die Seite des Siegers geschlagen und fahren gut damit. Schon durch ihre oft überdurchschnittliche Qualifikation – also dank des Bildungsprivilegs, das viele SED- und alle Stasileute genossen – und durch ihre Fähigkeit, im Rahmen streng hierarchischer Befehlsstrukturen eigenständig zu funktionieren, sind sie prädestiniert für Druckposten, wie auch der Bundesbeauftragte für die Stasiunterlagen, Joachim Gauck, im Sommer 1995 auf der Jahrespressekonferenz seiner Behörde feststellte. Dabei bedienen sie sich bis heute häufig alter Kontakte, über die sie noch aus der Zeit verfügen, da das ausgeklügelte System der „Nomenklaturkader" noch Bestand hatte. Ein jeder an seinem bestimmten Platz, in seiner bestimmten Funktion – einer für alle, alle für ein Ziel. Ziel ist heute freilich nicht etwa die Unterdrückung ehemaliger DDR-Opfer, sondern der eigene, persönliche Vorteil für sich und die ehemaligen Genossen. Das Bestehen sogenannter Seilschaften ist eine zum Bei-

---

[5] Erardo Rautenberg: Plädoyer für ein begrenztes Straffreiheitsgesetz im Bereich des SED-Unrechts, in: Neue Justiz 12/95.

19

spiel von den Kripo-Leuten, die Wirtschaftsverbrechen der Wendezeit aufzuklären haben, bewiesene Tatsache.[6] So kommt es vor, daß die Opfer erneut in untergeordneter Position Tätern gegenüberstehen, sei es, wenn sie Antrag auf einen Telefonanschluß stellen – Belastungs-Rate bei der Ost-Telekom: rund 30 Prozent –, sei es, daß sie, wie es Freya Klier[7] geschah, als Zeugen in Strafprozessen einem früheren Stasivernehmer, der auf der Stasihochschule in Postdam-Eiche auf „Dipl." oder „Dr. Jur." studiert hatte, in der Rolle des Verteidigers eines anderen Täters begegnen... Die Reihe ließe sich fortsetzen.

Interessanterweise haben die Täter es geschafft, die eigene Rolle von einst auf die Opfer und den politischen Gegner zu projizieren, um ihren Kampf unter umgekehrten Vorzeichen fortzusetzen. So unterstellte Hans Modrow, einst der letzte SED-Mann an der Spitze der DDR und angeblich ein Reformer, der klageführenden Staatsanwaltschaft und dem Gericht, vor dem er sich wegen Wahlfälschung zu verantworten hatte, politischen Mißbrauch des Strafrechts, um ihn als sozialistischen Volksvertreter aus dem Bundestag zu drängen. Am 18. Februar 1997 verschickte Modrow gemeinsam mit vier anderen früheren Spitzenfunktionären der DDR und der Parteien des sozialistischen Blocks[8], ein „Memorandum

---

[6] Materialien der Enquete-Kommission, Band I, S. 610 ff.
Wie der Autor durch eigene Recherchen in Erfahrung brachte, wurde der Vorwurf, jemand gehöre einer Seilschaft an, allerdings häufig mißbraucht. So suchten Mieter in Potsdam, ihre Vermieter zu diffamieren, um sich das Haus anzueignen; wurden Mitarbeiter verschiedener Landesregierungen im Zuge von Genehmigungsverfahren angeschwärzt, als Mitglieder von Seilschaften die freie Wirtschaft hindern zu wollen; sahen sich unbescholtene Agrargenossenschaftsvorstände dem Vorwurf ausgesetzt, ehemalige LPG-Genossen als Seilschaft auszunehmen. Mindestens ebenso häufig kam es allerdings vor, daß die Opfer den Tätern wieder gegenübersaßen und von diesen erneut nichts Gutes zu erwarten hatten. Der Schaden, der durch falsche Seilschaft-Vorwürfe angerichtet wurde, ist ungleich geringer als schon der materielle Schaden, der durch Funktionäre unter Ausnutzung ihrer alten Verbindungen angerichtet wurde. Schätzungen schwanken zwischen knapp zehn und über 20 Milliarden Mark.

[7] Der ehemalige Stasioffizier Osterloh verteidigte 1996 den früheren DDR-Anwalt Wolfgang Schnur, der auch seine Mandantin Klier an die Stasi verraten hatte, vor dem Berliner Landgericht. Schnur wurde wegen Mandantenverrats zu einer Freiheitsstrafe verurteilt.

[8] Das Schriftstück ist unterzeichnet von: Prof. Dr. Manfred Gerlach, amt. Staatsratsvorsitzender der DDR von Dezember 1989 - März 1990, Vorsitzender der Li-

20

zur juristischen Verfolgung von Bürgern der Deutschen Demokratischen Republik durch Justizorgane der Bundesrepublik Deutschland" nach Angaben einer Nachrichtenagentur an Organisationen und Regierungsstellen in etwa 60 Staaten in aller Welt, in dem die Verfolgungspraxis gegen DDR-Staats- und Regierungsverbrechen seit der Vereinigung Deutschlands als ein schwerer Verstoß gegen die Menschenrechte dargestellt wird:

„Angeklagt und verurteilt werden Führungskräfte und Mitarbeiter aus Ministerien und Verwaltungen der DDR. Juristischer Verfolgung unterliegen hunderte Funktionäre von politischen Parteien und Verbänden. Sie alle sollen zu Straftätern gemacht werden, weil sie hoheitliche Aufgaben auf der Grundlage der Verfassung und von der Volkskammer – dem höchsten gewählten Gremium der DDR – beschlossener Gesetze wahrgenommen haben."

In dem „Memorandum" werden die Opfer der SED-Politik so wenig erwähnt wie der Umstand, daß die Täter heute auf der Basis derselben Gesetze vor Gericht gestellt werden, nach denen sie sich bis 1989 so vorbildlich gerichtet haben wollen.

PDS-Star Gregor Gysi sieht bei der Vielzahl Berichte, die sich auf den Verdacht beziehen, er habe für die Stasi gespitzelt, ebenfalls Fanatiker am Werke, die die Beweislast dem Angeklagten auferlegen wollten. Viele, darunter als Gutachter die Wissenschaftler der Behörde des Bundesbeauftragten für die Stasiunterlagen, halten es für aktenmäßig erwiesen, daß die Staatssicherheit über den Anwalt Gysi, dem die IM-Decknamen „Gregor", „Notar" und „Sputnik" zugeordnet werden, zu wertvollen Informationen über dessen Mandanten gelangt sei, etwa über den Bürgerrechtler Robert Havemann. Wie der brandenburgische Ministerpräsident Manfred Stolpe – IM „Sekretär" – weiß Gysi auf alle neu auftauchenden Vorwürfe Antworten und Erklärungen. Beide

---

beral-Demokratischen Partei Deutschlands; Gerald Götting, Präsident der Volkskammer der DDR von 1969 - 1976, Vorsitzender der Christlich-Demokratischen Union Deutschlands; Dr. Hans Reichelt, langjähriger Minister bzw. Stellvertreter des Vorsitzenden des Ministerrates der Regierungen Grotewohl, Sindermann und Stoph der DDR, Stellvertreter des Vorsitzenden der Demokratischen Bauernpartei Deutschlands; Prof. Dr. rer. pol Gerhard Fischer, Mitglied des Sekretariats bzw. des Präsidiums des Hauptvorstandes der Christlich-Demokratischen Union Deutschlands von 1956 - 1989.

weisen kategorisch zurück, jemals für die Stasi gespitzelt zu haben, wobei beide wiederum nicht bestreiten, mit der Stasi im Zuge ihrer Arbeit als Anwälte in Strafsachen bzw. für die Evangelische Kirche gelegentlich Kontakt gehabt zu haben.

Wer behauptet, Gysi sei ein „Spitzel" der Stasi gewesen, muß mit einer deftigen Unterlassungsklage rechnen, ja wenn eine Zeitung einen Kritiker Gysis mit einer entsprechenden Äußerung korrekt zitiert, klagt Gysi gegen die Zeitung.

Das Ziel ist, sich selbst als politisch Verfolgte zu zeichnen, die Stasiakten zu einem Fabrikat übereifriger und geltungssüchtiger Bürokraten abzuwerten und Aufklärung fordernde, frühere Bürgerrechtler wie Jürgen Fuchs und Bärbel Bohley als Hysteriker zu diffamieren.

Die Wissenschaft ist sich indessen einig, daß Akten der Staatssicherheit die Wahrheit enthalten. Sie waren ja nicht als Propagandamaterialien gedacht, um nach einer politischen Wende dem Feind Fehlinformationen zu liefern, sondern dienten der Arbeit des Binnengeheimdienstes als Grundlage. Es wäre unsinnig, aus Sicht der Staatssicherheit sogar gefährlich gewesen, grobe Lügen hineinzuschreiben.

Fehlerhaft, da ideologisch gefärbt und geschönt, sind die Einschätzungen und Charakteranalysen in den Akten. Doch wenn ein Stasioffizier angibt, sich an einem bestimmten Ort zu einer bestimmten Zeit mit IM „Notar" oder „Sekretär" getroffen zu haben, muß dies im Rahmen menschlicher Fehlbarkeit als Wahrheit hingenommen werden.

Und doch: Vor Gericht werden viele Informationen aus Stasiakten nicht nur mit vernünftigen Zweifeln bedacht und naheliegender Quellenkritik unterzogen, sondern grundsätzlich angezweifelt – nämlich immer dann, wenn konspirativ, also ohne Nennung von Autor und Adressat – intern Informationen ausgetauscht wurden. Mancher Täter ist unbehelligt und lächelnd aus dem Gerichtssaal geschritten, da das Gericht bei der Beweiswürdigung Informationen, die konspirativ ermittelt und logischerweise ohne Quellenangaben notiert worden waren, mit erlogenen Informationen verwechselt hatte.

Zu dem nichtbefriedigten Bedürfnis, durch ein Strafverfahren Rechtsfrieden herzustellen, gesellt sich da bei vielen Opfern das

22

Gefühl, daß ihnen ihre mit den Akten gewonnene Biographie in der Diskussion über deren Faktizität wieder entgleitet.

Dieser Erfolg, der auf der Seite der Täter verbucht werden konnte, schlägt durch bis in deren letzte Reihe. Nicht viele Täter bringen allerdings soviel Mut – oder die Dreistigkeit – eines früheren Inoffiziellen Mitarbeiters der Staatssicherheit auf, der mir ganz offen und selbstbewußt damit drohte, daß ich „beim nächsten Systemwechsel" (an dessen Kommen in naher Zukunft er nicht zu zweifeln scheint) auf sein Wohlwollen angewiesen sein würde. Ich solle mich gut mit ihm stellen, riet er mir in einem Leserbrief zur letzten Folge der Serie über Opfer der Stasi, die seit 1994 in der „Märkischen Oderzeitung" in Frankfurt (Oder) veröffentlicht worden war.

In der 80. Folge der Serie hatte ich es gewagt, ohne den Namen zu nennen, von meiner Begegnung mit dem Mann zu schreiben: Obwohl sich der Stadtverordnete der PDS im Frankfurter Stadtparlament ein knappes Jahr zuvor selbst als früherer IM offenbart hatte, mochte er Ende 1993 nicht mehr dazu stehen. Er wollte der Veröffentlichung eines Wortlautinterviews nur dann zustimmen, wenn ich die Bezeichnung „IM", die er sich selbst gegeben hatte, daraus streichen würde.

Er hatte in dem Interview sogar zugegeben, eine schriftliche Verpflichtungserklärung gegenüber der Stasi abgegeben zu haben. Da dieser formlose, handgeschriebene Zettel das Wort „Inoffizieller Mitarbeiter" nicht enthielt, glaubte der Mann sich im Recht, sich als IM nicht bezeichnen zu müssen. Er nannte als einen weiteren Grund, daß ohnehin „keine Atmosphäre der Offenheit" herrsche und daß die Öffentlichkeit mit dem Geständnis eines IM nicht angemessen umgehen könne. Natürlich erschien das Interview nicht. Es wäre unseriös gewesen, dem Mann die Streichung seines Geständnisses zuzugestehen und nur die Rechtfertigungen für sein Verhalten – er sei aus Familientradition ein überzeugter Sozialist und Antifaschist gewesen – zu veröffentlichen.

Im übrigen habe er niemandem geschadet.

Aus Sicht der Opfer ist diese immer wieder von Tätern oder Mittätern vorgebrachte Schutzbehauptung verlogen. Niemand konnte wissen, ob er jemandem schadete, weil die Stasi mit den

23

Informationen, über die sie verfügte, je nach „operativer Lage" und politischer Vorgabe nach Belieben umging. Doch hatten und haben die meisten Opfer weder Kraft noch Mut, gegen die Selbstrechtfertigungen der Täter aufzustehen. Sie leiden still. Und sehen sich pauschal einbezogen, wenn Bohley und andere als „professionelle Opfer" kritisiert oder angegriffen werden.

Die Reaktionen auf die Artikelserie waren vielfältig. Die einen riefen anonym an und bezichtigten mich der Lüge, bezeichneten mich zum Beispiel als „Handlanger des Großkapitals" oder als „Büttel der Reaktion", einmal auch als „Nazischwein", und warfen mir vor, ich wollte nach dem Ende des Kalten Krieges den Kampf gegen DDR und Sozialismus mit meinen Mitteln weiterführen, um die Wahlchancen der PDS zu mindern.

Andere Anrufer nannten ihre Namen und wiesen schuldbewußt darauf hin, „von alldem nichts gewußt zu haben". Sie seien immer davon ausgegangen, daß, wer in der DDR im Knast gesessen habe, schon etwas angestellt haben müsse. Sie wollten, so mein Eindruck, von mir Beweise geliefert bekommen, daß sie nichts hätten wissen können.

Das konnte ich nicht tun. Zwar hatten geschätzte 70 bis 80 Prozent aller DDR-Bürger tatsächlich keinen unmittelbaren oder bewußten Kontakt zu Tätern oder Opfern. Doch kann dieser unbestritten reale Erfahrungshorizont einer großen Mehrheit nicht davon ablenken, daß viele derer, die zu Opfern geworden waren, gesehen hatten, was zu sehen war, und offen darüber gesprochen hatten, ohne zu einer besonders erkenntnisfähigen Elite zu gehören. Was in der DDR im argen lag, war für jedermann erkennbar; mindestens vom blutigen Grenzregime an Berliner Mauer und Westgrenze wußte wirklich jeder. Und jeder hätte daraus seine Schlüsse auf den wahren Charakter des Gemeinwesens DDR ziehen können.

Wieder andere Anrufer, teils anonym, teils offen, wollten mir mit zum Teil grob denunziatorischen Enthüllungen über die Opfer, deren Schicksale ich veröffentlicht hatte, klar machen, daß diese so unschuldig nicht gewesen seien. Es gab vor allem eine Argu-

24

mentationsschiene, die immer wieder befahren wurde: „Man wußte damals doch ganz genau, was man sagen oder tun durfte. Wer dagegen handelte, war doch eigentlich selbst schuld, wenn ihm etwas passierte."

Hier wird die Schere im Kopf, die Selbstzensur, interessanterweise zum Lebensgesetz in der Diktatur erhoben. Übrigens ist das im Prinzip falsch: Wie viele andere Diktaturen gründete die DDR auf Angst, die durch Unberechenbarkeit geschürt wurde. Man konnte eben nicht genau wissen, was tolerabel war in der DDR. Die Grenzen zwischen legal und illegal waren unscharf, Interpretation und Handhabung der entsprechenden Gesetze änderten sich ständig mit den politischen Vorgaben, auf deren Basis die Stasi handelte. Das erweist sich beispielhaft, wenn man das Verhältnis von „Tat" und Sanktion verschiedener Stasiopfer vergleicht. Wenn ich das diesen Anrufern darlegte, wurde mir häufig als letztes Argument vorgehalten, ich als Westdeutscher hätte ja eigentlich weder das Recht noch die Kompetenz, das zu beurteilen.

Und auch Stasi-Opfer riefen an. Bei ihnen hatte die Serie eigenes Erinnern ausgelöst. So wie die Gesprächspartner mir als Fremdem (und damit der Öffentlichkeit), wie ihre Verwandten und Freunde vielfach verwundert mitteilten, mehr offenbart hatten als jemals zuvor im Kreise ihrer Lieben, brachten die Artikel über diese Offenbarungen ähnliche Prozesse auch bei anderen Opfern ins Rollen.

Die Dynamik, die die Bearbeitung des Themas auf diese Weise entwickelte, machte eine journalistische Strukturierung der Serie bald unmöglich. Erst in diesem Buch kann sie zusammengefaßt werden.

Für einige meiner Gesprächspartner bin ich zu einer Art Therapeut geworden. Als Journalist, der eine gewisse Distanz zum Sujet seiner Arbeit für unerläßlich hält, machte ich damit eine neue Erfahrung. Von 70- oder 80jährigen wie eine Vaterfigur oder als eine Art Beichtvater behandelt zu werden, war für mich einerseits eine Bestätigung dafür, wie wichtig es ist, diese Lebensgeschichten zutagezufördern, schon wegen des Leidensdrucks, der diese Menschen mir, dem ersten oft, der ihre Geschichten wirklich hören möchte, so nahebringt.

25

Andererseits stand ich mitunter selbst unter erheblichem Druck, Emotionen Herr zu werden, mit deren Heftigkeit ich unmöglich hatte rechnen können.

Schon wegen des starken Rechtfertigungsdrucks einiger Opfer griff ich bei der Recherche für die Serie immer wieder auf Stasi- und Gerichtsakten als Grundlage für die Erzählungen der Betroffenen zurück.

Einige, die ihre Geschichte bei mir loswerden wollten, wies ich ab, da sie keine Akten vorweisen konnten. Manchmal gab mir dabei ein Gefühl ein, daß meine Maßstäbe zu streng seien – gleichwohl blieb ich dabei: keine Geschichte ohne Akte.

Ich hatte anfangs Furcht vor früheren Stasileuten, die mir vielleicht einen Bären aufbinden würden, um meine Arbeit zu entwerten. Diese Furcht erwies sich als unbegründet, obwohl Mitglieder einer Organisation früherer Justizangestellter und hauptamtlicher Stasi-Mitarbeiter einmal mit einer solchen „Zersetzungsmaßnahme" drohten. Und doch – wie sollte ich auf der Basis oft wirr und unter starken Emotionen vorgetragener Geschichten beurteilen, ob mir, wenn schon kein früherer Stasimann, so doch ein schräger Vogel einen Bären aufbindet, um sich interessant zu machen? Sozialpsychologisch sicher ein interessantes Thema, für einen Journalisten allerdings eine Katastrophe.

Einige Opfer wünschten, daß ihre Namen in der Zeitung abgekürzt erschienen. Einige mochten nicht zu sehr in der Öffentlichkeit exponiert werden, einige hatten noch immer Furcht vor dem Zorn der Täter. Dabei hatte ich mit allen meinen Gesprächspartnern die Übereinkunft getroffen, daß ich die Zeitung nicht zur Hatz auf Täter mißbrauchen würde. Die Identität aller in der Serie – und damit auch in diesem Buch – genannten hauptamtlichen und inoffiziellen Mitarbeiter der Staatssicherheit ist mir bekannt. Für einen Moment war die Versuchung groß gewesen, Dekonspiration zu üben, die Klarnamen auszuschreiben und diese Leute vor aller Welt bloßzustellen. Ich verzichtete darauf: Die Namen aller Täter wie auch solcher Beteiligter, die ich nicht um ihre Zustimmung bitten konnte, ihre Namen zu nennen, sind abgekürzt oder geändert.

26

Es wäre allerdings interessant gewesen, die persönlichen Beweggründe und die heutige Befindlichkeit eines Menschen zu schildern, der ohne moralische oder politische Skrupel jahre-, mitunter jahrzehntelang gespitzelt, Beweise konstruiert, zersetzt und drangsaliert hat. Einige Male suchte ich im Zuge der Recherche Kontakt mit Tätern, um sie nach ihren persönlichen Motiven sowie nach ihrer Arbeitsweise zu befragen – vergebens. Immer scheiterte schon der Versuch, telefonisch einen Termin zu vereinbaren. Der eine wollte aus Gründen „militärischer Geheimhaltung" nicht reden, die andere lehnte die „Hetze in der Presse" ab, mehrere kappten nach meiner Erklärung, was ich wolle, einfach die Verbindung.

Eine ehemalige Bezirksrichterin verleugnete sich selbst am Telefon, verhaspelte sich aber dabei: „Ich bin nicht da, und die frühere Richterin ist meine Schwester." Und die sei auch nicht da.

Alle Versuche, mich zu belügen, wurden von Personen unternommen, denen es darum ging, sich als Opfer herauszustellen, um an Immobilien heranzukommen, die ihnen zu DDR-Zeiten angeblich abgenommen oder nicht zugesprochen worden waren.

So ging es einmal um einen dörflichen Wegerecht-Streit unter Nachbarn. Der Besitzer des großen Grundstücks, an das der Weg grenzt, behauptete mir gegenüber, seine Nachbarn hätten ihm mit Hilfe der Stasi zu DDR-Zeiten einen drei Meter breiten Streifen seines Landes abgenommen, um ein anderes Grundstück leichter erschließen zu können. Auf die Idee, diesen vermeintlichen Willkürakt als Skandal unter dem beliebten Stichwort „Alte Seilschaften" der Zeitung anzutragen, kam der Mann erst, nachdem der Grundstücksstreifen von der Gemeinde 1994 als Weg befestigt und mit einem Namen versehen worden war und sich eine Klage vor Gericht dagegen als fruchtlos erwiesen hatte.

In einem anderen Fall versuchte sich ein vor dem Mauerbau nach Westen geflohener früherer DDR-Bürger mir gegenüber als politischer Flüchtling zu profilieren. Dafür konnte er keinen Beleg erbringen, kein Aktenstück, nichts. Nur einen Brief des damals für ihn zuständigen Betriebs-Parteileiters, er möge sich dann und dann zu einem Gespräch einfinden. Vor dem Termin sei er geflohen,

27

weil er gewarnt worden sei, behauptete der Mann. Er sagte, bevor ich nach Zeugen fragen konnte, gleich dazu, die Frau, die ihn gewarnt habe, wolle davon heute nichts mehr wissen.

Dann rückte er heraus, worum es ihm wirklich ging: Seine Familie habe damals in einem Einfamilienhaus in einer Siedlung gewohnt, die in den 60er und 70er Jahren Haus für Haus zu lächerlich geringen Preisen an die Bewohner verkauft worden sei: „Hätte ich bleiben können, hätte ich alles darangesetzt, daß meine Mutter, die damalige Mieterin, das Haus gekauft hätte. So achtete niemand darauf, und der alten Frau war es selbst auch egal."

Der Mann fragte mich allen Ernstes, ob es für ein Stasi-Opfer nicht möglich sein müsse, den Kauf des Hauses einzuklagen. Ich sagte ihm, die Frage der potentiellen Wahrnahme einer potentiellen Kaufoption könne er meinetwegen einem Gericht antragen – aus journalistischer Sicht sei seine Geschichte ein Windei und geradezu eine Beleidigung für die vielen Menschen, die Jahre in DDR-Knästen verbracht oder jahrzehntelang unter Stasi-Beobachtung gestanden hätten.

Vieles erinnert an die Zeit nach 1945. Kaum heilbare Traumata bei den Opfern, moralisches Trittbrettfahrertum, Desinteresse bei den meisten Unbeteiligten, keine Reue bei den Tätern, kaum Chancen auf eine Ahndung der Taten. Und wie damals geleugnet, verschleiert und relativiert wurde – schließlich hat Hitler die Autobahnen gebaut und den Bolschewismus bekämpft –, sind erneut Leugner und Relativierer aktiv: Schließlich war Hitler viel schlimmer, wurden Nazis nach dem Kriege im Westen kaum verfolgt, gibt es auch in der Bundesrepublik Justizskandale – und hatten nicht alle DDR-Bürger Arbeit, die Kinder einen Kindergartenplatz?

Noch scheint die Zeit nicht reif, daß eine Generation wie die 68er im Osten aufsteht, um die Eltern und die Großeltern nach ihren Akten zu fragen: „Auf welcher Seite habt Ihr gestanden?"

Eingedenk dessen denken mit der Verfolgung von DDR-Unrecht befaßte Staatsanwälte schon seit einiger Zeit laut darüber nach, ob nicht ein gesellschaftliches Tribunal ohne nachgeordnete Exekutive als rein moralische Instanz die Aufräumarbeit da übernehmen

28

sollte, wo die Justiz Unrechtsgefühle nicht beruhigen kann – schon um Rechtsfrieden wenigstens in solchen Fällen herzustellen, wo die Diskrepanz zwischen dem, was gerecht wäre und dem, was Recht ist, besonders groß ist.

Sieben Jahre nach der Vereinigung der beiden deutschen Staaten scheint dieser Zug allerdings abgefahren.

Berlin, im Februar 1997

„Von der Sowjetunion lernen..."

Die Ursprünge der Staatssicherheit – ein Import

Werner Schöne ist um Fassung bemüht. Sein Kinn zittert, seine Augen werden feucht. Er sagt: „Ich bin nicht rachsüchtig".

Doch einen gibt es, einen Offizier der Staatssicherheit, groß, schlank, offenbar nicht ohne zynischen Humor und Arroganz, bei dem weiß Schöne nicht, ob er sich beherrschen könnte, wenn er ihm begegnen würde. Der Mann nannte sich Günter K. Über vier Jahre lang war Schöne vom sowjetischen Geheimdienst gefangengehalten worden, dann über ein Jahr Zwangsarbeit im DDR-Knast. Jahre später noch einmal nahezu 16 Monate Haft. Dann erpreßte ihn Günter K. zur Mitarbeit bei dem verhaßten Geheimdienst. „Wenn ich den zwischen die Finger bekomme, bringe ich den um", sagt Werner Schöne.

Nein, er habe als Inoffizieller Mitarbeiter niemandem geschadet, behauptet er. Von 1963 bis zum Ende der DDR hätte er über die Stimmung bei der Reichsbahn berichtet, wo er arbeitete. Ohne Namen zu nennen.

„Die haben mich mein ganzes Leben lang nicht in Ruhe gelassen." Er stützt eine Hand auf die verblichene Plastiktischdecke und dreht sich etwas steif um, blickt in seinen Schrebergarten in der Nähe des Bahnhofs von Frankfurt (Oder), als ob im Schatten zwischen den Obstbäumen und Stauden plötzlich etwas sehr Interessantes zu sehen wäre.

Dann fängt er sich und beginnt seinen Bericht.

Als er 1950 aus sowjetischer Internierung nach Hause zurückkam, wog er nicht einmal 45 Kilo. „Ich habe mich praktisch ein Jahr lang erstmal durchgefressen." Dann ging er wieder zur Bahn, wo er fünf Jahre zuvor seine Lehre begonnen und nie abgeschlossen hatte. Nach Frankfurt (Oder), erst in eine Gleisbau-Rotte, dann wurde er Rangierer auf dem Personenbahnhof.

Er bezog ein möbliertes Zimmer in der Innenstadt.

Wie viele junge Leute fuhr er gern nach West-Berlin. Er kaufte sich eine „Texasjacke" aus Leder und Boogie-Schuhe.

Eines Tages standen Stasileute vor der Tür. Untersuchungshaft bei der Staatssicherheit. Die Schließer trugen noch die Uniform der Kasernierten Volkspolizei; die Vernehmungsoffiziere waren wie Offiziere der Russischen Armee gekleidet. Die Stasi war noch jung.

Schöne wurde niemals nachts verhört, im Gegensatz zu vielen seiner Leidensgenossen. Der Fall war ohnehin klar. „Ich habe nichts abgestritten", erzählt Schöne.

Einer Schuld im Sinne der Anklage war sich der 26jährige nicht bewußt: Die Klage, die er kurz vor dem Prozeß erstmals für eine halbe Stunde lesen durfte und dann wieder abgeben mußte, lautete auf Militärspionage gemäß Kontrollratsdirektive 38 und Artikel 6 der DDR-Verfassung. Beweis: Er war nach West-Berlin gefahren. Sein Pflichtverteidiger riet ihm dringend, sich nicht zu verteidigen. Der Anwalt unternahm derlei selbst auch nicht für seinen Mandanten.

Urteil: Zwei Jahre.

Schöne verbüßte die Strafe in Zwickau beim Bergbau.

Nach 15 Monaten Schwerstarbeit kehrte Schöne 1953 an seinen Arbeitsplatz auf dem Frankfurter Bahnhof zurück – zum Schweigen nicht verpflichtet, aber schweigend, als wäre nichts gewesen, wie auch die Kollegen keine Fragen hatten.

Er machte Karriere, wurde Rangierleiter, gründete eine Familie.

Kurz vor dem Mauerbau wies Schöne das Ansinnen des Stasimanns Günter K., er möge als Inoffizieller Mitarbeiter den Zuträger für den Geheimdienst spielen, mit den Worten ab: „Ich bin Eisenbahner, kein Spitzel."

K. daraufhin: „Gut. Wir sehen uns wieder."

Ende August 1961 rief man Schöne ins Büro des Bahnhofsvorstehers. Drei Mann in Zivil erwarteten ihn. Stasi.

Festnahme, Untersuchungshaft: „Fortgesetzte staatsgefährdende Hetze" und „Morddrohung" hielt ihm die Klageschrift vor, die er nach drei Monaten Untersuchungshaft für eine halbe Stunde vor dem Prozeß zu sehen bekam.

31

Denunzianten hatten „dumme Sprüche" Werner Schönes, die als Witz gemeint waren, aus dem Kollegenkreis zur Stasi getragen. Für den Geheimdienst kam das gerade recht. In der Untersuchungshaftanstalt führte K. das Verhör. Seine einleitenden Worte: „Ich hatte doch gesagt, wir sehen uns wieder."

Das Urteil: Zwei Jahre.

Schöne wurde nach Sachsen zum Zuchthaus Waldheim gebracht, wo er im Versand des gefängniseigenen Spinnereimaschinenbaus arbeitete. Nach der Internierung und der Bergbau-Arbeit empfand er die Haft diesmal als nicht zu hart. Weihnachten 1962 – Schöne erinnert sich unter Tränen – wurde er „ohne Ankündigung" auf Bewährung entlassen. „Ich dachte noch, ich werd' verscheißert. Das war da eine übliche Schikane, einem zu sagen: Du kommst raus, und dann ist nischt. Aber da war ein Wachtmeister, der sagte: Ich verscheißere keinen, Du kommst raus."

Ende Januar 1963, nur vier Wochen nach seiner Entlassung wurde Werner Schöne erneut in die Chefetage des Frankfurter Bahnhofs zitiert. In die Kaderabteilung.

„Jeder wußte, das ist Stasi."

Sein alter Bekannter Günter K. drohte: „Du wirst Inoffizieller Mitarbeiter oder gehst wieder in den Knast. Mindestens für zehn Jahre."

Schöne: „Da habe ich zugesagt."

Rund 180 000 Meter Akten lagern in den Archiven des Bundesbeauftragten für die Unterlagen des Staatssicherheitsdienstes der ehemaligen DDR. Millionen Seiten Geschichte und Politik der DDR, Schicksale von DDR-Bürgern. Tätern und Opfern.

Trotz der schieren Größe des Unternehmens war die Staatssicherheit nicht, wie oft leichthin behauptet, ein „Staat im Staate". Die Stasi verwaltete keine eigenen Machtansprüche. Sie war „Schild und Schwert" der Staatspartei SED, und damit das Rückgrat der Parteimacht, die gegen ihre „Feinde" zu verteidigen war.

In dem Verdacht, ein „Feind" zu sein, stand theoretisch jeder, der sich nicht in der SED engagierte und nicht unablässig seine Zustimmung zu den Zielen der Partei äußerte. Was die Ziele der

Partei sind, bestimmte deren höchstes Gremium, das Zentralkomitee, dessen Exekutivorgan, das Politbüro, praktisch allmächtig war.

Die Stasi war das Scharnier zwischen Partei und Staat: Sie besorgte und überwachte die Gleichschaltung aller Lebensbereiche, indem sie Einfluß auf die anderen Parteien, Massenorganisationen, Behörden, Betriebe oder Personen ausübte und Parteien, Organisationen, Behörden, Betriebe und Personen überwachte. Dem diktatorischen Feindbild – „Wer nicht für uns ist, ist gegen uns" – entsprach ihre Arbeitsweise – sie war an nichts als den Willen der Parteiführung gebunden, verstieß gegen geltendes Recht, ohne selbst eine Strafverfolgung fürchten zu müssen.

Bei oberflächlicher Betrachtung des vorhandenen Materials ist via Vermittlung durch die Medien vielfach der falsche Eindruck entstanden, jeder DDR-Bürger sei entweder Mitarbeiter der Stasi gewesen oder auf Schritt und Tritt verfolgt worden, und daß es nur eines unbedachten Wortes bedurft habe, um in Schwierigkeiten zu geraten.

Die Stasi hatte Zeit ihrer Existenz an dieser Legende von Allmacht und Allwissenheit selbst gearbeitet.

Und sie war wirklich fast überall vertreten. Wo sie nicht vertreten war, verlangte sie Herausgabe von Informationen oder warb nach Möglichkeit Inoffizielle Mitarbeiter an.

Doch ergab die Arbeit des Bundesbeauftragten für die Stasiunterlagen, daß durchschnittlich nicht mehr als zwei Prozent der DDR-Bürger haupt- oder nebenamtlich Stasi-Mitarbeiter waren. Von den übrigen ist etwa jeder Dritte in einer Akte erfaßt worden. Die meisten dieser Akten sind kein Beleg für Spitzeleien oder Stasi-Ermittlungsverfahren, sondern schlicht Sammlungen personenbezogener Daten, wie sie in den Zentralen Material-Ablagen jeder Stasi-Bezirksverwaltung gesammelt wurden: Name, Alter, Adresse, Arbeitsstelle…

Die Legende von der Allmacht der Stasi war eines der wesentlichen Machtinstrumente der DDR-Führung. Willkür und Unberechenbarkeit der Ordnungsbehörden sorgten für Angst und Unsicherheit in der Bevölkerung. Wie ausgeprägt dies Gefühl gewesen sein muß, zeigt sich bis heute, wenn Betroffenen Akteneinsicht gewährt wird: „Viele sind überrascht, ja manchmal enttäuscht

33

darüber, wie wenig die Stasi gewußt hat", erzählt die Historikerin Dr. Andrea Herz, die beim Landesbeauftragten für die Stasiunterlagen in Thüringen arbeitet.

Als 1989 Angst und Unsicherheit bei DDR-Bürgern – zunächst nur bei einer politisch aktiven Minderheit von ein paar Tausend Menschen – schwanden, löste sich die Macht der SED in nichts auf. Immerhin hatten sie und der darauf gründende Staat 40 Jahre lang gehalten. Die DDR gehörte damit zu den beständigeren Staaten der neueren Geschichte auf deutschem Boden.

Alles SEDistische folgte einem sowjetischem Vorbild. So auch die Staatssicherheit, die sich bis zuletzt auf die „Ideale" der TschK (eingedeutscht: Tscheka) berief. TschK war die Abkürzung für den ersten sowjetischen Geheimdienst, der 1917 von den Bolschewiki gegründet worden war, Tschrezvytschajnaja Kommissija. Das Idol der „Tschekisten", Tscheka-Gründer Feliks Dzierzynski (1877-1926), formulierte den Leitsatz, den die Mitarbeiter der Staatssicherheit sich für ihre Charakterbildung zu Herzen nehmen sollten: „Tschekist sein kann nur ein Mensch mit kühlem Kopf, heißem Herzen und sauberen Händen."[9]

Im „Wörterbuch der politisch-operativen Arbeit" der Staatssicherheit, das von 1970 an in mehreren aktualisierten Fassungen herausgebracht wurde, heißt es unter dem Sichwort „Persönlichkeit, tschekistische":

„eine sozialistische Persönlichkeit, die als Angehörige(r) eines sozialistischen Sicherheitsorgans im Auftrage und unter Führung der Partei der Arbeiterklasse unmittelbar und direkt für den Schutz des Sozialismus, für die allseitige und zuverlässige Sicherung der Macht der Arbeiterklasse vor allen subversiven Angriffen des Klassenfeindes kämpft. Sie wird geprägt und entwickelt sich durch die aktive Tätigkeit für den Aufbau und den Schutz der sozialistischen und kommunistischen Gesellschaft, insbesondere im Prozeß der konspirativen tschekistischen Arbeit, im kompro-

---

[9] Zit. nach: Die hauptamtlichen Mitarbeiter des Ministeriums für Staatssicherheit, in: Klaus-Dietmar Henke, Siegfried Suckut, Clemens Vollnhals, Walter Süß, Roger Engelmann (Hrsg.): Anatomie der Staatssicherheit, Geschichte, Struktur, Methoden – MfS-Handbuch, Berlin 1995, S. 3. (Im folgenden zit. als „Die hauptamtlichen Mitarbeiter".)

34

mißlosen Kampf gegen den Feind und durch die dazu notwendige tschekistische Erziehung und Befähigung.

Eine tschekistische P. wird vor allem durch solche für die tschekistische Arbeit notwendigen Persönlichkeitseigenschaften charakterisiert wie:

– unbedingte Treue und tiefe Verbundenheit zur Arbeiterklasse und ihrer marxistisch-leninistischen Partei,

– unerschütterliche Freundschaft zur Sowjetunion und zu den anderen sozialistischen Bruderländern, Einstellungen und Haltungen, die vom sozialistischen Patriotismus und Internationalismus bestimmt sind,

– Bereitschaft zum ständigen Lernen, insbesondere bei der Aneignung der marxistisch-leninistischen Weltanschauung und der Vertiefung des Verständnisses der Politik der Partei der Arbeiterklasse,

– Entschlossenheit, Mut, politisch kluges tschekistisches Handeln, Opferbereitschaft und Haß im Kampf gegen den Feind auf der Grundlage eines klaren Feindbildes,

– Bereitschaft und Fähigkeit zur Wahrung von Konspiration und Geheimhaltung sowie zur Gewährleistung der inneren Sicherheit der Organe für Staatssicherheit,

– schöpferische Initiative, hohe militärische Disziplin, offenes und ehrliches Auftreten, Bescheidenheit, kritisches und selbstkritisches Verhalten in und außerhalb der tschekistischen Tätigkeit,

– Willensstärke und Konsequenz bei der Erhaltung und Förderung des physischen und psychischen Leistungsvermögens, sinnvolle Gestaltung der Freizeit.

Diese und ähnliche Persönlichkeitseigenschaften müssen im tschekistischen Arbeitsprozeß, im Prozeß der Erziehung herausgebildet und stärker gefestigt werden." [10]

---

[10] Das Wörterbuch der Staatssicherheit, Definitionen des MfS zur „politisch-operativen Arbeit", S. 309 f. In: Der Bundesbeauftragte für die Unterlagen des Staatssicherheitsdienstes der ehemaligen Deutschen Demokratischen Republik, Abteilung Bildung und Forschung (Hrsg.): Reihe A, Dokumente, Nr./93, Berlin 1993. (Im folgenden: „Wörterbuch".)

35

Was es mit diesem Ideal auf sich hatte, hatten sowjetische Geheimdienstler gleich nach Kriegsende demonstriert.

Werner Schönes Leidensweg hatte 1945 begonnen.

„So ein verpfuschtes Leben", meint er und braucht wieder eine Pause, bevor er weiterreden kann. Er zündet sich eine Zigarette an. Wischt sich mit dem Daumen die Augen. Sagt, er habe zunächst Glück im Unglück gehabt.

Mit 16 war der Reichsbahnlehrling aus Hathenow im Oderbruch noch in den letzten Tagen des Zweiten Weltkriegs einberufen worden. Hitlers Militärstrategen hatten die irre Hoffnung propagiert, mit dem „Volkssturm", einem letzten Aufgebot aus Kindern und alten Männern, den Vormarsch der Alliierten noch stoppen zu können. Schöne wurde wie Tausende andere Hitlerjungen in eine Wehrmachtsuniform mit HJ-Armbinde gesteckt und landete in der Schlacht um Halbe.

Deutsche Panzer schlugen eine letzte Bresche durch den Ring, den die Rote Armee um den „Kessel" Halbe geschlossen hatte, und Schöne konnte entkommen. Er floh bis ans Ufer der Elbe. Auf der anderen Seite des Stroms standen US-Soldaten mit Megaphonen und riefen: SS- und HJ-Leute würden übergesetzt. „Die Amerikaner wußten, daß die Russen mit denen kurzen Prozeß machen würden." Anders als die reguläre Wehrmacht galten die SS und die HJ als nationalsozialistische, politische Verbände, die in Gefangenschaft kein Kriegsrecht schütze.

Schöne schaffte es um Haaresbreite nicht auf die Fähre. „Die Russen schossen schon rüber." Er wandte sich wieder nach Osten, und zufällig begegnete er im Chaos aus Krieg und Flucht dem Treck, in dem seine Mutter nach Westen, weg von der Oder, gezogen war. Er legte die Uniform ab, fiel in Zivil nicht weiter auf, entkam der Gefangenschaft – erstmal.

Da sie keinen Unterschlupf fanden, gingen Schöne und seine Mutter zurück nach Hathenow. Sein Vater wurde schon im Juli 1945 aus Kriegsgefangenschaft entlassen. Auch der Vater war Eisenbahner, hatte der NSDAP angehört. Doch bis Oktober 1945 blieb die Familie unbehelligt. Auch der berüchtigte sowjetische

36

Geheimdienst NKWD[11] wußte nicht alles. Er war auf Denunzianten angewiesen. Und einem Denunzianten, da ist sich Schöne sicher, hatte er zu verdanken, daß am 23. Oktober ein Grüppchen deutscher Hilfspolizisten verlegen vor der Tür stand und ihn bat, „zur Klärung eines Sachverhalts" mitzukommen. Einer der Männer war Schönes Onkel. „Der wußte nicht, was das sollte. Keiner von denen wußte was."

Die Hilfspolizisten lieferten Schöne beim NKWD in Seelow ab. Der Geheimdienst residierte in einer Gaststätte. Der Bierkeller diente als Gefängnis.

Überall im Osten Deutschlands hatten die am 9. Juni 1945 gegründete Sowjetische Militär-Administration in Deutschland (SMAD) und das NKWD öffentliche Gebäude, Gaststätten oder Villen beschlagnahmt.

Nach ein paar Tagen in dem Keller wurde Schöne vernommen. Man hielt ihn für einen „Werwolf", also für ein Mitglied der geheimen Truppe, die Hitler angeblich zu Kriegsende zu Terroristen für den Untergrundkampf hatte ausbilden lassen. Die Geheimdienstler zählten den jungen Mann damit zu der sehr weit gefaßten ersten Kategorie derer, die zu Tausenden verhaftet wurden: Nazis und Kriegsverbrecher.

Anklage wurde gegen Schöne nicht erhoben, es gab keinen Prozeß.

Die Internierung ging auf mehrere Befehle zurück, die das NKDW im Frühjahr 1945 erhalten hatte. Es sind im Grunde verschiedene Fassungen desselben Befehls, der offenbar auf die Zerschlagung nationalsozialistischer Organisationen und der Verwaltung des Deutschen Reiches sowie antisowjetischer Medien zielte.

Von 1946 an konnte sich die Sowjetunion auf entsprechende Erlasse des alliierten Kontrollrats berufen – da waren die Internierungslager längst mit Häftlingen überfüllt. Als „einheitliche Rechtsgrundlage" für die „Strafverfolgung von Kriegsverbrechern und anderen Missetätern dieser Art – mit Ausnahme derer, die

---

[11] NKWD (Bezeichnung des sowjetischen Geheimdienstes von 1934 bis 1946): Narodny komissariat wnutrennich del – Volkskommissariat für innere Sicherheit, später MWD (von 1946 bis 1954): Ministerstwo wnutrennich del: Ministerium für Innere Sicherheit.

von dem Internationalen Militärgerichtshof abgeurteilt werden"[12], erließ der Alliierte Kontrollrat am 20. Dezember 1945 das Gesetz Nr. 10, das Nazi-Verbrechen definierte und für deren verschiedene Spielarten Strafmaße setzte.

Die wichtigste Grundlage für die Internierung war die am 1. Oktober 1946 erlassene Kontrollratsdirektive 38 zur „Bestrafung von Kriegsverbrechern, Nationalsozialisten, Militaristen und Industriellen"[13], die das Regime des Dritten Reichs unterstützt hatten sowie jener Deutscher, „die keiner bestimmten Verbrechen schuldig sind, aber für die Ziele der Alliierten als gefährlich gelten".

Da jeder der Alliierten auf der Basis der Direktive 38 ein System eigener Regeln und Sanktionen aufbauen konnte, wurde sie in der Sowjetisch besetzten Zone und später noch in der DDR – nach dem Vorbild der politischen Vereinnahmung des Strafrechts in der Sowjetunion – als Gummiparagraph mißbraucht.

Auch der illegale Grenzübertritt und „konterrevolutionäre Tätigkeit und Propaganda" konnten unter Berufung auf die Kontrollratsdirektive bestraft werden.

Teils aus Rache für die Kriegsverbrechen und Massenmorde an Zivilisten durch Deutsche in der Sowjetunion, teils auch aus Angst und aus Unkenntnis der Strukturen des Deutschen Reiches gingen die NKWD-Leute der Befehle ungeachtet vielfach völlig willkürlich vor. Die „Operativen Gruppen" des Geheimdienstes wiesen „ingenieurtechnisches Personal und Besitzer von Fabriken, Betrieben und Werkstätten, Personal örtlicher Behörden und Ministerien, Putzfrauen, Stenographinnen, Telephonographistinnen und Kuriere, die vor dem Krieg mit der UdSSR in der deutschen Armee und in paramilitärischen Organisationen gedient hatten, Leiter faschistischer Grundorganisationen (NSDAP), z.B. Kassierer und Spendensammler, über die kein belastendes Material vorliegt", in die Lager ein, wie deren Leiter im August 1945 bemängelte.[14]

---

[12] Zit. nach: Peter Erler: Zum Wirken der Sowjetischen Militärtribunale (SMT) in der SBZ/DDR 1945-1955. In: Zeitschrift des Forschungsverbundes SED-Staat, Nr. 2, Berlin 1996, S. 53. (Im folgenden: „Erler".)

[13] Ebenda.

[14] Zit. nach: Gerhard Finn: Die Speziallager der sowjetischen Besatzungsmacht 1945 bis 1950. In: Deutscher Bundestag (Hrsg.): Materialien der Enquete-

Nach der Vereinigung von KPD und SPD zur SED kamen Sozialdemokraten hinzu. Wer immer sich der unbedingt sowjettreuen Linie der neuen Einheitspartei widersetzte, mußte befürchten, unter Berufung auf Direktive 38 aus dem öffentlichen Leben entfernt zu werden.

Werner Schöne: „Sogar ehemalige KZ-Häftlinge waren im Internierungslager, Leute, die schon im Dritten Reich als Kommunisten eingesperrt waren."

Die Hilfspolizisten aus Seelow brachten Schöne zum NKWD nach Frankfurt (Oder). Der Geheimdienst verfügte auch hier über eine Villa, die „Gelbe Presse". Das Haus in der heutigen Puschkinstraße war im Volksmund nach dem damaligen Straßennamen benannt worden. Von dort aus kam Schöne ins berüchtigte Internierungslager Ketschendorf bei Fürstenwalde/Spree, das sowjetische Speziallager Nr. 5.

Das Internierungslager war die Arbeitersiedlung einer Fabrik, die im Mai 1945 einfach mit Stacheldraht umzäunt worden war. Es war überbevölkert. Die hygienischen Verhältnisse rangierten unter den schlechtesten im Vergleich mit anderen Lagern[15]; die Verpflegung reichte vielen Internierten nicht zum Leben. Die Menschen hausten in Kellerlöchern, kampierten auf Treppenabsätzen, mußten froh sein, überhaupt ein Dach über dem Kopf zu haben.

Die Siedlung, die aus sechs Häusern mit je neun Wohnungen bestand, war im Durchschnitt ständig mit 6 200 Männern und Frauen belegt. Etwa 5 000 Menschen starben in Ketschendorf. Man verscharrte sie in der Nähe der Autobahn Berlin-Frankfurt (Oder) in Massengräbern, die unkenntlich gemacht wurden. Als die heutige Siedlung Fürstenwalde-Süd 1952 erweitert werden

---

Kommission „Aufarbeitung von Geschichte und Folgen der SED-Diktatur in Deutschland", Band IV, S. 337 ff. (Im folgenden: „Finn".)

[15] Zwischen 1945 und 1950 betrieb die SMAD in der Sowjetisch besetzten Zone/DDR Lager in Frankfurt (Oder), Ketschendorf (bei Fürstenwalde/Spree), Mühlberg/Elbe, Buchenwald bei Weimar, Berlin-Hohenschönhausen, Bautzen, Jamlitz (bei Lieberose), Sachsenhausen (bei Oranienburg), Torgau/Elbe, Neubrandenburg und Weesow (bei Werneuchen, nordöstlich Berlins). Siehe dazu: Ebenda, S. 337 ff.

sollte, mußten unter der Aufsicht des DDR-Ministeriums für Staatssicherheit 30 Lastwagenladungen Toter auf den Soldatenfriedhof Halbe im benachbarten Kreis Königs Wusterhausen gebracht werden.[16]

Werner Schöne gehörte zu der Gefangenengruppe mit der höchsten Sterblichkeit. Von etwa 2 000 Jugendlichen, die in Ketschendorf interniert waren, überlebten nur die Hälfte. Im Februar 1947 wurde das Lager aufgelöst. Schöne, der dort bis Ende 1946, über ein Jahr lang, gefangen war: „Es mußte aufgelöst werden, sonst wäre keiner lebend mehr rausgekommen."

Schöne wurde nach Neubrandenburg ins Lager Fünfeichen gebracht, in dem die Nazis bis Kriegsende Kriegsgefangene gefangengehalten hatten. Die Sowjets hielten dort bis September 1948 zeitweise bis zu 12 500 Menschen fest.[17]

In Neubrandenburg, dem Speziallager Nr. 9, assistierte Schöne als „Läufer" der Leiterin des nördlichen Lagerabschnitts. „Ich wurde eingekleidet wie ein General. Mit alter deutscher Flieger-uniform und Schlips." Neben den neuen Kleidern brachte ihm diese Arbeit auch bessere Verpflegung ein, und Schöne war in der Stabsbaracke untergebracht. „Ich mußte extra Russisch dafür lernen. Aber wer hätte da schon Nein gesagt." Die Behandlung in Neubrandenburg sei „relativ menschlich" gewesen.

1948 wurde auch dies Lager aufgelöst. Man brachte Schöne ins Speziallager Nr. 2 nach Buchenwald, in das ehemalige Konzentrationslager bei Weimar. Die Leitung war dieselbe wie in Ketschendorf, stellte er entsetzt fest. „Doch mittlerweile war alles viel organisierter." In Buchenwald wurden durchschnittlich zwischen 10 000 und 12 000 Menschen festgehalten.

Internierten gegenüber wurde nicht der geringste Anschein von Rechtsstaatlichkeit gewahrt. Es gab nicht nur sehr oft keinen Prozeß, sondern auch keinerlei Information, wie lange die Gefangenschaft dauern sollte. Schöne konnte bis zum 25. Januar 1950, als er zwei Wochen vor der Auflösung des Lagers endlich aus Buchenwald entlassen wurde, keine Nachricht nach Hause schreiben.

---

[16] Siehe ebenda, S. 367.
[17] Ebenda, S. 370.

40

Seine Familie hatte 1948 von einem entlassenen Mithäftling aus Neubrandenburg erfahren, daß er noch lebte – das war alles.

Als Gottlieb Leichnitz 1946 zur sowjetischen Kommandantur in Booßen bei Frankfurt (Oder) bestellt wurde, ahnte die Familie beim Abschied nicht, daß er achteinhalb Jahre lang von diesem Ausflug nicht zurückkommen würde.

Gleich nach Kriegsende war Leichnitz (1898-1980) aus der Gefangenschaft gekommen und hatte sich, da sich niemand sonst fand, widerwillig als Bürgermeister im ostbrandenburgischen Alt-Zeschdorf aufstellen lassen.

Eines Abends luden die sowjetischen Besatzer des Ortes zum Tanzvergnügen – oder besser: zwangen. Junge Frauen wurden zusammengeholt, Vater Leichnitz hatte am Klavier aufzuspielen, und die Russen sorgten dafür, daß der Alkohol in Strömen floß. „Die haben allen dauernd Schnaps eingegossen", erzählt Leichnitz' Tochter, Martha Rex (Jahrgang 1922).

Einer der Soldaten war schließlich so betrunken, daß er jede Hemmung verlor. Er packte Marthas um sieben Jahre jüngere Schwester. „Er wollte sie in den Keller bringen und vergewaltigen."

Diesem Schicksal waren die Leichnitz-Töchter bis dahin entgangen. Als die Mutter und die Großmutter in den ersten Nachkriegstagen vergewaltigt wurden, hatten sie sich auf dem Dachboden verborgen.

„Mein Vater schlug den Kerl nieder, um ihn davon abzubringen. Der war dann auch friedlich. Aber er sagte zu meinem Vater: ‚Du wirst noch an mich denken'."

Der Vorfall auf dem Tanzabend kann für die Internierung Leichnitz' durch den NKWD nur den letzten Ausschlag gegeben haben. Lokal- und Regionalpolitiker bildeten nach den Kriegsverbrechern – vermeintlichen wie echten – die zweite große Gruppe Internierter. Die NKWD-Befehle von 1945 ordneten die Verhaftung der „Leiter administrativer Organe auf Gebiets-, Stadt- und Kreisebene" an. Daß nur Nazis in die Lager zu bringen seien, besagten die Befehle nicht. So kamen in den Jahren nach dem Krieg

41

viele ostdeutsche Bürgermeister in Haft, deren einziges Vergehen gewesen war, Bürgermeister und nicht Kommunist zu sein.

Martha Rex: „Wir Kinder sind am Tag nach seinem Verschwinden zu Fuß losgegangen, um da die Wache zu fragen: ‚Wo ist unser Vater?‘ ‚Hier nix Vater‘, sagte man. Wir wußten nicht einmal, ob er noch lebte."

„Für Eltern und Geschwister war die Ungewißheit fast schlimmer als für die Betroffenen selbst", sagt Anneliese Abraham.

Sie war vor der Festnahme gewarnt worden: „Ich war mit Freunden im Sommer 1947 an der Ostsee gewesen, und auf der Rückfahrt im Zug kam jemand auf mich zu und flüsterte: Fahr' nicht nach Hause, in Frankfurt gibt es eine Verhaftungswelle." Doch sie kehrte arglos zu ihren Eltern und ihren Geschwistern nach Frankfurt (Oder) zurück, wo die Familie seit Jahrzehnten ein Fotogeschäft betrieb und die damals 20jährige ihre Fotografenlehre absolviert hatte.

„In Frankfurt herrschte große Aufregung. Viele meiner Bekannten waren bei Nacht und Nebel abgeholt worden." Doch sie war nicht beunruhigt. „Ich hatte mir nichts vorzuwerfen."

Viele junge Frankfurter setzten sich nach dieser ersten Verhaftungswelle nach West-Berlin ab. Nicht so die junge Fotografin, die damals noch ihren Mädchennamen, Fricke, trug. Frankfurt war Heimat, schon wegen der Familie.

„Ich wußte wohl, daß Claus N., ein Bekannter, irgendwie für die Amerikaner arbeitete. Er hatte mir das gesagt und mich gebeten, Fotokopien für ihn zu machen."

Ihr sei damals „kindisch" vorgekommen, daß N. Autonummern aufschrieb und weitergab, woraus die Amerikaner wohl auf Truppenbewegungen hätten schließen können. „Ich lehnte ab, um nicht meiner Familie Ärger einzuhandeln. So hatte ich später natürlich ein ganz ruhiges Gewissen. Auch noch, als der N. schon abgeholt war."

Monate vergingen. Die Lage schien sich zu beruhigen. Von denen, die im August verschwunden waren, gab es keine Nachricht.

„Am 14. Oktober 1947 wurde ich früh um 5 Uhr von meinen Eltern geweckt. Zwei sowjetische Offiziere, ein deutscher Polizist

42

und eine Dolmetscherin waren gekommen, mich abzuholen." Während sie im Flur warteten, zog sich Anneliese Fricke rasch an.

Sie wurde abgeführt. Acht Jahre lang sollte sie das Haus ihrer Eltern nicht wieder betreten.

Erst 1949 erfuhr ihre Familie, daß Anneliese Fricke zumindest bis Frühjahr 1948 nicht in die Sowjetunion deportiert worden war. Eine Haftentlassene überbrachte die Nachricht. Eine erste, zensierte Postkarte als Lebenszeichen konnte Anneliese Fricke erst Ende 1949 nach Hause schicken. Und am 30. Oktober 1950, nach drei Jahren, durfte ihr Vater sie zum ersten Mal im Zuchthaus Hoheneck besuchen. Allein, denn nur ein Familienmitglied war erlaubt.

Martha Rex erhielt sieben Jahre nach der Internierung von Gottlieb Leichnitz, 1953, gemeinsam mit ihrer Mutter Besuchserlaubnis im Zuchthaus Waldheim. Marthas drei Brüder und ihre Schwester mußten zu Hause in Alt-Zeschdorf bleiben. So wurden sie nicht Zeugen der düsteren Szene: „Wir durften einander nur mit den Fingerspitzen berühren. Posten standen dabei. Wir fragten: ‚Wann kommst Du nach Hause? Wir brauchen Dich doch!‘" Doch die Posten sorgten dafür, daß Leichnitz nicht mit seiner Familie sprach. Einige Minuten lang sah man sich trostlos über eine Barriere hinweg an, dann mußten die Besucher gehen.

Als der Eisenbahner Erhard Hemmerling im Oktober 1951 verschwand, blieb seine 23jährige Frau Vera mit zwei kleinen Kindern zurück. Erst nach Tagen brachte ihr jemand einen Zettel, auf den ihr Mann geschrieben hatte: „Ich bin bei der Stasi in der Halben Stadt in Frankfurt".

Er hatte sich in den Finger geritzt und den Kassiber mit Blut geschrieben, um ihn dann aus dem Fenster des Kellers, in dem er festgehalten wurde, auf den Gehweg zu werfen. Eine offizielle Nachricht erhielt Vera Hemmerling nie.

Die junge Frau ging zur Staatsanwaltschaft, zur Polizei und schließlich zur Staatssicherheit. Da hätte man ihr sagen können, daß ihr Mann sich mittlerweile in den Händen der Sowjets befand. Statt dessen bekam sie zu hören: „Ihr Mann ist abgehauen. Sie sollten sich scheiden lassen." Vera Hemmerling: „Das war die größte Zumutung. Ich wußte schließlich besser, wie wir zusammenleben, daß mein Mann seine Familie nie im Stich gelassen hätte. Nach fünf Jahren, die wir glücklich verheiratet waren, glaubte ich nicht, daß er abgehauen war."

Aus der schönen Bahnhofsvorsteher-Dienstwohnung, die die Familie in Rehfelde bewohnt hatte, mußte Vera Hemmerling mit den Kindern bald ausziehen. Sie ging zu ihrer Mutter nach Frankfurt (Oder), arbeitete bei der Bahn.

Alles war, als hätte es Erhard Hemmerling nie gegeben.

Zu Fuß wurde Anneliese Fricke zur „Gelben Presse" gebracht. „Da bin ich in den Keller gekommen. Da waren noch andere, alles junge Leute."

Die Gefangenen mußten nach einigen Stunden auf Lkw steigen.

„Ich dachte sofort, es geht über die Oder. Es war mir völlig klar, daß es nach Osten geht." Sie hatten viel von Deportationen in die Sowjetunion reden hören: Das Schicksal vieler Internierter.

Doch die Fahrt ging landeinwärts. Nach einiger Zeit eine Stadt: Die Lkw stoppten. Ein Tor schloß sich hinter den Lastern. Die Frankfurter wurden „grob und laut" von den Ladeflächen getrieben.

„Wir wurden gefilzt. Schnürsenkel und Gürtel wurden uns abgenommen. Ein Mann bettelte vergebens um seine Brille." Dann ging es ins Zellenhaus.

„Ich dachte: Wie im Kino. Wie ich da in die Zelle gesperrt wurde..."

Sie war allein. Die Zelle war leer bis auf eine eiserne Pritsche. Für die Notdurft gab es „eine Art Kochtopf".

Anneliese Fricke war im „Lindenhotel", der berüchtigten NKWD/MWD-Zentrale in der Potsdamer Lindenstraße.

Nachtruhe war von 22 bis 5 Uhr. Erst nach Tagen erhielt Anneliese Fricke einen Strohsack für die Pritsche. Sie empfand das als eine Gnade, eine besondere Vergünstigung: „Ich war völlig fertig."

Tagsüber durfte sie nur stehen oder auf der Pritsche sitzen. Keinesfalls schlafen.

44

„Die Verhöre fanden grundsätzlich nachts statt. Die Verhörmethoden waren wirklich schlimm."

Dazu möchte sie mehr nicht sagen.

Einer der 45 anderen Frankfurter, die im Herbst 1947 verhaftet worden waren, Jochen Stern, berichtet von Schlägen mit Holzknüppeln oder auch „mit der flachen Hand ins Gesicht", begleitet von Vorwürfen: „Widerstand gegen Besatzungsmacht ... Verleumdung ... Ehre der Sowjetoffiziere besudeln ... Diesmal trugen sie mich in die Zelle."

Ein weiteres Druckmittel war der Karzer: Mit nacktem Oberkörper in einer eisigen Zelle, nur jeden dritten Tag eine volle Ration, sonst nur wäßriger Kaffee. „Die Arme dicht am Körper angewinkelt, hockte ich auf dem zementierten Fußboden. In einer Doppelzelle, durch Gitterstäbe geteilt. Gleich einem Käfig." Am Tag nach seiner Befreiung aus dem Karzer unterschrieb Stern sein Geständnis: „Lauter Schauergeschichten."[18]

Stets mißtrauisch gegen den Dolmetscher – „Alles war auf Russisch. Ich war mir nie sicher, ob richtig übersetzt wurde. Ich wußte auch nicht, was ich unterschrieb" –, legte Anneliese Fricke im Verhör die Dinge dar, wie sie gewesen waren. Ihr Name war mit denen der anderen Verhafteten in einem Notizbuch von Claus N. gefunden worden. Aber sie hatte ja die Zusammenarbeit mit ihm abgelehnt.

Eines Nachts, beim Verhör, stand N. plötzlich in der Tür. „Ein Bild des Grauens, genau wie die KZ-Gestalten in der Nazizeit."

Der Vernehmer fragte: „Fricke, Anneliese, waren Sie Mitglied der Spionageorganisation von N., Claus?"

„Nein."

„N., Claus, war Fricke, Anneliese Mitglied Ihrer Spionageorganisation?"

„Ja."

Da faßte sich die Gefangene ein Herz: „Claus, hatte ich nicht wegen meiner Eltern gebeten, aus dem Spiel zu bleiben?"

Der Mann, abgemagert und offenbar ebenfalls endlosen, qualvollen Verhören ausgesetzt, nickte mühsam. Doch das spielte kei-

---

[18] Jochen Stern: Von Mimen und anderen Menschen. Baden-Baden 1993, S. 204 ff.

ne Rolle. Ein Geständnis wurde aufgesetzt, auf Russisch. „Erst wollte ich nicht unterschreiben."

Man sagte drohend: „Sie wollen doch Ihre Eltern und ihre Geschwister wiedersehen...?"

Sie unterschrieb.

Im Frühjahr 1948 stand Anneliese Fricke im Vorderhaus des „Lindenhotels" mit 27 anderen, darunter sieben Frauen, vor einem sowjetischen Militärtribunal, umringt von bewaffneten Posten mit Hunden. Viele der Mitangeklagten waren Bekannte: „Unvorstellbar, wie sich Menschen in einem halben oder dreiviertel Jahr verändern können. Die Männer waren kahlgeschoren, alle sahen verhungert aus. Während der Untersuchungshaft waren schon einige gestorben aus unserem Fall."

Die Anklagen wurden verlesen. „Ich habe die Klageschrift da zum ersten Mal auf Deutsch gehört."

Der Prozeß, „eine reine Theaterveranstaltung", dauerte mehrere Tage lang. Die Anklage konstruierte die Legende einer ungeheuren Spionagekonspiration in Frankfurt (Oder). Basis des Verfahrens war die Aussage, die Claus N. unter der Folter gemacht hatte, außerdem konnte das NKWD aus seinen Aufzeichnungen schöpfen. Denen zufolge hatte Anneliese Fricke einer Gruppierung mit dem Namen „Liberale Organisation", die N. im Auftrag der Amerikaner angeblich leitete, über das Geschäft ihrer Familie Filme besorgt und selbst auch für N. fotografiert. Für jeden der anderen Angeklagten fanden sich ähnliche Verwicklungen in das angebliche Komplott gegen die sowjetischen Besatzer Ostdeutschlands.

Erhard Hemmerling (Jahrgang 1923) weiß bis heute nicht, was genau ihn in die Mühle der Geheimdienste geraten ließ. Er weiß, daß er kein Spion war. Doch das hatte in seiner Klageschrift gestanden. Genauer: Spionageverdacht. Nach Sowjetrecht war schon der strafbar – auf Basis der Kontrollratsdirektive 38.

Sicher: Er hatte den antistalinistischen Untersuchungsausschuß Freiheitlicher Juristen in West-Berlin um eine Rechtsauskunft ersucht. Sicher, er war nicht in die SED eingetreten, sondern, nach einigem Drängen von Vertretern der Staatspartei bei der Reichs-

46

bahn, in die Blockpartei NDPD, „um meine Ruhe zu haben", wie er sagt.

Die NDPD war 1948 auf Betreiben von SMAD und SED gegründet worden, um unter eigener Regie ehemalige Soldaten und frühere kleine Nazis zu sammeln. Außerdem sollten kleine Unternehmer und Handwerker eine politische Heimat erhalten. An der Spitze wurden linientreue Kommunisten eingesetzt. Dennoch gehörte die NDPD schon wegen des parteiintern starken Gewichts von dem Kommunismus eher abgeneigten Mitgliedern Anfang der 50er Jahre zu den „sozialdemokratischen" Kritikern der Wirtschafts- und Sozialpolitik der SED.[19]

Alles das spielte offenbar eine Rolle, als Hemmerling verfolgt und verurteilt wurde. Doch ist es bis heute ein Rätsel geblieben, warum er von der Stasi an den sowjetischen Militärgeheimdienst ausgeliefert wurde.

Über die ohne Urteil Internierten hinaus wurden zwischen 30 000 und 50 000 Menschen von 1945 bis 1955 durch sowjetische Militärtribunale zu Haft oder Zwangsarbeit verurteilt.[20]

Das DDR-Ministerium für Staatssicherheit war 1951 zu einem großen Teil noch Hilfsorgan der sowjetischen Dienste und Tribunale. Schon seit 1945 war das NKDW bei seiner Arbeit von Ämtern für Information unterstützt worden, die in den Landes- und Provinzialverwaltungen gebildet worden waren. Von August 1947 an nahmen die 5. Kommissariate der Deutschen Volkspolizei (K 5) die Aufgabe der politischen Geheimpolizei wahr. Deren Gründung ging zurück auf einen Befehl der SMAD.

Anfang Mai 1948 wurde der Ausschuß zum Schutz des Volkseigentums gegründet. Dessen Vorsitzender, der spätere Minister für Staatssicherheit Erich Mielke, war damals zugleich Vizepräsident der Deutschen Verwaltung des Innern und so auch zuständig für

---

[19] NDPD: Nationaldemokratische Partei Deutschlands
Siehe Siegfried Suckut: Die DDR-Blockparteien im Lichte neuer Quellen, in: Jürgen Weber (Hrsg.): Der SED-Staat: Neues über eine vergangene Diktatur, München 1994, S. 99 ff.
Die NDPD ist 1990 in der FDP aufgegangen.
[20] Siehe dazu: Erler, S. 51 ff.

47

die Anleitung der K 5. In der Hauptverwaltung und den Landesverwaltungen zum Schutz der Volkswirtschaft wurden kurz vor Gründung der DDR die Mitarbeiter der K 5 mit anderen zuverlässigen, im weiteren Sinne geheimpolizeilichen Verwaltungsmitarbeitern zusammengebracht. Am 7. Oktober 1949 wurde mit der DDR auch das Ministerium des Innern gegründet, unter dessen Dach die Hauptverwaltung zum Schutz der Volkswirtschaft bis zur Gründung des Ministeriums für Staatssicherheit am 8. Februar 1950 vorübergehend unterkam. Der erste Minister für Staatssicherheit war Politbüro-Mitglied Wilhelm Zaisser.

Wie Wilhelm Zaisser und sein Nachfolger Ernst Wollweber hatten viele der hochrangigen Stasi-Mitarbeiter der ersten Generation schon für das NKWD gearbeitet, waren also erfahrene Tschekisten. Ehemalige des illegalen Militärapparats der KPD, Veteranen des Spanischen Bürgerkriegs oder kommunistischer Widerstandsgruppen gegen die Nazis oder Kommunisten, die im sowjetischen Exil ihre Linientreue bewiesen hatten, fanden sich ebenfalls unter den leitenden Kadern des jungen Geheimdienstes.

Die zweite große Gruppe bestand aus „umerzogenen" früheren Wehrmachtsangehörigen, die als Kriegsgefangene in der Sowjetunion die Antifa-Schulen absolviert oder sich im Nationalkomitee Freies Deutschland engagiert hatten.

Gewissermaßen das Fußvolk des Geheimdienstes bildeten junge Leute, die außer einer Mitgliedschaft in einer nationalsozialistischen Jugendorganisation keine NS-Belastung hatten, Mitglieder der Freien Deutschen Jugend oder der SED waren und vielfach bereits in den „bewaffneten Organen" arbeiteten.[21]

1955 wurde die Verurteilung Deutscher durch sowjetische Militärtribunale eingestellt. Seit 1950 hatte die Staatssicherheit den Sowjets immer weniger Deutsche übergeben.

1951 gerieten eigentlich nur noch solche „Politische" vor ein sowjetisches Tribunal, die mit ihren Taten oder Unterlassungen direkt Interessen der Sowjetunion berührt hatten.

Hemmerling ist sich keiner solchen Tat bewußt.

---

[21] Die hauptamtlichen Mitarbeiter, S. 11 ff.

48

Der Familienvater war 1951 Bahnhofsvorsteher in Rehfelde in Ostbrandenburg. Man muß ihn schon länger beobachtet haben vor der Verhaftung, denn der Zugriff erfolgte im Zug, auf einer Dienstfahrt nach Frankfurt (Oder). Hemmerling wurde vom Bahnhof gleich zur Stasi gebracht, die damals in einem Gebäude in der Halben Stadt, einem Villenviertel am Rande der Innenstadt residierte. „Ich bin fast den ganzen Oktober da festgehalten worden, war im Keller unten eingeschlossen."

Vernehmer fragten nach der Rechtsauskunft, die er in West-Berlin eingeholt hatte, nach Verbindungen, die er habe, nach den Lebensumständen. Hemmerling war sich keiner Schuld bewußt, beantwortete alles nach bestem Wissen.

Ende Oktober transportierte man ihn nach Potsdam, ins „Lindenhotel". Einzelhaft, weitere Verhöre, schließlich im Dezember 1953 auf der Grundlage der Kontrollratsdirektive 38 das Urteil des Militärtribunals, gegen das Einspruch nicht möglich war: 20 Jahre Arbeits- und Erziehungslager.

Anneliese Abraham weiß heute, daß sie zu den ersten gehört hatte, gegen die die Verordnungen des alliierten Kontrollrats im Kalten Krieg angewandt wurden, obwohl sie doch eigentlich nicht gegen Sympathisanten der Amerikaner, sondern gegen Nazis erlassen worden waren.

Verteidiger gab es vor dem sowjetischen Militärtribunal nicht. Die Angeklagten wurden gefragt: „Bekennen Sie sich schuldig?"

Nur eine junge Frau, Brigitte G., wagte es, zu antworten: „Nein, ich habe mich durch Schläge beeinflussen lassen." Am Ausgang des Prozesses änderte sich daher nichts: Alle wurden zu 25 Jahren Strafarbeitslager verurteilt. „Brigitte G. wurde nach dem Prozeß aus der Zelle geholt, in der die Frauen auf den Abtransport warten mußten, und noch einmal vermöbelt."

Nach dem Urteil waren sich Anneliese Fricke und ihre sieben Leidensgenossinnen in der „Transportzelle" des „Lindenhotels" sicher: „Jetzt geht's nach Osten." Doch der Transport ging zunächst in speziellen Zellenwagen der Reichsbahn nach Bautzen, wenige Tage später auf Viehwaggons der Bahn zum ehemaligen KZ Sachsenhausen bei Berlin.

49

„Ich kam nach der Verurteilung auf die sogenannte Tribunalzelle, wo ich erfuhr, daß ich mit 20 Jahren noch die geringste Strafe hatte. Andere in der Zelle waren zu 25 Jahren, einige sogar zum Tode verurteilt worden", berichtet Erhard Hemmerling.

Ein sowjetischer Militärzug mit Gefängniswagen brachte Hemmerling bei Frankfurt (Oder) über die Ostgrenze, durch Polen, zunächst nach Brest-Litowsk, wo er einige Tage lang in einem Gefängnis untergebracht wurde.

Die nächste Station war Moskau, die Lubjanka, eins der Gefängnisse und zugleich die Zentrale des sowjetischen Geheimdienstes.

Nach zwei Tagen wurde er mit rund 50 anderen Häftlingen auf einen Viehwaggon getrieben. Gegen die Januarkälte gab es einen kleinen Ofen im Waggon, „eine Art Gulaschkanone". Die Reise ging nach Nordosten – Endstation Workuta, das Bergbau- und Stahlrevier, in dem Zehntausende Deportierte und Häftlinge aus dem sowjetischen Machtbereich, Politische und Kriminelle, arbeiten mußten. „In dem Lager, in das ich kam, gab es unter anderem Polen, Russen, Litauer, Letten, Österreicher und viele Deutsche."

1945/46 war die Deportation deutscher Verurteilter der Militärtribunale gang und gäbe gewesen. Gegen Ende der 40er Jahre wurde mehr und mehr differenziert zwischen schweren und weniger schweren Fällen. Nur die schweren mußten noch die Deportation in die Sowjetunion fürchten. In den 50er Jahren wurden nur noch solche Verurteilte deportiert, die eine besonders große „soziale Gefahr" darstellten.[22] Wie er dazu kam, als besonders gefährlich eingestuft zu werden, ist Hemmerling bis heute unerklärlich.

Nach einigen Wochen Quarantäne wurde Hemmerling zur Arbeit eingeteilt, erst in der Holzverarbeitung, die die Stempel zum Stützen der Steinkohlestollen herstellte, schließlich unter Tage.

Die Sicherheitsvorkehrungen waren jämmerlich. Unfälle waren an der Tagesordnung, und auch der mittlerweile 29jährige konnte eines Tages einer unkontrolliert rollenden Lore nicht ausweichen. „Die Lore rollte mir über den Fuß. Alles war gebrochen."

---

[22] Erler, S. 59.

50

Von einem polnischen Arzt, der selbst Häftling war, notdürftig zusammengeflickt, hielt man ihn einige Wochen nach dem Unfall für nicht mehr in der Lage, im Schacht zu arbeiten. „Ich wurde zum Außendienst oberhalb der Grube eingeteilt. Wir haben Granit gebrochen, um ein Hochplateau für den Bau eines Kraftwerks vorzubereiten." Was an dieser Arbeit leichter für ihn gewesen sein soll als der Kohlebergbau, ahnt Hemmerling bis heute nicht: „Wir sind unglaublich geschindert worden."

Zwölf Stunden täglich wurde pausenlos gearbeitet. Zu Essen gab es nur morgens und abends in den einfachen Baracken des Lagers, das kilometerweit von den Arbeitsplätzen der Häftlinge entfernt lag – 150 Mann pro Baracke, im Lager waren 4 000, und es war ein Lager von vielen. „Die Verpflegung war ganz einseitig: Brotsuppe und trockener Fisch." Viele hätten nicht überlebt, sagt Hemmerling: „Man war zum Hungertod verurteilt, und wer nicht auf diesem Weg in den Himmel kam, kam durch Schikanen um."

Schikanen waren die Politischen nicht allein durch die Wachmannschaften ausgesetzt: Das Regiment führten Kriminelle, die das Lager fest im Griff hatten. Sie organisierten die Verteilung von Nahrung und Feuerholz, wußten sich mittels Gewalt und mafioser Strukturen stets Vorteile zu beschaffen.

Einem Litauer, einem Kriminellen, paßte es beim Steinebrechen nicht, daß sich Hemmerling die leichtere Schaufel gegriffen hatte. Der Mann schlug zu, als Hemmerling ihm die Schaufel nicht überließ. Hemmerling büßte alle Schneidezähne ein und konnte Schlimmerem entgehen, weil sich ein Freund auf den Litauer stürzte, der später nie wieder Ärger machte. „Das muß unter den Augen der Wachen passiert sein. Aber alles war mit Stacheldraht umzäunt, und eine Flucht wäre sowieso sinnlos gewesen. Um Workuta herum gab es nichts als menschenleere Weite. Die Aufmerksamkeit der Wachen ließ darum auch mal nach." Das Regiment der Kriminellen im Lager war ohnehin zwar nicht legal, „aber es lag doch im Interesse der Wachen."

1950 wurde das Lager Sachsenhausen aufgelöst, der deutsche Strafvollzug übernahm die „Politischen" von den Sowjets. Insge-

51

samt 10 513 Menschen.[23] Anneliese Fricke kam ins Frauenzuchthaus Hoheneck: Eine von 1 300 nach verschiedenen Entlassungswellen im Knast gebliebenen Frauen. „Wir wären im ersten halben Jahr zu Fuß nach Sachsenhausen zurückgegangen. Wir waren in deutsche Hände gekommen und mit der Illusion da hingegangen, es könne ja nur besser werden."

Doch sie bestätigt die Erinnerungen vieler ihrer Leidensgenossen: Die Deutschen waren schlimmer als die Sowjets, wenigstens in der ersten Zeit. „Hundertprozentige" einerseits, die ihre „Pflicht" besonders genau nahmen, andererseits „rohe Leute, die nun Gewalt auf 1 300 Frauen ausüben konnten." Im Lager Sachsenhausen hätten die Häftlinge zudem eine gewisse Bewegungsfreiheit gehabt und Zivilkleidung tragen können, in Hoheneck habe es nur die Zelle gegeben, Häftlingskleidung und noch schlechtere Verpflegung als in dem Lager bei Oranienburg: „Das erste halbe Jahr war das Schlimmste, dann glich es sich allmählich normalem Strafvollzug an."

Das Gefühl, ungerechter Strafe und Willkür ausgesetzt zu sein, Zorn und Trauer über die verlorenen Jahre – all dies ertrugen die Häftlinge gemeinsam. Sie standen einander bei. Und alle zehrten von der Hoffnung, daß die pauschalen 25 Jahre nie und nimmer abgesessen werden müßten, wovon selbst sowjetische Wachen andeutungsweise aus Erfahrung gesprochen hatten.

Die mutigen Gnadengesuche und Briefe ihres Vaters Walter Fricke unter anderem an DDR-Justizministerin Hilde Benjamin, politische Parteien, den Berliner Rundfunk, ja sogar an Stalin, fruchteten indessen nichts.

1954 wurden im Rahmen einer ersten „Großamnestie" Zehntausende entlassen. „Es gab kein System. 90 Prozent waren ‚25jährige' wie ich. Aber die Sache endete, und ich war nicht dabei. Es war sehr, sehr schlimm, als alle weg waren. Es konnte ja Jahre dauern bis zum nächsten Mal!"

Doch plötzlich und völlig unerwartet kamen dann 1955 aus Hoheneck noch 35 „25jährige" frei – eine davon Anneliese Fricke. Die mittlerweile 28jährige kehrte nach Frankfurt zu ihrer Familie

---

[23] Ebenda, S. 60 f.

zurück. „Da gehöre ich zu einer absoluten Minderheit, bestimmt 90 Prozent von uns sind in den Westen."

Zum Bleiben gab es für sie einen Grund: die Familie. „Wir haben immer wieder diskutiert, ob wir gehen sollen. Für uns war klar: Alle oder keiner. 1961 war mit dem Mauerbau die Entscheidung gefallen."

Für Erhard Hemmerling dämmerte im Frühjahr 1953 Hoffnung auf. Mit vielen Mithäftlingen wurde er in Personenwaggons nach Ostpreußen gebracht. Stalin war tot, Berija, der gefürchtete Geheimdienstler, gestürzt, so daß Tauwetter für „Politische" angebrochen war. Doch die DDR weigerte sich, die Häftlinge wiederaufzunehmen. Im Lande gärte es. Versorgungsengpässe und die Erhöhung der Arbeitsnormen führten schließlich zum Aufstand vom 17. Juni, der mit Hilfe der Sowjetarmee erstickt wurde.

Walter Ulbricht holte zu einem Befreiungsschlag aus, der teils vermeintliche, teils ernstzunehmende Reformkräfte in Staat und Partei traf, unter den Prominenteren Rudolf Herrnstatt, Herr über die Parteipresse der SED, und – ausgerechnet – Stasiminister Zaisser, der seinen Dienst angeblich der Partei entfremdet hatte. Tausende einfacher Bürger verschwanden in den Gefängnissen: Als vom West-Berliner „Rundfunk im amerikanischen Sektor" „gesteuerte" Agenten, als Aufrührer, wegen staatsfeindlicher Hetze. Da möge man sich nicht auch noch mit den Deportierten abgeben, war die Position der DDR-Führung.

Das Lager in Ostpreußen wurde vergleichsweise human geführt. Die Hungerverpflegung hatte ein Ende, die ärztliche Versorgung war relativ gut. Doch da war die Ungewißheit: Alle hatten schon im Mai gedacht, es gehe nach Hause, und nun die Warterei. Im Dezember war es schließlich soweit: Hemmerling wurde nach Fürstenwalde gebracht, erhielt einen schlechtsitzenden Anzug, denn Zivilkleider besaß er nicht mehr, und 50 Mark. Keinen Entlassungsschein, gar nichts – als wäre alles nie gewesen.

„Ich arbeitete in Frankfurt auf dem Bahnhof, da hörte ich rufen: ‚Hemmerling!'. Ich wußte nicht, daß er ankommen würde. Ich ging ahnungslos hin. Und da stand er: Abgemagert, die Zähne eingeschlagen. Aber er war wieder da", erinnert sich Vera Hemmerling.

Aus Bürgern werden Täter

Biographien

Das Ministerium für Staatssicherheit bildete klare Feindbilder heraus, die – mit umgekehrten Vorzeichen – dem Selbstbild entsprachen. Diejenigen, die von den Tschekisten zu bekämpfen waren, erschienen als all das, was ein Tschekist nicht ist.

Das Weltbild der Staatssicherheit war denkbar einfach. Hier die SED, ihr „Humanismus" und die „klassenlose Gesellschaft", dort der „Klassenfeind" und die „Konterrevolution", über die es im „Wörterbuch der politisch-operativen Arbeit" heißt:

> „Klassenkampf reaktionärer Klassen gegen den revolutionären Kampf progressiver Klassen und Schichten. Ziel der K. ist es (...) vor allem, die Machtfrage zugunsten der reaktionären Klassen zu verändern. Mit Hilfe der K. versuchen historisch überlebte Klassen, die gesetzmäßige gesellschaftliche Entwicklung gewaltsam aufzuhalten. (...)"[24]

Nach dem Eindruck der Staatssicherheit und der Partei, die sie zu „verteidigen" hatte, herrschte mithin Krieg, solange nicht die ganze Welt nach den Maximen des Marxismus/Leninismus regiert wurde.

Der „Feind" sind also

> „Personen, die in Gruppen oder individuell dem Sozialismus wesensfremde politisch-ideologische Haltungen und Anschauungen absichtsvoll entwickeln und in ihrem praktischen Verhalten durch gezieltes Hervorrufen von Ereignissen oder Bedingungen, die die sozialistische Staats- und Gesellschaftsordnung generell oder in einzelnen Seiten gefährden oder schädigen, eine Verwirklichung dieser Haltungen und Anschauungen anstreben."[25]

Die Definition des „Feindes", die das MfS im Laufe seiner Geschichte hervorgebracht hat, läßt keine Möglichkeit eventuell ab-

---

[24] Wörterbuch, S. 226.
[25] Wörterbuch, S. 110.

weichenden Verhaltens eines Bürgers aus: Schon abweichendes Denken wird als feindlich ausgelegt. Der Umfang der Verdachtsmomente und der verdächtigen Personenkreise wird beliebig.

Aus der Untersuchung von der SED-Linie abweichenden Positionen machte das MfS nach eigener Einschätzung eine Wissenschaft, die in der Erhebung beliebiger Informationen über alles und jeden ausartete. So entstand das „tschekistische Feindbild":

> „Gesamtheit von Kenntnissen und Vorstellungen über das Wesen und die Gesetzmäßigkeiten des Imperialismus, seine subversiven Pläne und Zielstellungen gegen den Sozialismus, über die Erscheinungsformen der subversiven Tätigkeit und deren Angriffsrichtungen, die feindlichen Zentren, Organisationen und Kräfte, die Abwehrmaßnahmen des Feindes, die Mittel und Methoden des feindlichen Vorgehens sowie der darauf beruhenden Wertungen, Gefühle und Überzeugungen im Kampf gegen den Feind. (...)"[26]

Mit dem tschekistischen Feindbild untermauerte das MfS die Einsatzbereitschaft seiner Mitarbeiter:

> „Als immanenter Bestandteil der Ideologie und des moralischen Wertesystems gehört das wissenschaftlich begründete, reale und aktuelle F. zu den wesentlichen charakteristischen Merkmalen der tschekistischen Persönlichkeit. (...)"

Das Feindbild rechtfertigte außerdem die Methoden des Ministeriums:

> „Konkrete und gesicherte Erkenntnisse über den Feind und die auf ihnen beruhenden tiefen Gefühle des Hasses, des Abscheus, der Abneigung und Unerbittlichkeit gegenüber dem Feind sind außerordentlich bedeutsame Voraussetzungen für den erfolgreichen Kampf gegen den Feind. (...)"

Die allermeisten Opfer der Stasi, die als „Feinde" oft jahrelang hinter Gitter kamen, waren wie die Opfer des NKWD in der SBZ oder in der Sowjetunion einfache Menschen, die entweder unbewußt oder gar nur als Vertreter einer bestimmten Klasse oder Gruppierung gegen die sich mit den politischen Vorgaben ständig ändernden „Regeln" verstoßen hatten.

---

[26] Wörterbuch, S. 111.

56

Doch gerade in ihrer Frühzeit, als ein ausgeprägter Antifaschismus und eine kommunistische Grundeinstellung der einzige gemeinsame Nenner unter den Stasileuten verschiedener Herkunft war, sah sich die Stasi nicht selten erklärten Systemkritikern, Sozialdemokraten, Christen, oder sogar Antikommunisten gegenüber, die ebenfalls krasse Antifaschisten waren, nur nicht über das rote Klassenbewußtsein verfügten.

Joachim Mangelow war schon zur Zeit der SBZ und in der jungen DDR nach den Maßstäben der Staatssicherheit ein „feindlich-negativer Charakter". Das entsprang einer Art angeborenem Urtrotz, sich Diktatorischem zu widersetzen. Mit dem gleichen Trotz – der sich in schnoddrigen Sprüchen äußert – stellt er sich heute seiner angeschlagenen Gesundheit entgegen. Er sei „nicht mehr viel wert", rein körperlich gesehen, sagt Mangelow manchmal: Das hat er der Stasi zu verdanken, die ihn in der Haft als Versuchskaninchen für unbekannte Chemikalien mißbrauchte.

Er ist kein DDR-Justizopfer, wie so viele, die wegen Schuld-Konstrukten der Stasi ins Gefängnis mußten. Seine Schuld, im strafrechtlichen Sinne, steht nicht in Frage. Eines Tages hatte er es einfach zu weit getrieben und sich erwischen lassen. „Ich war Agent für den Westen", gibt er zu.

Wenn von Wagenknecht über Gysi bis zu Bisky immer wieder „Respekt für unsere Biographien" eingefordert wird, um die „Ostalgie" vieler Parteigänger der PDS zu rechtfertigen und zu entschuldigen, kann Mangelow in heiligen Zorn geraten. „Was heißt das, Respekt vor der Biographie?" Gibt es denn nur die Biographien der Täter und der Mitläufer, die, eigene Lebensgeschichte und Wende sei Dank, plötzlich als Opfer auftreten dürfen?

Ein so einfaches Weltbild lehnt Mangelow ab. Er weiß, daß die Dinge komplizierter sind.

Den ersten Knick in Richtung „feindlich-negativen Verhaltens" hatte Mangelows Biographie lange vor Gründung der DDR gemacht. Eine Art natürlicher Entwicklung vor dem historischen Hintergrund der anderen deutschen Diktatur.

Auch Wolfgang Wüstefeld greift weit zurück, um seine Haltung zur DDR begreifbar zu machen, die ihn in Konflikt mit der Stasi brachte. Seine persönliche Linie, eine Pluralität der Meinungen durch ein gleichgeschaltetes System zu tragen, habe sich bei ihm schon in der Kindheit herausgebildet – den Grundstein dazu hätten seine Eltern gelegt, „überzeugte Weimarer Republikaner", erzählt Wüstefeld.

Ende der 20er Jahre, Wirtschaftskrise: Die Massenarbeitslosigkeit wurde noch nicht gemildert durch ein soziales Netz, das die meisten vor dem Elend bewahrt. „Neben unserem Haus war damals eine Wiese, da saßen sie den ganzen Tag." Männer jeden Alters, darunter viele Familienväter, warteten auf Gelegenheitsarbeiten, wollten sich als Tagelöhner verdingen. „Die haben gehungert." Als Kind – er ist Jahrgang 1923 – ging Wüstefeld oft auf die Wiese am Hang über der Großen Müllroser Straße am Rande des alten Stadtteils Beresinchen, mit einem Eimer Suppe von seiner Mutter.

„Es gab drei Möglichkeiten für Arbeiter damals: Die SPD, den Rotfrontkämpferbund und die SA." Ein Elend, drei teils scharf verfeindete Fraktionen, die sich mitunter sogar blutig bekämpften. Die Fronten verliefen oft durch Familien.

Wüstefelds Vater, Theobald Wüstefeld, betrieb ein zahntechnisches Labor. Die Familie war vom allgemeinen Elend nicht betroffen und hätte sich mit Leichtigkeit aus allem heraushalten können. Doch sei es als Katholiken, sei es als Republikaner, bezogen sie tätig Stellung. Von der Suppenverteilung auf der Wiese der Arbeitslosen – ohne Ansehen derer politischen Vorlieben – bis zur Einstellung eines Juden in dem Labor noch im Jahr 1934 definierte die Familie immer wieder ihren Standpunkt, der dem geschuldet war, was ihr opportun erschien. Opportunismus dagegen war den Wüstefelds fremd.

Wolfgang Wüstefeld wurde 1933 ins Frankfurter Friedrichsgymnasium aufgenommen, „wohin damals Söhne von Pfarrern, Offizieren und hohen Beamten – alles keine Nazis – gingen". Es gab zwei Schüler in der Klasse, die keine Protestanten waren – Wüstefeld und einen jüdischen Jungen, mit dem er sich bald anfreundete. „Auch sonst herrschte eine gute Kameradschaft", berichtet Wüstefeld – nur kam bald die Zeit, „da grundsätzlich jeder in der Hitlerjugend zu sein hatte". Zwar gab es einen Lehrer, der im „National-Unterricht" am liebsten von den zwielichtigen außerparteilichen Machenschaften führender Nazis erzählte – doch schafften sich Ausgrenzung und Gruppendruck mehr und mehr Raum.

Als 1936 die katholischen Georgs-Pfadfinder verboten wurden, verlor der damals 13jährige nicht seine geistige Heimat. Man traf sich in kleinen Kreisen weiter, wobei ältere Jugendliche Heranwachsende wie den jungen Wüstefeld im Sinne der christlich-humanistisch orientierten Pfadfinder weitererzogen.

1938 war Wolfgang Wüstefeld an seiner Schule einer von sieben Schülern, die nicht zur Hitlerjugend gehörten. Am „Staatsjugendtag" gab es extra schulfrei zur „politischen Schulung" und zur „körperlichen Ertüchtigung".

Wolfgang Wüstefeld wurde wegen seiner Verweigerung vor ein HJ-„Gericht" gestellt, das ihn für nicht würdig befand, weiter das Gymnasium zu besuchen. Gegen den Widerstand des Schuldirektors landete Wüstefeld, damals 15, auf der Straße.

„Ich ging zum Bau und wurde Maurer."

Für den Bürgersohn bedeutete dies erneut Kontakt mit Arbeitern. Wieder gab es drei Typen: „Großfressige Fiese", nämlich Nazis, die „immer das Sagen hatten", Sozialdemokraten und „in der Minderheit" Kommunisten, die schon im KZ Sonneburg gesessen hatten und nun wie die SPD-Leute gut daran taten, ein flaches Profil zu wahren. „Ich kam schnell ins Gespräch mit drei der Kommunisten." Wüstefeld deutete nur an, mit den Nazis nichts im Sinn zu haben, und das Eis brach – zumal fachliche Qualitäten eine weitere Basis der Freundschaft unter Kollegen waren: „Die machten immer die schwierigen Sachen, wie Schornsteine mauern."

Nach der Gesellenprüfung an der Staatlichen Bauschule in Frankfurt (Oder) ging Wüstefeld zum Studium nach Stettin. Rasch bildete sich dort ein Kreis ehemaliger christlicher Pfadfinder, erwachsen auch aus der gemeinsamen Erfahrung, „ständig von der HJ verdroschen zu werden".

Doch war es bald mehr: Ein oppositioneller Gesprächskreis, dem auch Professoren, hohe Offiziere der Marine und Pfarrer angehörten. Die Gruppe wurde später als „Stettiner Kreis" von der

Gestapo gesprengt. Wüstefeld hatte schon sein Notexamen gemacht und war an die Ostfront eingezogen worden, als drei Pfarrer und ein Offizier aus dem „Kreis" in Stettin hingerichtet wurden.

Hatte es dieser Erfahrung nicht mehr zusätzlich bedurft, um die Nazis als Verbrecher zu erkennen, gewann Wüstefeld unterdessen bei der Besichtigung von Folterkellern der stalinistischen Geheimpolizei die Erkenntnis: „Der Stalinismus war keinen Deut besser."

Nach dem Fall Stalingrads war der Wehrmachtssoldat Wüstefeld auf dem Rückzug für einige Tage in Krasnodar stationiert gewesen. „Wir wurden einquartiert in einem Riesenbau, einem Gefängnis und Verwaltungsgebäude der Tscheka." Drei Tage lang konnte Wüstefeld sich da umsehen. „Da gab es enge Kammern mit Nagelspitzen, die aus den Wänden ragten. Oder einen Drehsessel, auf dem der Gefangene grellem Licht und tiefer Dunkelheit im schnellen Wechsel ausgesetzt werden konnte."

Man habe ihm vieles berichtet über die Schauprozesse, die im Auftrag Stalins in den 30er Jahren gegen die Elite aus der Zeit Lenins geführt worden waren, gegen führende Militärs, Politiker, Intellektuelle. Allein aus dem Munde von Nazis wären solche Erzählungen kaum glaubhaft gewesen, doch berichtete auch der Londoner Sender – der deutsche Dienst der British Broadcasting Corporation (BBC), damals eine der stärksten Stimmen der freien Welt – von stalinistischen Greueln.

Fazit für Wüstefeld: Auch eine humanistische oder sozialistische Ideologie schützt nicht vor der Barbarei des Machtmißbrauchs. Und bis heute führt Wüstefeld als Argument dafür an, wie weit die Folgen ideologischen Wahns führen können, daß der deutsche „Blitzkrieg" nur deshalb so weit hatte in den Osten vorankommen können, weil die Sowjetunion nach den Stalinschen „Säuberungen" der 30er Jahre auch in den Offizziersrängen der Roten Armee ohne (militärische) Eliten trotz guter Waffentechnik zur Wehr zunächst nicht in der Lage gewesen sei.

Jahrgang 1925 und kerngesund, wurde Joachim Mangelow in den 40er Jahren vom Reichsarbeitsdienst an die Ostfront gezogen – zur Waffen-SS, als Funker. „Ich mußte da hin", kommentiert er, eine

60

Wahl habe er nicht gehabt. „Ich hatte keine politische Einstellung und war kein Nazi. Ich war zwar als junger Mensch im Jungvolk und so weiter, aber ich hatte noch kein Bewußtsein."

Ein erstes traumatisches Erlebnis dessen, was Diktaturen in ihrem Wahn anrichten, hatte er, als gegen Kriegsende an seinem Abschnitt der Ostfront noch „Gewehre ohne Drall" ausgegeben wurden, in fieberhafter Eile hergestellte, unbrauchbare Waffen, mit denen die Soldaten in die politisch wie militärisch längst sinnlose Schlacht ziehen mußten – mit wenig Überlebenschancen.

Nach einer Kriegsverletzung zu einer anderen Division nach Ungarn versetzt, machte Mangelow sich „kurz vor dem Zusammenbruch in einem Panzerspähwagen aus dem Staub: ab in den Westen zum Ami".

In Graz, Österreich, geriet er in amerikanische Kriegsgefangenschaft, aus der er – entschlossen, sich so schnell nicht mehr zum Opfer äußerer Umstände machen zu lassen – mit gefälschten Papieren nach Kriegsende entkam.

Wüstefelds Truppenteil wurde in Graz aufgelöst. Noch im Sommer 1945 kam er aus der amerikanischen Gefangenschaft frei.

Aus seinem letzten Feldpostbrief wußte er, daß seine Familie buchstäblich in letzter Minute aus Hitlers Oderfestung Frankfurt nach Duderstadt geflohen war.

Doch da wurde seine Mutter nicht glücklich. Die Familie schickte Wolfgang Wüstefeld, damals 22, als Ein-Mann-„Spähtrupp" nach Frankfurt, um die Lage zu sondieren. Sein erster Eindruck: „In der Stadt lebten 8 000 Frankfurter und 60 000 Russen." Sein zweiter Eindruck: „Unser Haus stand noch, es war von Russen bewohnt. Als ich hinkam, saß eine fette Russin mit einer Knarre davor. Hinter ihr stand eine zweite Frau und lauste sie."

In der Stadt herrschte „ungeheure Not. Es gab so gut wie nichts zu Essen, Trinkwasser wurde nur an einigen Punkten in der Stadt ausgegeben". Noch in den letzten Kriegstagen war die Innenstadt ein Opfer der Flammen geworden. Die abziehenden Nazis hatten der Befreiungsarmee aus der Sowjetunion „verbrannte Erde" hin-

61

terlassen wollen, wie es hieß.[27] Intakte Häuser waren von der Roten Armee und ihrer Verwaltung beschlagnahmt worden, gebliebene oder zurückgekommene Frankfurter und die vielen Tausend Flüchtlinge aus dem früheren deutschen Osten hausten in kaum bewohnbaren Verschlägen aus Trümmern oder in Ruinen.

Der Familie Wüstefeld ging es da besser. Sie hatte bald wieder ein Dach über dem Kopf. Der Jude Siegfried Lewek half ihnen dabei. Wolfgangs Vater, Theobald Wüstefeld, hatte ihn noch 1934 in seinem zahntechnischen Labor eingestellt und trotz starker Widerstände bis 1942 in seinem Betrieb gehalten. Als Lewek dann trotz aller Bemühungen zur Deportation ins Zwischenlager Ketschendorf gebracht wurde, stellte Theobald Wüstefeld seine Arbeit für Frankfurter Lazarette ein: Die weitere Gebißproduktion für verletzte Soldaten sei seinem Unternehmen ohne Lewek nicht möglich, hielt er den Nazis entgegen. Der Generalstabsarzt warf dem Zahntechniker „Sabotage" vor. Stimmt, meinte Theobald Wüstefeld: Den Juden aus dem Labor zu reißen, sei Sabotage gewesen. Lewek kam frei und überlebte als Zahntechniker. Als Mitarbeiter der ersten Stadtverwaltung nach dem Krieg verschaffte er den Wüstefelds ihr Haus wieder.

Sonst hatte die Familie nichts von ihrem Engagement gegen die Nazis. Ziemlich bald wurde klar: Antifaschisten von Gnaden der neuen Machthaber hatten Sozialisten zu sein. Der Christ Wolfgang Wüstefeld verlor auch sehr bald seine politische Heimat in der jungen CDU, nachdem die zur sozialistischen Partei geworden war.

Mangelow schlug sich zu seiner Mutter durch, die aus Frankfurt (Oder) in den Harz geflohen war.

Sein Vater war im Volkssturm bei der Verteidigung der Festung Frankfurt gefallen.

---

[27] Offizielle Lesart bis 1989. Dagegen vertreten einige Heimat-Historiker, darunter auch Wüstefeld, auf dokumentarischer Basis die Auffassung, daß nach dem Abzug der Nazis russische Zwangsarbeiter und Kriegsgefangene, die in der Stadt zurückgeblieben waren, den Brand gelegt hätten, der die Altstadt zu großen Teilen in Trümmern versinken ließ.

62

Als Mangelow mit seiner Mutter wieder in ihrer Heimatstadt ankamen, war von ihrer Habe nichts übriggeblieben außer Mangelows falschem Paß. In ihrer Wohnung waren Flüchtlinge aus Ostpreußen einquartiert worden. So begann die Heimkehr in die zerstörte Heimatstadt mit dem Kampf um die eigene Wohnung. Am Ende bekamen die Mangelows wenigstens ein Zimmer von den neuen Untermietern zurück.

„Überlaß Dein Schicksal mal mir", bekam Mangelow von seiner Mutter als Anweisung. Sie drängte ihn, in die SPD einzutreten. Sie besorgte ihm im Rathaus eine Kennkarte, die die Voraussetzung war, daß er auch eine Lebensmittelkarte bekam. Der zuständige Beamte im Rathaus, ein Jude, erwies sich als kulant. Auch der Fragebogen wurde nicht zum Problem: Mangelow kreuzte wahrheitsgemäß an, daß er in Waffen-SS und Hitlerjugend gewesen war.

„SS" blieb Mangelows Kainszeichen. Monatelang suchte er vergebens nach Arbeit. Im Oktober 1945 wurde Mangelow festgenommen im „Leipziger Garten", einem Vergnügungslokal, von zwei Männern ergriffen und abgeführt – in den NKDW-Keller in der „Gelben Presse". Da saß er acht Wochen lang, dann kam er auf freien Fuß: Der Geheimdienst hatte Mangelows Vergangenheit überprüft und festgestellt, daß er als Mitglied der Waffen-SS an der Ostfront keine Kriegsverbrechen begangen hatte.

Das rechtsstaatliche Verfahren war fast ein Wunder.

Zunächst schien das Thema SS damit vom Tisch. Mangelow bekam Arbeit in einem West-Berliner Minensuchunternehmen, das im Auftrag der sowjetischen Militäradministration unter anderem im Oderbruch Minen und Bomben räumte. „Ich habe eine ganze Weile da gearbeitet und schönes Geld verdient, mehr als andere in der sowjetischen Besatzungszone", erzählt Mangelow. Das Wichtigste war die Lebensmittelkarte für Schwerarbeiter – die mit der höchsten Kalorienmenge.

Nachdem 1949 die DDR gegründet worden war, zog der Betrieb nach Potsdam um und wurde volkseigen.

Plötzlich spielte Mangelows Vergangenheit wieder eine Rolle: „Nach einiger Zeit mußte ich raus."

Er jobbte als Rangierer bei der Bahn, ließ sich zum Buchhalter ausbilden. Dann wurde er Lohnbuchhalter bei einer staatlichen

63

Baufirma, die mit dem Bau des Eisenhüttenkombinats in Stalin-stadt beschäftigt war.

Ob bei der Minensuchfirma, bei der Reichsbahn oder in Stalin-stadt, aus seiner – aus der alten SPD-Mitgliedschaft 1946 automa-tisch entstandenen – SED-Mitgliedschaft erwuchs ihm kein Vor-teil. „Ich hatte irgendwann die Schnauze voll, weil ich diskrimi-niert wurde."

„Andere Merkmale" im Sinne dieser Definition hatte auch Joa-chim Mangelow: Anfang der 50er Jahre machten Kollegen, die mit dieser Information, seiner früheren Zugehörigkeit zur Waffen-SS, hausieren gingen, auf seine Kosten Karriere. Erste Seilschaf-ten hatten sich formiert, und Karriere machte, wer dazugehörte.

„Umerzogene" SS-Leute und Ehemalige der Wehrmacht halfen unterdessen dabei, die Kasernierte Volkspolizei aufzubauen, aus der später die Nationale Volksarmee hervorging. „Eine Umerzie-hung konnte ich aber nicht vorweisen."

Erbittert trat Mangelow im Oktober 1950 aus der SED aus.

Dann ging er noch weiter: „Ich habe die Verbindung zu den Freiheitlichen Juristen in West-Berlin gesucht."

Der antistalinistische Untersuchungsausschuß Freiheitlicher Ju-risten unterhielt – damals geheimgehaltene, aber durchaus offen-sichtliche – Verbindungen zu westlichen Geheimdiensten, sorgte selbst für die Beschaffung von Informationen vor allem über poli-tische Gerichtsverfahren in Ostdeutschland und half, gegen die SED gerichtetes Propagandamaterial über ihre Verbindungsleute in der DDR zu verteilen. Joachim Mangelow schloß am 16. Januar 1952 mit den Freiheitlichen Juristen einen schriftlichen Vertrag über seine Mitarbeit als Informant.

Wolfgang Wüstefeld war von der Stunde Null der SBZ an voll be-schäftigt. Im August 1945 war der Bauingenieur von der sowjeti-schen Militäradministration damit beauftragt worden, das Frank-furter Wasserwerk wiederaufzubauen, dann leitete er das Frank-furter Tiefbauamt: „Das Amt war ich, sonst gab es da niemand. Es war ein verdammt schwerer Anfang."

64

„Mit der Standort-Kommandantur konnte man gut zusammenarbeiten. Major Lerner, ein Jude, war der Politoffizier, ein sehr vernünftiger und verständiger Mann."

Manche Aufträge waren freilich unsinnig. Wie der, alle alten Schießstände der Wehrmacht einzuebnen. Gesagt, getan – hinterher schossen die Rotarmisten, die sich da längst eingerichtet hatten, eben ohne Sicherheits-Erdwälle.

Absurdes geschah auch in der Stadtverwaltung. Dort war Bürgermeister Willy Jentsch der wahre Herr, ein Kommunist. Der Oberbürgermeister, Oskar Wegener, ein Sozialdemokrat, spielte eigentlich die zweite Geige – so war es seit der SED-Gründung in der DDR üblich, um die Einheitspartei als Bild der Einigkeit darzustellen. Wüstefeld berichtet, daß Wegener, zuvor Baudezernent, sich gewehrt habe, als man ihm den Posten anbot: „Man stellte ihn vor die Wahl: Deportation nach Sibirien oder OB zu werden. Da wurde er OB."

Auf Jentschs Konto geht der Abriß der Alten Universität, die den Krieg gut überstanden hatte. Und wäre er nicht gewesen, gäbe es jetzt in Frankfurt eine Technische Hochschule. „Ich schlug Jentsch einmal vor, sich dafür einzusetzen, daß die Staatliche Bauschule in Frankfurt wiedereröffnet wird", erzählt Wüstefeld. Jentschs Antwort: „Ingenieure – so ein Gelichter brauchen wir nicht. Wir sind Arbeiter."

Die Schule wurde in Cottbus angesiedelt.

Als der Bau des Eisenhüttenkombinats Ost bei Fürstenberg/Oder anstand, bewarb Wüstefeld sich dort, auch um der Stimmung, die Jentsch verbreitete, „Angst und Unsicherheit", zu entrinnen. Doch wurde er anderswo eingesetzt – um als Oberbauleiter auf mehreren Baustellen in Ostbrandenburg die Verwaltung von Mängeln und des Mangels hautnah mitzuerleben. Er war beteiligt am Bau der Abwasserverwertungsanlage in Frankfurt, errichtete die Grenzbahnhöfe von Frankfurt und Küstrin. Doch zunächst waren andere als die Bauaufgaben zu bewältigen. „Wir hatten vierhundert Leute, zur Häfte Frauen", erzählt Wüstefeld. Schon einmal auf dem Bau gearbeitet hatten die wenigsten, und ohne Material war ohnehin nichts zu machen. „Die Arbeiter hatten schon fürs ‚Hier'-Rufen wochenlang ihr Geld bekommen, als ich dahinkam. So kann man keine Baustelle aufbauen."

Was tun? Wüstefeld handelte eigenmächtig, indem er hundert seiner Leute auf die Baustelle des Eisenhüttenkombinats schickte und zweihundert entließ – „Es ging nicht anders". Mit den verbliebenen hundert Leuten ging er erst einmal auf die Suche nach Werkzeug und Baumaterial.

Die Verwaltung sah's mit Schrecken. „Alle möglichen Inspektionen und Kontrollen kamen, man drohte mir mit Haft, wenn ich die Leute nicht beschäftige."

Wüstefeld hatte an ein großes soziales Problem des jungen Arbeiter- und Bauernstaats gerührt: Nach den Reparationen an die Sowjetunion, die ganze Industrieanlagen hatte demontieren und abtransportieren lassen, konnte das garantierte Recht auf Arbeit nicht befriedigt werden. „Jede Menge Arbeitslose wanderten durch die ganze DDR, um irgendwo Arbeit zu bekommen."

Die Materialbeschaffung war kaum leichter zu lösen. „Konspirativ" holte Wüstefeld zum Beispiel Teile für einen Bagger aus West-Berlin. „Im Grunde war ich dieser Aufgabe nicht gewachsen", gibt er heute zu. „Ein anderer hätte es aber auch nicht besser machen können." Später hatte Wüstefelds Bautrupp 1 100 Arbeiter, die „alle für ihr Geld arbeiteten".

Obwohl er ständig Ärger machte, ja unter anderem gegen die Gesetze zum Schutz der Volkswirtschaft und die Devisenbestimmungen verstieß, blieb Wüstefeld unbehelligt. Dabei kann er nicht unbemerkt geblieben sein: „Ich hatte mit der Stasi zu tun. Das war schwierig beim Bau der Grenzbrücken. Jeder Organisationspunkt war denen vorher bekanntzugeben, alles wurde politisch geregelt."

Schon in den 40er Jahren waren mehrere Verhaftungswellen des NKWD an Wolfgang Wüstefeld vorbeigeschwappt. Trotz seines mangelhaften „gesellschaftlichen Engagements". So war seine CDU-Mitgliedschaft nur von kurzer Dauer gewesen. Der jungen Christlich Demokratischen Union der unmittelbaren Nachkriegszeit hatten ihre Gründer aus christlichem Selbstverständnis eine sehr starke soziale, teils sogar sozialistische Prägung gegeben. In Anlehnung an die christlich-liberale Zentrum-Partei von vor 1933 setzte man zudem auf ein demokratisches Gesellschaftsmodell für Deutschlands Zukunft. Das damalige Schlagwort der CDU, „Sozialismus mit christlicher Verantwortung", begeisterte Wüste-

66

feld, im Januar 1946 einer der Parteigründer in Frankfurt, „für etwa vier Wochen".

„Ich war ziemlich aktiv in der Partei", erzählt Wüstefeld. Doch stand die CDU unter Druck. Ständig wechselten die Vorsitzenden, die Gleichschaltung der Parteilinie mit der der SED wurde immer schärfer betrieben.

1948 erklärte Wolfgang Wüstefeld seinen Austritt, begleitet von Warnungen des damaligen CDU-Kreisvorsitzenden Walter Kuhn, der sagte: „Ich habe Angst, daß Du verhaftet wirst."

Kuhn war es wohl, der Wüstefeld vor Scherereien bewahrte, indem er einfach dessen Karteikarte aus den Parteiregistern entfernte und vernichtete, ohne den Austritt zu melden. Erst 1964 registrierte die Stasi, daß Wüstefeld nicht mehr Mitglied der Blockpartei war.

Doch war der CDU-Austritt nicht sein letzter Rückzug aus einer SED-nahen Organisation. Als früherer katholischer Pfadfinder war Wüstefeld hinzugezogen worden, als die Gründung der „Antifa-Jugend" vorbereitet wurde. „Wir gehörten zu den wenigen, die noch Lieder ohne Nazi-Inhalt kannten. Und wir hatten Klampfen."

Als die Antifa-Jugend in der Freien Deutschen Jugend aufging und damit plötzlich eine Kaderschmiede der SED war, beendete Wüstefeld auch dies Engagement: „Da habe ich nicht mehr mitgemacht."

Auch seine Gewerkschaftsmitgliedschaft kündigte er, weil die Arbeitnehmervertretung zunehmend ausschließlich kommunistische Inhalte vertrat.

Die entsprechenden Einträge in seiner Kaderakte hinderten Wüstefeld daran, Karriere zu machen.

Schlimmeres blieb ihm erspart.

67

Sündenböcke der Revolution

Die Kritik an der Wirtschafts- und Versorgungslage wurde immer drückender für die SED. Sie sollte im Volksaufstand von 1953 gipfeln. Die Partei brauchte Sündenböcke: Saboteure, Konspiranten gegen den Aufbau und den Sozialismus.

Andererseits brauchte sie auch das Personal für den Aufbau. Es entsprach daher nicht den „politisch-operativen Zielen" der Staatssicherheit, politisch und charakterlich unbequeme Fachleute, die für den Aufbau unentbehrlich waren, aus dem Verkehr zu ziehen. Wolfgang Wüstefeld profitierte davon, daß auch dies zur „schwerpunktmäßigen Sicherung operativ bedeutsamer Bereiche, Objekte, Territorien und Prozesse"[28] im Sinne von Staat und Partei gehörte.

Dasselbe „politisch-operative" Argument konnte die Staatssicherheit jedoch auch gegen einfache Bürger anführen, die eine oppositionelle Haltung einnahmen. Einer davon war der Reparaturschlosser Friedrich Gronau, der 1952 gerade 32 Jahre alt war. Er fuhr oft nach West-Berlin, hatte mit dem Einheitssozialismus so wenig am Hut wie mit der „Freien" Gewerkschaft, und bei der Auswahl seiner Freunde sah er nicht auf das Parteibuch.

Da war zum Beispiel Willi K., Jahrgang 1898. K. gehörte der 1948 in West-Berlin gegründeten, SPD-nahen Kampfgruppe gegen Unmenschlichkeit an, die für sozialdemokratische Kontaktleute im Westen Informationen über die DDR sammelte. Die Kampfgruppe war für Arbeiter das, was Akademikern der Untersuchungsausschuß Freiheitlicher Juristen war – und wie dieser aus Sicht der DDR-Führung eine Vereinigung von Spionen und Konterrevolutionären.

Friedrich Gronau hatte sich wohl hin und wieder mit West-Berliner Sozialdemokraten getroffen, sympathisierte auch mit ihnen, doch gehörte er nicht dazu. Seit 1949 arbeitete er im Hennigsdorfer Stahlwerk, zuvor hatte er als Arbeiter auf verschiedenen Baustellen der Sowjetarmee, in Falkenhagen, in Kyritz und in Rüdersdorf, mehrfach stalinistische „Säuberungen" unter den rus-

---

[28] Wörterbuch, S. 25.

68

sischen Armee-Bauleitern beobachtet. Einer der Säuberungen war er, mittlerweile Träger militärischer Geheimnisse, dank dem Tip der Frau eines russischen Geheimdienst-Spitzels selbst knapp entgangen. Er wußte also, wie man, ohne aktiv dagegenzuhalten, beim Sozialismus nicht mitmachen konnte. Dennoch kam am 12. Juni 1952 die Stasi ins Stahlwerk und nahm Gronau und Willi K. fest.

„Das kam völlig unerwartet", sagt Gronau. Bis heute nimmt er der Stasi die Vorwürfe in der Klageschrift übel: Hanebüchene, teils geradezu satirisch anmutende Anklagen stehen darin. So soll Gronau geplant haben, eine Rohrbombe in den Hochofen zu werfen. Und wirklich: „Ich erinnere mich, wie ich einmal jemand daran gehindert habe, ein an den Enden verschweißtes Rohr hineinzuwerfen." Schon ohne Sprengsatz wäre das Rohr im Ofen geplatzt und hätte Schaden anrichten können: „Das ist einfach ins Gegenteil verkehrt worden."

Die Justiz half der Staatssicherheit dabei, „inoffizielle" in „offizielle Beweise" zu verwandeln.

„Inoffizielle Beweise" waren solche Erkenntnisse, die die Stasi durch ihre haupt- oder nebenamtlichen Mitarbeiter gewonnen hatte. Die konnten vor Gericht nicht als Zeugen auftreten, ohne sich zu enttarnen. Das hätte die Arbeit des Dienstes gefährdet. Die schiere Menge der Verfahren, in die die Staatssicherheit als „Ermittlungsorgan" verwickelt war, ist nicht mehr festzustellen. Es müssen Zehntausende gewesen sein.

Wie anhand von Fällen wie Gronau klar wird, hätten es Stasileute als Zeugen ohnehin schwer gehabt, die „objektive Wahrheit" auf der Basis „inoffizieller Beweise" als „strafprozessualen Beweis" zu präsentieren. Seine Rolle als „Saboteur" erschien politisch opportun, sie war propagandistisch verwertbar. Also wurde sie um ein dünnes Faktengerüst herum konstruiert.

Das politische Strafrecht hatte 1949 einen Gummiparagraphen dazugewonnen, dessen Anwendung der der alten Kontrollratsdirektive 38 entsprach. In der Tat wurde der Artikel 6 der ersten Verfassung der DDR nicht selten zusammen mit der Direktive als Rechtsgrundlage von Verurteilungen genommen.

Der Verfassungsartikel 6 verbot die „Boykotthetze" gegen „demokratische Einrichtungen und Organisationen", als die praktisch jede potentiell als gegen die sozialistische Gesellschaft und den ersten Arbeiter- und Bauernstaat auf deutschem Boden auslegbare Tätigkeit definiert werden konnte. Ein Strafmaß war in dem Artikel nicht vorgegeben. Folge war eine Rechtsprechung der frei formulierbaren Anklagen und Urteile, die als ein Teil des politischen Kampfes des Sozialismus gegen seine Feinde angesehen wurde. Die Justiz folgte politischen Vorgaben, die sich je nach der allgemeinen Stimmung und der wirtschaftlichen Lage ändern konnte.

Der Großteil der Gerichte, die sich an dem Spiel zu beteiligen hatten, waren mit Laienspielern besetzt, die der Strafrechts-Farce, die jeden Tag in politischen Fällen aufgeführt wurde, kaum etwas entgegenzusetzen hatten. Nach der schlagartigen Entfernung von NS-belasteten Richtern, Staatsanwälten und anderen Gerichtsmitarbeitern – insgesamt über 10 000 Menschen (oder rund 70 Prozent der Gerichtsmitarbeiter) allein 1945 – wurden Rechtskundige, darunter neben Rechtsanwälten auch Studenten oder gutinformierte Laien aus Verwaltungen, zu „Richtern im Auftrag" ernannt und Schnellkurse für „Volksrichter" angeboten. 1950 waren etwa die Hälfte der amtierenden Richter und Staatsanwälte in der DDR aus Volksrichterlehrgängen hervorgegangen, hatten also keine akademische oder wissenschaftliche Ausbildung genossen.

Die Sowjetische Militäradministration und die SED-Führung erließen gemeinsam die Grundlagen für die Ausbildung der Volksrichter. Von Ende 1946 an erhielten sie eine sechsmonatige juristische Schulung, die später auf acht, zwölf und schließlich auf 24 Monate verlängert wurde. In der Regel leiteten Akademiker die Ausbildung, doch sollen aus Personalmangel auch Volksrichter gelegentlich Volksrichter ausgebildet haben. Der Lehrgang wurde ergänzt durch ein Sonderprogramm politischer Unterweisungen, nachdem die Kandidaten für das Richteramt sich bei der Parteiführung darüber beschwert hatten, daß der Lehrgang zu juristisch sei. Die SED hatte sich bei ihrer Auswahl weniger um das juristische Interesse, als um die politische Zuverlässigkeit der Kandidaten gekümmert.

70

Bis 1951 war die Richterausbildung Ländersache. Dann übernahm DDR-zentral die Richterschule in Postdam-Babelsberg dies Geschäft. Sie unterstand direkt dem Justizministerium. Im Lehrplan hatte die marxistisch-leninistische Sicht auf die Gesellschaft ein deutliches Übergewicht. Die Rechtswissenschaft wurde als eigener Wissenschaftszweig aufgegeben und in die Gesellschaftswissenschaften integriert, die von der sowjetisch geprägten Sicht der SED dominiert wurden.

Mit „inoffiziellen Beweisen", die völlig aus der Luft gegriffen waren, wurde der Fürstenberger Helmut Padel konfrontiert. Ahnungslosigkeit wich Entsetzen, als ihm während endloser Verhöre im Stasi-Untersuchungsgefängnis immer klarer wurde, daß er mit seinem Bruder Georg und vier weiteren jungen Männer als die „Padel-Bande" verhaftet worden war. Von deren Existenz hörte der Fürstenberger (Jahrgang 1925) während der nächtlichen Vernehmungen zum ersten Mal.

Saboteure und Umstürzler sollten sie sein, hätten Mitglieder der Volkspolizei überfallen wollen, um ihr Waffenarsenal zu vergrössern. In der Tat hatte Padel an der Sammlung dieses Waffenarsenals teilgenommen: Neben einem Vorderlader aus dem 18. Jahrhundert verfügte sein Bruder – wie viele andere Fürstenberger auch – über Kriegsschrott aus der Zeit, als die letzte große Schlacht des Weltkriegs in der Stadt tobte. „Das waren rostige, verbogene Gewehrteile, die wir 1946 und 1947 in unserem Garten eingesammelt hatten."

Mit einer Armbewegung bezieht Padel den Garten seines Hauses am Rande Fürstenbergs, die Uferböschung der Oder und die Flußaue in seine Beschreibung ein: „Man kann sich das heute kaum noch vorstellen: In den letzten Kriegstagen war das alles Kampfgebiet gewesen. Nachher lag das Zeug überall herum. Bauern sind noch Jahrzehnte später beim Pflügen umgekommen, weil sie Blindgänger auslösten."

Wer konnte schon ahnen, daß die makabren Souvenirs einmal Beweisstücke der Anklage sein würden. In der Version der Stasi wurde daraus eine Art Waffenkammer der Konterrevolution.

71

Vor seiner Festnahme hatte Padel davon geträumt, mit Frau und Sohn nach Kanada auszuwandern.

Der gelernte Tischler stammt aus einer Familie von kleinen Kaufleuten und Handwerkern, die es in der Werft- und Glasstadt zu Wohlstand gebracht hatten, hatte als CDU-Mann einem der ersten Stadtparlamente angehört.

„Die CDU hatte meine Partei werden müssen, weil sie anfangs in Opposition zur SED stand." Beim Plakatekleben für die Partei war er sogar Ende der 40er Jahre einmal von sowjetischen Soldaten aufgegriffen und für mehrere Stunden festgehalten worden. Die Sache ging glimpflich aus – doch die Staatsmacht warf offenbar von da an ein besonderes Auge auf den jungen Handwerker, der den Weg der CDU zur SED-hörigen Blockpartei nicht mitging.

Am 17. Juni 1953 war er zwar einer von vielen jungen Männern, die eine Propagandasäule in Fürstenberg zu Fall brachten – doch das war eher ein Zufall. „Ich war da irgendwie hineingeraten."

November 1953. Helmut Padel maß gerade Holz für die Erweiterung einer Werkhalle seines Betriebs, VEB Holzindustrie, aus.

Alles war wie sonst. Niemand wußte, daß Padels Tage in Fürstenberg gezählt sind: Er hatte gerade die Einreisegenehmigung nach Kanada bekommen.

„Auf einmal ruft einer hinter mir: ‚Halt, stehenbleiben!'. Ich drehe mich um. Das war der B., ein Fürstenberger, der in Frankfurt bei der Stasi arbeitete."

Zuhause bewies seine Frau, die Lehrerin Erna Padel, bei der Haussuchung Geistesgegenwart. Im Küchenbuffett lagen, ganz offen, die Papiere für Kanada. Während Sowjetsoldaten und Stasileute die Wohnung durchsuchten, zündete Frau Padel ganz beiläufig mit einem Teil der Papiere ein Herdfeuer an, den Rest zerkaute und schluckte sie.

Gefunden wurden an „offiziellen Beweismitteln" Zeitschriften aus West-Berlin, unter anderem ein Artikel über den Besuch Elisabeths II., außerdem ein Katalog einer Industrieausstellung auf dem Messegelände am Funkturm – und eine Pistole.

72

„Padel hatte Kenntnis, dass eine Gruppe von Menschen im Besitz von Schußwaffen war, die für den 2. ‚Tag X.‘ in Anwendung gebracht werden sollten und hatte selbst eine Pistole alten Modells mit Vorderlader des 18. Jahrhunderts", lautete die Begründung für Padels Untersuchungshaft, die richterlich bestätigt wurde.

Friedrich Gronau bekam keine Gelegenheit, sich mit seiner Klageschrift auseinanderzusetzen. Er war im Potsdamer „Lindenhotel" eingesperrt. Eines Morgens hieß es „Heraustreten zum Bad". Alle Häftlinge mußten sich ausziehen und mit Handtuch und Waschstück aus der Zelle treten. Gronau wurde beiseitegenommen. Man drückte ihm das mehrseitige Dokument in die Hand, doch war es ihm unmöglich, mehr darauf zu erkennen, als seine Unterschrift. „Wie die da drauf gekommen war, weiß ich bis heute nicht. Ich bin mir sicher, daß ich das nicht unterschrieben hatte – eine Fälschung."

Wohl hatte er nach mehreren bis zu 48 Stunden langen Verhören und Arrest in einer Wasserzelle ein Geständnis unterschrieben. „Du stehst stundenlang zwischen Stahlwänden bis zum Bauch in eiskaltem Wasser. Wenn das Wasser am Ende abgelassen und die Tür aufgemacht wird, fällt man da raus, weil man nicht mehr stehen kann."

Geständnisse gaben dem harten Vorgehen der Stasi zum Schein die Legitimation. Mit physischem und psychischem Druck erzwungen, wurden sie von der Staatsanwaltschaft zusammen mit der „Einschätzung" des Vernehmers in die Klageschrift übernommen und in den Strafprozeß eingeführt.

Wie solche Geständnisse zustandekamen, wurde nach den Waldheimer Prozessen von 1950 erstmals anhand von Augenzeugenaussagen dokumentiert, da sich Protokollantinnen 1952 vor westdeutschen Behörden an Eides Statt dazu einließen. So erklärte Gerda Bergling am 15. Mai in Berlin:

„Die Kriminalangestellten hatten große Schwierigkeiten, ein solches (Vernehmungs-) Protokoll zu erstellen, da meistens ein irgendwie greifbarer Tatbestand nicht vorhanden war. Vielfach halfen sich die Vernehmenden dann damit, daß sie den Häftling

73

fragten, ob er im Privatleben ein fleißiger Arbeiter gewesen sei. Bejahte er dies, dann wurde in das Protokoll geschrieben: Der Häftling habe seine ganze Kraft zur Unterstützung der nationalsozialistischen Gewaltherrschaft eingesetzt. Dieser Vermerk befand sich in vielen Protokollen und diente dann zur Verurteilung. Wollte ein Häftling durchaus nicht die von ihm gewünschten Aussagen machen, so wurde er in eine Dunkelzelle gesperrt und ohne Essen gelassen, bis er schließlich aussagte und unterschrieb. Bei besonders standhaften Häftlingen wurden besonders ausgesuchte scharfe Kriminalangestellte verwandt, um sie zu einem Geständnis und zu einer Unterschrift gefügig zu machen. (...) Ein Kriminalangestellter erklärte mir einmal, indem er auf einen Stoß Akten hinwies: ‚Wenn ich diese Akten alle zusammenbinde, dann kann ich darüber schreiben: ‚Grimms Märchenbuch'.“[29]

Geständnisse boten den Richtern die formale Voraussetzung, den Klagen und der Beweisführung der Staatsanwaltschaft zu folgen und dem – in der Regel von der Stasi dem Staatsanwalt mit einer „Empfehlung“ des Strafmaßes diktierten – Strafantrag stattzugeben.

Beanstandungen der Richter oder der Staatsanwälte waren so wenig vorgesehen wie wahrscheinlich: Bis zum Ende der DDR blieb die sozialistische Haltung eine wichtige Qualifikation für juristische Amtsträger. Die Kaderauswahl für die politische Justiz wurde von der Staatssicherheit streng überwacht, sie hatte Vorschlags- und Vetorecht bei der Besetzung der Posten. Nur knapp zehn Prozent der Staatsanwälte und Richter gehörten nicht der SED an. Und auch sonst wurde nichts dem Zufall überlassen. Seit 1967 wurde das Justizministerium von Ministern geführt, die der Liberal-Demokratischen Partei angehörten – und bevor sie die Spitze des Ministeriums übernahmen, Inoffizielle Mitarbeiter der Staatssicherheit gewesen waren. Kurt Wünsche, der das Amt von 1967 bis 1972 (und als letzter DDR-Justizminister 1990 erneut) bekleidete, war als stellvertretender Vorsitzender der LDPD seit 1954 in der Rolle des Stasi-GI „Wendler“ die „beste Agentur im Parteivorstand der LDPD“ wie es in einer MfS-internen Beurtei-

---

[29] Materialien der Enquete-Kommission, Bd. IV, S. 733 ff.

74

lung von 1956 heißt.[30] Nach Angaben des bei der Behörde des Bundesbeauftragten für die Stasiunterlagen beschäftigten Historikers Clemens Vollnhals gibt es „ein Vielzahl denunziatorischer Berichte über LDPD-Interna" aus „Wendlers" Munde.[31] Getreu den eigenen Regeln stellte die Stasi das inoffizielle Arbeitsverhältnis ein, nachdem Wünsche als Minister auf einen Rang vorgerückt war, für den eine IM-Tätigkeit nicht mehr in Frage kam. Im Schlußbericht wird ihm „eine wichtige Schlüsselposition bei der Absicherung der LDPD"[32] attestiert. Vermerkt sind ferner das Interesse des GI an weiterer Zusammenarbeit und die Ankündigung, daß die Zusammenarbeit „auf offizieller Ebene" fortgesetzt werden solle. Da Wünsche jedoch bei aller Treue LDPD-Mann blieb, setzte man ihm den SED-Mann Herbert Kern als Staatssekretär zur Seite, dem laut Vollnhals die Rolle des „Aufpassers" zugedacht war. Kern, dem die Kaderabteilung, die für die Gerichte zuständige Hauptabteilung und die Abteilung für internationale Beziehungen und Rechtshilfe des Justizministeriums unterstanden, wurde vom MfS mehrfach ausgezeichnet. 1985, zu seinem 60. Geburtstag, lobte die Stasi Kern für „vorbildliche Unterstützung des MfS" und „hohe Einsatzbereitschaft" in der Zusammenarbeit mit den Geheimen.[33]

Wünsches Nachfolger (bis 1989), Hans-Joachim Heusinger, war 1955 erfolgreich als Inoffizieller Mitarbeiter angeworben worden, Deckname „Knebel". Auch er war auf das Parteileben der LDPD angesetzt, er übernahm ferner operative Aufträge im Gebiet der Bundesrepublik Deutschland. Seine Mitarbeit endete 1962.

In der Generalstaatsanwaltschaft war als „Aufpasser" und Stellvertreter des ohnehin bedingungslos linientreuen DDR-Generalstaatsanwalts jahrelang der auf Vorschlag der Staatssicherheit 1976

---

[30] Zit. nach dem Gutachten des beim Bundesbeauftragten für die Stasiunterlagen beschäftigten Historikers Clemens Vollnhals im Prozeß gegen die Kläger und Richter Robert Havemanns vom 18. Dezember 1996. Auf die persönliche Verstrickung der führenden Justizfunktionäre und Minister in die Arbeit der Staatssicherheit war Vollnhals im Zuge seiner Recherchen für das Gutachten gestoßen, das auftragsgemäß das Thema Stasi und Justiz behandeln soll.
[31] Ebenda.
[32] Ebenda.
[33] Ebenda.

mit dem Vaterländischen Verdienstorden in Bronze ausgezeichnete SED-Mann Karl-Heinrich Borchert eingesetzt, „in jeder Situation der Mann, bei dem das MfS auflaufen konnte"[34]. Er hatte von 1952 bis 1962 inoffiziell als GI „Esche" für die Stasi gearbeitet. Unter anderem, so eine Beurteilung zum Abschluß seiner Tätigkeit, hatte er in der Bezirksstaatsanwaltschaft Frankfurt (Oder) als deren stellvertretender Leiter zwölf „Kaderveränderungen" aus politischen Gründen durchgesetzt. Der IM sei „dem MfS ergeben, einsatzbereit und intelligent", lobte die Stasi und notiert auch hier das „Einverständnis zu weiteren offiziellen Kontakten", nachdem Borchert für inoffizielle Kontakte als hauptamtlicher Parteifunktionär in einer hohen Position im ZK der SED nicht mehr in Frage kam.[35]

Vollnhals' Liste der Verstrickungen reicht von den Ministern, Staatssekretären und Stellvertretern über den Stasi-Offizier im Besonderen Einsatz als Vorsitzender Richter bis hinab zum simplen Staatsanwalt, der sich schriftlich zur Inoffiziellen Mitarbeit bei der Stasi verpflichtet hatte. So sorgte, von der Rechtsordnung abgesehen, die personelle und ideologische Verflochtenheit von Justiz und Parteiapparat schon allein für eine gewisse Homogenität der den Urteilen zugrundeliegenden Rechtsauffassungen bei Parteioberen, Stasileuten und Juristen.

Während der Strafprozeß in anderen Fällen in der Regel auch vor den Normen eines bürgerlichen Rechtsstaats bestehen konnte, galt gegenüber „Politischen" die Strafprozeßordnung nichts mehr. Der Beschuldigte gestand, das Gericht strafte, und wenn das Geständnis noch so abenteuerlich war. Die Beweisführung gegen die Angeklagten war durch die Einheitsfront der parteilichen Juristen zum Erfolg verurteilt.

Selbst abenteuerliche Konstrukte konnten herangezogen werden, das gewünscht hohe Strafmaß zu begründen. Ein Beispiel: Die angeblich aus dem Westen gesteuerten, von der Klageschrift behaupteten weiteren Pläne der Stahlarbeiter Gronau und K.: sie hätten Volkspolizisten überfallen wollen, um an Waffen zu kommen, sie

---

[34] Ebenda.
[35] Ebenda.

76

hätten den Fuhrpark des Hennigsdorfer Stahlwerks mit Säure zerstören wollen.

Bis die Folter ihn brach, hatte Gronau seine Unschuld beteuert, vor Gericht raffte er sich wieder dazu auf.

„Das Corpus delicti liegt vor", stellte der Richter nur fest, und meinte damit die Rohrbombe.

„Die will ich sehen", sagt Gronau. „Nichts war da, kein einziger Beweis lag auf dem Richtertisch."

Neben den „inoffiziellen Beweisen" hatte der Staatsanwalt auch den Bericht eines Stasivernehmers an die Staatsanwaltschaft getreu in die Klageschrift übernommen, deren Inhalt wiederum vollständig in der Urteilsbegründung aufging.

In dem Bericht der Stasi ging es mehr um eine Charakterisierung – oder besser: Herabwürdigung – des Angeklagten, als um dessen Verbrechen. Unter dem Datum vom 12. September 1952 steht da zu lesen:

> „GRONAU ist ehemaliger Umsiedler aus Danzig. Er verfügt über keinerlei Dokumente, dass er GRONAU ist, auch kann er niemanden nennen, der für seine Person bürgt. Seine Schmarotzerhaftigkeit stellen seine Angaben, dass er während der Nazizeit nicht parteilich organisiert war, in Abrede. In sowjetischer Gefangenschaft hat er die Gebiets-Antifaschule besucht und hat sich aufgrund seiner politischen Kenntnisse 1947 in die SED eingeschlichen. Da er ein klassenfeindliches Element ist und in seinen karrieristischen Bestrebungen von der Partei nicht unterstützt wurde, trat er 1949 aus. Seine feindliche Einstellung zur fortschrittlichen Entwicklung der DDR und zur Sowjet-Union waren ebenfalls das Motiv zu seinen verbrecherischen Handlungen (...) Der Beschuldigte GRONAU verkörpert den Typ eines schmierigen Schmarotzers. (... gez.) L...“[36]

Wie wenig tatsächlich beweisbare Fakten für den Ausgang des Prozesses ausschlaggebend waren, zeigt eine Behauptung in diesem Dokument, gegen die Gronau sich noch heute verwahrt: „Ich war nie Mitglied der SED." Doch seine Proteste wurden im Prozeß nicht angehört. Das Urteil des 1. Strafsenats des Potsdamer

---

[36] Originalgetreuer Wortlaut.

77

Bezirksgerichts für beide Angeklagte lautete auf 15 Jahre Zuchthaus.

Als nach fünf Monaten U-Haft im März 1954 gegen Helmut Padel und seine „Bande" vor dem Bezirksgericht Frankfurt (Oder) der Prozeß eröffnet wurde, bot die Staatsmacht mehr auf als eine Strafkammer, um die vermeintlichen Saboteure vor aller Welt zu verteufeln.

Das SED-Bezirksblatt „Neuer Tag" ließ einen ungenannt gebliebenen Prozeßberichterstatter mehr als 200 Zeilen lang über Padel und seine fünf Mitangeklagten – darunter sein jüngerer Bruder – Vorwürfe ausgießen. Es begann schon mit der Überschrift: „Wer die Hand gegen unsere Arbeiter- und Bauernmacht erhebt, soll die Faust der Arbeiter und Bauern zu spüren bekommen!"

Für die Presse der DDR galt, was auch für Staatsanwaltschaft und Gerichte galt: Die Auswahl der Mitarbeiter erfolgte nach streng parteilichen Gesichtspunkten, bei der Ausbildung wurde großes Augenmerk auf die ideologische Festigung gelegt.

Zu einem Teil rekrutierten sich die leitenden Journalisten in der Frühzeit der DDR aus denselben Kreisen wie die leitenden Stasileute der ersten Generation: Frühere Spanienkämpfer, KPD-Militante und Widerstandskämpfer, linientreue Rückkehrer aus dem Moskauer Exil. Nicht wenige hatten schon in der Weimarer Republik oder im Exil für linke oder kommunistische Blätter gearbeitet. Alle Periodika der DDR wurden direkt von Parteien oder Massenorganisationen herausgegeben oder von Verlagen, die 100prozentige Töchter einer Partei oder Massenorganisation waren.

Der Grundzug dieser Presse war absolute Linientreue, Kritiklosigkeit bis zur Selbstaufgabe. Wenn auf ein Problem aufmerksam gemacht wurde, geschah dies meist im Rahmen propagandistischer Beschwichtigungen oder um gleich den Schuldigen zu benennen oder den Lösungsweg aufzuzeigen.

Der SED-Presse war die Führerschaft bei der Meinungsbildung zugedacht, sie dominierte den Ton. Ihre führenden Blätter, allen voran das „Neue Deutschland", leisteten es sich gelegentlich, von der Linie abzuweichen – in der Rückschau weniger ein Zeichen

78

für eine gewisse Freiheit als dafür, daß es ins propagandistische Konzept gehörte, begrenzte Freiheiten zuzulassen, um im Rahmen der sozialistschen Gesellschaft Meinungsfreiheit zu simulieren. Die satirische Zeitschrift „Eulenspiegel" – ein SED-Produkt – ist dafür mit ihrer vermeintlich kritischeren Linie ein Beispiel, wie auch die „Tribüne", das Organ des Freien Deutschen Gewerkschaftsbundes, das sich in den 50er Jahren Stefan Heym als Kolumnisten leistete. Im Archiv des ehemaligen FDGB gibt es allerdings Belege dafür, wie rigide Heym redigiert wurde, ehe er in der „Tribüne" eine Meinung haben durfte.

Die Publikationen der anderen Parteien dagegen hatten über die ihnen zugedachte Rolle hinaus keinerlei Spielraum. So berichtet der langjährige Chefredakteur einer Bezirkszeitung der National-Demokratischen Partei Deutschlands (NDPD), daß sein Blatt die Lage kleiner Unternehmer oder Handwerker, die zur Klientel dieser Partei gehörten, wohl moderat-kritisch verfolgen durfte – doch nur, wenn die Parteispitze entsprechende Parolen ausgegeben hatte. Andere als Kleinbetriebe waren für das Blatt tabu, denn für die Industrie, etwa für das örtliche Reichsbahn-Ausbesserungswerk oder Kombinatsbetriebe, war die Bezirkszeitung der SED zuständig. Um jede Regelwidrigkeit schon im Keim zu unterbinden, kamen zwei „Besucher" der Stasi alle halbe Jahre in die Redaktion, um den Chefredakteur zu sprechen. Dabei konfrontierten sie ihn mehrfach mit Interna der Zeitung, die sie nur aus Spitzelberichten geschöpft haben konnten.

So hielten die Furcht vor Sanktionen und die eigene ideologische Haltung die meisten Journalisten in dem Zaumzeug, an dem sie die SED führte. Opportunismus war der bestimmende Wesenszug dieses Berufsstands in der DDR. Und immer wieder nahmen Journalisten es auf sich, im Sinne der geforderten „Parteilichkeit" grobe Fälschungen oder Verzerrungen der Realität zu publizieren. Bei politischen Strafverfahren geschah dies im Auftrag – die allermeisten fanden unter Ausschluß der breiten Öffentlichkeit statt.

So nimmt es nicht wunder, daß der Berichterstatter die gegen die „Padel-Bande" vorliegenden Beweise im „Neuen Tag" ganz im Sinne der Kläger würdigte: Aus Kriegsschrott werden „Mordrequisiten", aus Angeklagten „Spießgesellen", „regelmäßige RIAS-

Hörer", die in Verbindung mit dem amerikanischen Geheimdienst „Terrorakte" planen würden.

„Terrorakte gegen das Leben friedlicher Bürger und gegen ein Werk, das der Stolz aller Werktätigen in ganz Deutschland ist, das aber auch ein Kennpunkt des tiefsten Hasses der westdeutschen und amerikanischen Monopolisten und Militaristen ist: unser Symbol des friedlichen Aufbaues und der Kraft der Arbeiterklasse, das Eisenhüttenkombinat J. W. Stalin",

dröhnte der „Neue Tag". Nur zwischen den Zeilen wurde für den Leser erkennbar, daß trotz allgemeinen Säbelrasselns auch Zeugen für die Angeklagten aussagten:

„... das Klagen des Vaters eines dieser Jungen hilft nichts, wenn er sagte, daß er nie bemerkt habe, daß sein Junge auf solchen Wegen wandle und der Junge, der auf Kosten der Arbeiter und Bauern eine Oberschule besuchte, vor Gericht aussagte, daß es ihm in seinem Elternhaus nie verwehrt wurde, den RIAS zu hören. Mögen doch endlich die Eltern aus diesen Vorgängen die eine Lehre ziehen, daß all die Jugendlichen, die wegen solcher und ähnlicher Delikte vor dem Richter standen, von diesem amerikanischen Hetzsender inspiriert und auf teuflische Art und Weise in ein verpfuschtes Leben gestoßen wurden. Ja, mögen endlich alle Lehrer und Erzieher die Erkenntnis gewinnen, daß die Jugend das Kostbarste einer Nation ist, dem alle Liebe und Sorge, aber auch alle Strenge gelten muß, um sie zu Baumeistern an der Verwirklichung der alten Träume der Menschheit zu erziehen."

Padel, unter den Angeklagten mit 28 einer der Ältesten, verdient nach Ansicht des Blattes mit seiner „Bande" weder Nachsicht noch wohlwollende Strenge: „Faschist geworden – Faschist geblieben." Und der Bogen vom Faschismus über die „westlichen Kriegstreiber", den vermeintlichen „Terrorismus" der „Bande" zurück zu einem „Faschismus in ganz Deutschland" war für den „Neuen Tag" nicht zu weit gespannt: „Hart, aber gerecht" nannte der „Neue Tag" denn auch die Strafe gegen die jungen Leute: Helmut Padel, sein Bruder Georg und ihr „Mittäter" Donald L. wurden zu je 18 Jahren, der Angeklagte Helmut K. zu sechs Jahren, Herbert R. zu vier Jahren und „Mitwisser" Manfred A. zu drei Jahren Zuchthaus verurteilt.

80

Wie vom „Neuen Tag" am Ende des Gerichtsberichts angekündigt, war der Prozeß gegen die „Padel-Bande" auch Thema im Rundfunk: „Das Studio Frankfurt/Oder bringt zusätzlich am Freitag, dem 26. März, in der Eigensendung von 15 bis 15.30 Uhr auf Welle 411 kHz 491 Meter Ausschnitte." Die Zahl der Meter bezieht sich auf die Länge des zusammengeschnittenen Tonbands. Was genau damals gesendet wurde, ist heute nicht mehr nachzuvollziehen. Wahrscheinlich beschränkte sich auch der Rundfunk auf die Anschuldigungen des Staatsanwalts, um die Stimmung gegen die Angeklagten anzuheizen.

Angesichts des Propaganda-Interesses an dem Prozeß hatte man den Angeklagten alles, was gesagt werden durfte, vorher genau eingetrichtert. Padel: „Ich hatte im Verhör alles gestanden, was man mir vorwarf. Das war ein großer Fehler, aber ich bin kein Kämpfer von Natur aus: Was hätte ich sonst auch tun sollen?" Er und die Mitangeklagten sahen sich in die Rolle gezwungen, das Spiel vor Gericht mitzumachen, an der Produktion der Lüge von der „Terrorbande Padel" mitzustricken. Jeder abweichende Zungenschlag wurde scharf unterbunden: „Der Ton der Richterin, Magiera hieß sie, war unglaublich. Wie bei Freisler."

Nach den glühenden Prozeßberichten in allen Medien hielt die Partei es noch für nötig, in Fürstenberg Einwohnerversammlungen zu veranstalten, um Werbung für die harschen Urteile zu machen. Neben den örtlichen Genossen und Gewerkschaftern organisierte die Staatsanwaltschaft die Versammlung: Staatsanwalt Kluth, der auch im Prozeß die Anklage geführt hatte, schrieb am 15. April 1954 an seinen obersten Chef, den Generalstaatsanwalt der DDR:

„Betrifft Strafsache Helmut Padel und 5 andere. Wir haben am 13.4.1954 in Fürstenberg zwei Versammlungen mit Tonbandwidergabe über den Padel-Prozeß durchgeführt. In der Nachmittagsversammlung waren ca. 500, in der Abendversammlung ca. 100 Einwohner anwesend. Die Abendversammlung war deshalb so schlecht besucht, weil die Kreisleitung (der SED, d. Verf.) in der Organisation versagt hat. Die Stimmung war gut und zustimmend. In beiden Versammlungen wurde die nachstehende Entschließung einstimmig angenommen.

81

Entschließung:

Die am heutigen Tage versammelten Einwohner und Arbeiter der Volkseigenen Betriebe Fürstenbergs haben die verwerflichen Machenschaften und Taten der Padel-Bande mit Entsetzen gehört und davon mit eben soviel Entsetzen Kenntnis genommen. In dem schweren Ringen um die Erhaltung des Friedens und die Einheit Deutschlands erkennen wir, daß wir noch wachsamer gegenüber den gekauften Agenten und Saboteuren sein müssen und erkennen das verhängte Strafmaß als gerecht an. Wir verpflichten uns im Sinne der gefaßten Beschlüsse der Sozialistischen Einheitspartei Deutschlands alle unsere Kräfte für die Einheit Deutschlands und für den Frieden einzusetzen. gez. Kluth, Bezirksstaatsanwalt"

Hilde Benjamin, nach dem Krieg erst Vizepräsidentin des Obersten Gerichts, dann Justizministerin der DDR, hatte getreu der sowjetischen Vorlage die historische „Gesetzmäßigkeit" über den juristischen Begriff der Gesetzlichkeit gestellt. Gesetzmäßig zu handeln hieß, den Machtanspruch der „herrschenden" Arbeiterklasse, mithin den der Partei, auch und gerade im Strafprozeß fortzuführen. Die Klassenzugehörigkeit des Beschuldigten spielte daher in den Klageschriften, bei den Urteilen und in den eventuell begleitenden propagandistischen Medienberichten eine große, wenn nicht die Hauptrolle. Der Begriff der „sozialistischen Gesetzlichkeit", der 1953 von Benjamin in der DDR eingeführt wurde und die „Gesetzmäßigkeit" ersetzte, beschreibt per definitionem die „parteiliche Anwendung der Gesetze". Dies aber bedeutete nichts anderes, als daß die Gerichte gehalten waren, in der Rechtsprechung den Willen der SED und deren Vorstellungen von einer sozialistischen Gesellschaft opportunistisch umzusetzen.

Dem entsprachen auch die internen Regeln der Stasi. So heißt es im „Wörterbuch der politisch-operativen Arbeit" zu deren „gesellschaftlicher Wirksamkeit":

„Die Gesamtheit der Resultate der politisch-operativen Arbeit, die den zuverlässigen Schutz der gesellschaftlichen Entwicklung und der staatlichen Ordnung der DDR vor allen subversiven Angriffen des Feindes und vor anderen negativen Erscheinungen gewährleisten, die es ermöglichen, den wachsenden Sicherheitserfordernissen Rechnung zu tragen und die dazu beitragen, die Politik der

Partei- und Staatsführung der DDR (...) erfolgreich und ungestört zu verwirklichen.

Die W. zeigt sich
- in der vorbeugenden Verhinderung, Aufdeckung und Bekämpfung feindlicher Angriffe und Aktivitäten gegen die DDR und die sozialistische Staatengemeinschaft,
- in der Erkundung, Aufklärung und offensiven Bekämpfung feindlicher Absichten und Pläne (...)
- in der Schaffung günstiger Bedingungen zur Durchsetzung der Beschlüsse der Partei- und Staatsführung (...)
- in der immer engeren vertrauensvollen Zusammenarbeit zwischen dem MfS und den Werktätigen und der Erhöhung der revolutionären Wachsamkeit (...)."[37]

Doch dies ist nur eine Seite der Medaille, sozusagen das, was intern „offizielle" Lesart war.

„Inoffiziell" war es immer auch die Aufgabe der Staatssicherheit, der Partei und ihren Satelliten die beste materielle Position zu verschaffen. Was nicht auf dem Wege der Enteignung oder der Kollektivierung ins „Volkseigentum" gelangte, wurde mitunter auch gewaltsam zusammengerafft. Dies begann schon lange vor den Umtrieben des Stasi-Devisenbeschaffers Schalck-Golodkowski.

Viele Menschen gerieten allein deshalb ins Mühlwerk der Staatssicherheit, weil die Strafgesetze den gerichtlichen Vermögenseinzug erlaubten.

So war es das ganze Vergehen von Erna und Heinrich Wolfram (beide Jahrgang 1916), nicht ins gesellschaftliche Raster des sozialistischen Staates zu passen und bürgerliches Glück anzustreben: Sie hatten 1954 ein kleines Kurhotel im sächsischen Rathen (Kreis Pirna) erworben. Was ihr früheres Fuhrgeschäft in Frankfurt (Oder) an Gewinn abgeworfen hatte, wurde investiert, um aus dem heruntergewirtschafteten Gründerzeitbau in attraktiver Hanglage eine gute Adresse zu machen. Erna Wolfram kam aus dem Gastgewerbe, das Hotel war die Erfüllung ihrer Träume.

Kaum war der Betrieb übernommen, gab es Ärger. Schon in den ersten zwei Monaten kamen mehrmals Vertreter des Freien

---

[37] Wörterbuch, S. 26 f.

83

Deutschen Gewerkschaftsbundes. Nett sei das Haus geworden, stellten die fest. Ansprechend. Genau richtig für Werktätige. Ob Erna Wolfram nicht ein FDGB-Heim daraus machen wolle? Sie könne auch dessen Leiterin werden. Ihre Reaktion lag nahe: „Ich kaufe doch nicht Eigentum, und dann mache ich ein FDGB-Heim draus!"

Die Gewerkschaftsfunktionäre zogen sauer ab. Waren sie doch vom Vorbesitzer des Hotels mit vertraglich abgesicherten Billigpreisen verwöhnt worden: 3,20 Mark pro Person und Übernachtung, Vollpension. „Der Preis lag unter meinen Kosten", sagt Frau Wolfram. „Wir hatten ja schließlich kein Wohltätigkeitsgeschäft."

Der FDGB mochte sich nicht abweisen lassen. Man sandte Rollkommandos aus, die im Restaurant des Kurhotels für Stimmung sorgten. Abend für Abend saßen sie da herum, tranken, nörgelten lautstark, bemängelten die Preise, pöbelten Gäste an: „Seht 'mal das Schwein da … !" Wolframs blieben hart.

Die andere Seite formierte erste Koalitionen gegen die Jungunternehmer: Als die Renovierung des Hotels beendet war, drei Monate nach dem Kauf, wurde ihnen von der Stadtverwaltung die Konzession zu dessen Betrieb entzogen. Dem FDGB nachzugeben kam für Erna und Heinrich Wolfram jedoch weiter nicht in Frage. Heinrich hatte noch ein Einkommen in Frankfurt (Oder), so kam man zunächst über die Runden.

Anfang Dezember 1954 drang die Stasi zum ersten Mal in das Familienheim in der Kantstraße. Haussuchung. „Alles wurde total auf den Kopf gestellt", erzählt Erna Wolfram. „Beschlagnahmt wurde nur eine goldene Uhr, die wir für unseren Sohn aufbewahrten."

Am 20. Dezember kam die Stasi zum zweiten Mal. Heinrich Wolfram wurde verhaftet und mit verbundenen Augen abgeführt. „Ich wußte erst nicht, was war und wohin es ging." Ziel der kurzen Fahrt durch Frankfurt war das Stasi-Untersuchungsgefängnis in der Großen Oderstraße. Am nächsten Tag wurde er im ersten Verhör mit dem Vorwurf konfrontiert, er sei ein Kriegsverbrecher, hätte als Soldat an der Erschießung von sieben Polen mitgewirkt. „Aus dem Kriegsverbrecher wurde aber nichts", erzählt Wolfram. Als Faschist galt er fortan dennoch, da er, „wie Tau-

84

sende andere auch", dabeigewesen war, als 1941 in Westpreußen sieben Polen von den Truppen der deutschen Wehrmacht öffentlich hingerichtet wurden. Aber die Klage platzte, weil Wolfram als Dolmetscher in der Wehrmacht allzu eindeutig keine Position hatte, in der man an Morden beteiligt wurde. Anfang Januar 1955 rückten die Stasileute dann mit dem eigentlichen Hintergrund der Verhaftung heraus. Auf irgendeinen Nebensatz Wolframs im Verhör reagierten sie überrascht: „Ach so, das Hotel gehört gar nicht ihnen. Na dann müssen wir ihre Frau auch holen."

Im Stasi-Deutsch war sie nun eine „Person mit operativ interessanten Merkmalen", also eine

„Person, die dem MfS bekannt sein muß, weil sie Ansatzpunkte für eine mögliche Feindtätigkeit bietet bzw. durch den Feind für die Realisierung seiner subversiven Ziele mißbraucht werden kann. Zu dieser Kategorie zählen P. auf Grund ihrer Zugehörigkeit zu bestimmten Personengruppen, ihrer Staatsangehörigkeit, ihrer beruflichen Tätigkeit, ihrer sozialen Stellung, ihrer Verbindungen und Kontakte und anderer Merkmale."[38]

Als Agent kehrte Joachim Mangelow am 16. Januar 1952 nach Hause und an seine Arbeitsstelle zurück.

An diesem Tag beginnt seine Stasiakte. Informationen hatte der Geheimdienst offenbar aus Kreisen im Umfeld der Freiheitlichen Juristen erhalten. Die wichtigste Informantin aber war Mangelows Frau, Gisela (Name geändert). Sie entdeckte Flugblätter der Freiheitlichen Juristen in Mangelows Nachttisch und meldete dies nach einem heftigen Ehestreit der Stasi. Ihr Deckname als GI (Geheimer Informator): „Elisabeth".

Der Dienst war rasch gewachsen. Bei seiner Gründung 1950 hatte er 2 700 hauptamtliche Mitarbeiter gehabt. 1952 waren es bereits 8 800. Nach tschekistischem Muster wurden freie Informanten geworben, sogenannte Geheime Informatoren, Geheime oder Inoffizielle Mitarbeiter, GI, GM und IM – wobei sich die Bezeichnung IM als die konspirativere durchsetzte. Die Anwerbung von Mitarbeitern war eine Pflichtaufgabe der Hauptamtlichen.

---

[38] Wörterbuch, S. 313.

85

„Der operative Mitarbeiter hat die bedeutende Aufgabe, in seiner täglichen Arbeit ständig neue Kräfte für den Kampf gegen den Feind zu finden, sie allseitig zu prüfen und bei ihnen die Bereitschaft für eine Zusammenarbeit mit dem MfS zu entwickeln.“[39]

Die Zahl der GI/GM/IM wuchs sprunghaft mit der Zahl der möglichen Führungsoffiziere. Auf der Basis der bisher gefundenen, lückenhaften IM-Registrierbücher wurden in den Verwaltungen und Landesverwaltungen des MfS im Jahr 1950 5 204, 1951 13 872, 1952 mehr als 8 302, inklusive Bezirksverwaltungen 15 126 IM neu- oder umregistriert.[40] Die meisten arbeiteten freiwillig mit dem Dienst. Sei es aus Boshaftigkeit, um anderen zu schaden, sei es aus sozialistischer Überzeug, sei es, was selten war, gegen eine Vergütung.

Nur wenige wurden zur Mitarbeit erpreßt.[41]

Dazu kamen Gesprächspartner in Betrieben, bei Behörden, in Gremien und Abteilungen der SED, der Massenorganisationen und der Blockparteien, mit denen ständig Kontakt gehalten wurde.

Am 28. Januar 1952 entzog sich Joachim Mangelow dem Zugriff der Staatsmacht, nachdem ihn seine Mutter, der die Spitzeltätigkeit der Frau aufgefallen war, gewarnt hatte. Er floh nach West-Berlin und beantragte seine Anerkennung als politischer Flüchtling.

Mangelow nahm gleich wieder Kontakt zu den Freiheitlichen Juristen auf, die ihm als Verbindungsmann einen Agenten zuteilten, der offenbar Diener zweier Herren war. Jedenfalls finden sich in Mangelows Stasiakten datillierte Angaben über seine Agententätigkeit: Er lieferte Informationen über das Eisenhüttenkombinat und nahm weisungsgemäß brieflich Kontakt zu einem ehemaligen

---

[39] Werner Korth, Ferdinand Jonack, Karl-Otto Schabert: Die Gewinnung Inoffizieller Mitarbeiter und ihre psychologischen Bedingungen. Dissertation an der Hochschule des MfS Postdam Eiche (JHS); JHS 21826, S. 66, Zit. nach: Helmut Müller-Enbergs (Hrsg.): Inoffizielle Mitarbeiter des Ministeriums für Staatssicherheit – Richtlinien und Durchführungsbestimmungen, Berlin 1996, S. 15.
[40] Müller-Enbergs: Inoffizielle Mitarbeiter des Ministeriums für Staatssicherheit – Richtlinien und Durchführungsbestimmungen, Berlin 1996, S. 30 u. 34. (Im folgenden: „Müller-Enbergs“.)
[41] Siehe ebenda: S. 13.

Kollegen in Stalinstadt auf, um diesen ebenfalls für die Arbeit für die Freiheitlichen Juristen zu bewegen.

Seine Frau mochte Joachim Mangelow an die Stasi verraten und die Scheidung eingereicht haben – doch als sie ihm mitteilte, er müsse nach Frankfurt kommen, um noch verschiedene Scheidungsangelegenheiten zu regeln, kam er: Sie hatte vorgeschlagen, die Weihnachtsfeiertage des Jahres 1952 gemeinsam zu verbringen.

„Ich dachte nicht lange drüber nach. Ich war dieser Frau verfallen. Sie hat mich gefesselt und erotisch fasziniert – Liebe bis zum Wahn. Ich war zu allem bereit."

Mangelow hatte Gisela 1944 kennengelernt und gleich nach dem Krieg geheiratet. Ihre Tochter Sieglind (Name geändert) ist Jahrgang 1947. Es war eine zugleich rausch- und krisenhafte Beziehung.

Noch Anfang Dezember hatte der Geheime Informant „Elisabeth" gegenüber ihrem Führungsoffizier K. eine gewisse Zurückhaltung erkennen lassen. In einem Bericht K.s vom 4. Dezember 1952 heißt es:

„Gegen 1800 Uhr fand am heutigen Tage ein Treff mit dem G. I. ‚Elisabeth' statt. Im Laufe der Untehaltung hat sie den Auftrag erhalten uns einige Lebensläufe und Beurteilungen über HO-Gaststättenleiter zu besorgen. Sie selbst war in den letzten Tagen ein wenig krank, hatte Mittelohrentzündung. Sie erzählte weiter, das sie vor ca. 8 Tagen ein Telegramm von ihrem Mann erhielt, in dem sie gebeten wurde umgehend zu ihm zu kommen. Grund soll nicht angegeben worden sein. Auf die Frage ob sie zu ihm gefahren oder fahren wird, beantwortete sie nein, ich will nicht und habe auch jetzt kein Geld dazu. Ich frug auch weiter, ob sie ihm brieflich geantwortet hat, was sie auch verneinte. Sie gab mir zu verstehen, das sie mit ihm nichts zu tun haben will. Sie ergänzte auch und meinte als sie am vergangenen Donnerstag mich telefonisch verlangte, wollte sie mir über das erhaltene Telegramm berichten. Sie erhielt damals den Bescheid, das ich erst Montag wieder zu sprechen bin. Nach einer weiteren Unterhaltung wurde sie bewegt ihrem Manne einen Brief zu schreiben, worin sie ihr Nichterscheinen entschuldigt. (Viel Arbeit und Geldmangel). Sie versprach, uns die gewünschten Unterlagen zu besorgen und es wurde ein Treff für Freitag 1800 Uhr vereinbart.

Massnahmen: 1 Paket mit einem Geschenk wird übergeben. (Stoff)
gez. K(...)"

Der Auftrag an „Elisabeth", ihren Mann einzuladen, ist bei den Akten bislang nicht gefunden worden.

Die gemeinsamen Weihnachtstage vergingen im Rausch. Um die mangelowsche Wohnung legte die Stasi zugleich ihr Netz aus. In Mangelows Akte finden sich Lageskizzen der Einsatzleiter, in denen penibel vermerkt ist, an welchen Ecken, in welchen Hauseingängen und Nachbarwohnungen „Operativkräfte" der Staatssicherheit seit Mangelows Ankunft rund um die Uhr stationiert waren. Keine Bewegung des Agenten entging ihnen.

Am 28. Dezember 1952 griff die Staatsmacht zu. Mangelow wurde in die Frankfurter Untersuchungshaftanstalt der Staatssicherheit gesperrt. Die Verhöre führte das sowjetische NKWD. Leugnen wäre zwecklos gewesen. Lückenlos war der Geheimdienst über jeden Schritt Mangelows in West-Berlin informiert, die privaten Details hatte seine Frau beigesteuert.

Die benachrichtigte nicht einmal Mangelows Mutter von der Verhaftung. In seinen Stasiakten findet sich die Abschrift eines Briefes vom 11. Januar 1953, in dem Luci Mangelow an eine Bekannte in Berlin schreibt, wo sie ihren Sohn vermutete: „Meine liebe Frau K(...). Mein neues Jahr beginnt mit großer Sorge! Seit Weihnachten ohne Post von Joachim. Ist er krank? Bitte bitte vielleicht können Sie mir Antwort geben! Es macht mich so unruhig, solch ein großes Kind, solch große Sorgen. Bitte wenn es geht, geben Sie mir gleich Antwort. (...)"

Mangelow wurde angeklagt,

„1. die Staats- und Gesellschaftsordnung in der Deutschen Demokratischen Republik gefährdet zu haben, er hat Boykotthetze gegen demokratische Einrichtungen und Organisationen betrieben,

2. die frei von jedem Militarismus und Faschismus zu entfaltende, dem Frieden dienende Ordnung und Entwicklung in der DDR verletzt zu haben, er hat durch Erfindung und Verbreitung tendenziöser Gerüchte den Frieden des deutschen Volkes gefährdet. Der Beschuldigte hat Verbindung zum sogenannten

Untersuchungsausschuß Freier Juristen, Berlin-Zehlendorf, Limastraße 29 aufgenommen und in dessen Auftrag eine zersetzende Tätigkeit gegen die Deutsche Demokratische Republik durchgeführt. (...)"

Grob ideologische Charakterstudien gehen in die Klageschrift ein. Er habe sich „als williges Werkzeug den westlichen Imperialisten zur Verfügung gestellt", lautet der Vorwurf, den die Richter gern bestätigten: Mangelow sei ein Mensch, der, „durch den Faschismus verseucht, alles unternimmt, um unseren Aufbau zu schädigen. Sein häufiger Arbeitsplatzwechsel beweist, daß es sich (...) um einen Menschen handelt, dem jede Arbeitsdisziplin fehlt", heißt es in der Urteilsbegründung vom 23. April 1953. Die Strafe: 13 Jahre Haft.

Der XX. Parteitag der KPdSU, auf dem Chruschtschow in einer Geheimrede die Verbrechen Stalins offenlegte, bedeutete 1956 einen tiefen Einschnitt in die Entwicklung der DDR und anderer Satelliten der Sowjetunion. Natürlich blieb die Rede nicht geheim. Sie wurde mitstenographiert, abgeschrieben, im gesamten Ostblock verbreitet, in ungezählten Zirkeln verlesen, diskutiert, ausgewertet. Plötzlich schien Kritik – wenn auch nur im Sinne konstruktiver Selbstkritik, die gegen die Grundinteressen der Partei nicht zu verstoßen hatte – mehr als nur möglich: Sie schien geboten. Plötzlich gestand die SED Fehler ein. In wenigen Monaten wurden mehr als 20 000 politische Häftlinge entlassen.

Dann endete der Aufstand der Demokraten in Ungarn unter den Ketten sowjetischer Panzer. Wie nach dem Juni 1953 war die Irritation der Partei- und Staatsführung nur kurz: Walter Ulbricht setzte den allenthalben ausgebrochenen „Fehlerdiskussionen" ein jähes Ende, indem er Ende 1956 und Anfang 1957 „staatsfeindliche Gruppen" kritischer Genossen um Wolfgang Harich und Walter Janka ausheben ließ.

Auch in der Justiz hatte das Ende des Stalinkults in der Sowjetunion eine Debatte über die stalinistische Rechtsauffassung ausgelöst. Die DDR-Juristen hatten ihrer oft dürftigen, auf Lehrgängen beruhenden Ausbildung zum Trotz, mittlerweile genug Erfahrung in ihrem Metier gesammelt, um vor begrenzter Öffentlichkeit –

etwa auf Fachtagungen, in Beiträgen für Fachzeitschriften oder in SED-Zirkeln – das offensichtliche Mißverhältnis zwischen Tat, Ergebnis der Beweisaufnahme und Urteil in zahlreichen Strafprozessen zu beklagen.

Die SED erwehrte sich der Diskussion mittels neuer Strafgesetze, die das fragwürdige Hilfsmittel zur Ausübung der „sozialistischen Gesetzlichkeit", den Verfassungsartikel 6, überflüssig machte. So war das Unternehmen offiziell zugleich eine Abkehr von der unverfrorenen Terrorjustiz und „Säuberungs"-Politik nach dem stalinschen Vorbild, nach außen hin sogar eine Reaktion auf bürgerliche Relikte oder auch sozialdemokratische Tendenzen in der Rechtsauffassung vieler Genossen und Juristen. Tatsächlich änderte sich wenig. Die neue Gesetzgebung bereitete den Weg für die Entwicklung zu einer Taktik der doppelten Buchführung: Politische Verfahren dem Anschein nach in Entsprechung mit den Normen von Recht und Gesetz zu führen, was sozusagen die Fassade lieferte für die tschekistischen Ränkespiele im Hintergrund.

Inhaltlich setzten die neuen Gesetze nur fort, was in der Rechtsprechung auf der Basis des Verfassungsartikels 6 Usus geworden war: Hohe Strafen für jede Form abweichenden oder „feindlichen" Verhaltens, wobei Tatbestand und Strafmaß flexibel ausgelegt werden konnten. Neu war das Verbot der „Verbindungsaufnahme" mit nichtkommunistischen Staaten oder Organisationen. Zuwiderhandlungen konnten mit Strafen über drei Jahren Haft geahndet werden, für besonders schwere Fälle war die Todesstrafe vorgesehen.

Die Entwicklung des Ministeriums für Staatssicherheit spiegelt die Situation wider: 14 764 hauptamtliche Mitarbeiter hatte es 1956 – 1961, im Jahr des Mauerbaus, in dem die innere Krise der DDR politisch wie ökonomisch ihren Höhepunkt erreichte, 19 130.

Zur letzten Gleichschaltung der Juristen mit der herrschenden Doktrin diente die Babelsberger Konferenz am 2. und 3. April 1958. Dort wurden bis ins Detail neue Grundlagen für die Juristenausbildung abgesegnet, die von der SED vorformuliert worden waren. Bisherige Mitglieder der juristischen Nomenklatura der DDR wurden kalt abserviert, andere traten plötzlich neu auf die Bühne.

90

Mit neuen Kampagnen gegen vermeintliche Staatsfeinde erhöhte die Stasi den inneren Druck auf unmutige DDR-Bürger.

„Das geht gegen Deine Ehre, Arbeiter! Genosse Walter Ulbricht konnte feststellen, daß wir die Grundlage für den Aufbau des Sozialismus bereits geschaffen haben. Wir gehen jetzt also daran, den Sieg des Sozialismus in Deutschland zu organisieren. Deine Fäuste, Kumpel, schaffen die Werte, Dein Hirn überlegt, wie Du es besser machen kannst, wie die Arbeitsproduktivität steigen kann, damit wir die kapitalistischen Länder überflügeln. Dein Herz ist in Deinen Worten, in Deinen Vorschlägen, ist in Deiner Verpflichtung im Wettbewerb zu Ehren des V. Parteitages!"

Was war geschehen, daß „Unser Friedenswerk" das „Organ der Betriebsparteiorganisation der SED des Eisenhüttenkombinats J. W. Stalin/Stalinstadt, Träger des Ordens ‚Banner der Arbeit'" (sic!) sich noch über seine eigenen Gepflogenheiten hinaus derart echauffierte und den sozialistischen „Kumpel" feierte? Wer oder was hatte die Arbeiterehre so verletzt, daß man die Finger des Redakteurs über der Schreibmaschine noch beim Lesen dieser Zeilen vom 14. März 1958 empört zittern sieht?

Fritz Peukert (Jahrgang 1912) war denunziert und aus seinem Arbeitskollektiv am EKO entlassen worden. Dann ließ man der Parteipresse das Wort. Zitiert wurde Peukert mit dem Satz, der sei „saudumm", der an den Sieg des Sozialismus noch glaube. Das Parteiblatt schlug zurück mit der Schlagzeile „Der Sieg des Sozialismus ist historisch notwendig" und der Aufforderung: „Sage Deine Meinung; zu den Worten Peukerts hast Du das letzte Wort, Kumpel!"

Bis heute ist Peukert nicht imstande, das Pathos und die Ironie dieser Propagandaveranstaltung zu würdigen. Suggeriert der Artikel doch die Existenz einer festgefügten Gemeinschaft der Sozialisten, als wäre es das Natürlichste von der Welt, für den Arbeiter- und Bauernstaat Partei zu ergreifen. Dabei sah es durchaus anders aus damals in der DDR. Die Welle der Abwanderungen war auf einem Höhepunkt. Intelligenz, Arbeiter und Bauern waren sich ganz klassenlos zu Hunderttausenden einig darin, daß die beste Lebensperspektive des sozialistischen Staats die nach Viermächterecht noch weitgehend frei mögliche S-Bahn-Fahrt von Ost nach

West über die Berliner Sektorengrenze sei. Wie auch andere Zeitgenossen bestätigen, war die Meinung, der Glaube an den Sozialismus sei „saudumm", so oder ähnlich weitverbreitet. Entsprechend scharf ging die Staatsmacht gegen solche vor, die unvorsichtig genug waren, nicht auf ihre Gesprächspartner zu achten, denen gegenüber sie solche Äußerungen machten.

Peukert hatte keine Taktik, und vorsichtig war er schon gar nicht. Offenbar hatte er monatelang immer wieder mit Kollegen im Eisenhüttenkombinat, darunter Genossen, über die Mißstände in der DDR diskutiert. Die „Heimatzeitung für Stalinstadt", Lokalausgabe des SED-Bezirksorgans „Neuer Tag", kritisierte im April 1958 nicht nur Peukert, sondern auch seine Kollegen:

> „Wohin es führt, wenn man feindlichen Elementen die Möglichkeit gibt, die (nach der damals aktuellen Parteilinie für die „gesellschaftliche Entwicklung notwendige, freie") ‚Diskussion' für die Verbreitung ihrer Hetze auszunützen, das zeigt der Fall Peukert in der Granulieranlage. Dieser ‚Kollege' konnte monatelang sein Gift verspritzen – man diskutierte mit ihm. Die Kollegen und Genossen ließen es zu, daß er auf junge Kolleginnen und Kollegen Einfluß nahm. Man diskutierte sogar noch mit ihm, als er jeden als ‚saudumm' bezeichnete, ‚der noch an den Sozialismus glaube.'"

Peukert wurde öffentlich als „notorischer RIAS-Hörer" bezeichnet. Aus diesem Rundfunksender der amerikanischen Besatzungsmacht beziehe er seine Argumente, hieß es mehrfach. Der „Neue Tag" schrieb: „Wer (...) zum Sprachrohr der feindlichen Hetze wird, der ist, ob er es will oder nicht, selbst ein Feind geworden."

Peukerts EKO-Kollege Willy S. war der Denunziant, Abteilungsleiter Gustav B. sanktionierte Peukert durch sofortige Kündigung seiner Stelle. Einer von beiden informierte auch die Stasi – für Peukert war es S.: „Wenn ich meine Familie nicht hätte, brächte ich den um", sagt er. Wenige Tage später wurde Peukert verhaftet und in der Stasi-Untersuchungshaftanstalt in Frankfurt (Oder) festgesetzt. Am Tag der Verhaftung wurde sein Haus in Fürstenberg, wie seine Frau, Angela Peukert, erzählt, von mehreren Stasileuten „komplett auf den Kopf gestellt, es hätte nur gefehlt, daß die die Betten aufgeschlitzt hätten." Beschlagnahmt

92

wurde Frau Peukerts kleine Sammlung von Veröffentlichungen westdeutscher Vertriebenenverbände.

Peukert macht keinen Hehl daraus, daß er ein streitbarer Mensch ist. Er stellt sein Licht nicht unter den Scheffel, er spricht frei heraus.

Sein Selbstbewußtsein gründet noch heute auf dem, was er sich einst selbst geschaffen hatte – er war Oderschiffer gewesen, hatte sich schon im Alter von 19 Jahren 1931 selbständig gemacht.

Der Krieg machte alles zunichte. Erst mußte Peukert zur Wehrmacht und fiel für den eigenen Betrieb aus, geriet schließlich in Kriegsgefangenschaft. Als er im Herbst 1945 wegen einer Krankheit freikam, existierte sein Betrieb nicht mehr. Das Schiff hatte als Reparationsleistung an die Sowjetunion abgetreten werden müssen. Peukerts Eltern, die auf dem Schiff gewohnt hatten, waren in Küstrin rausgeworfen worden, bevor das Schiff auf Nimmerwiedersehen nach Königsberg geschafft wurde.

Die Familie fand in Breslau wieder zusammen. Peukerts Frau Angela (Jahrgang 1921) und deren über 80jährige Großmutter waren in den letzten Kriegstagen nach Prag evakuiert worden, von wo sie sich bis Breslau durchgeschlagen hatten – die Familie stammte aus der Gegend. Peukert heuerte bei der sowjetischen Binnenschiff-Handelsflotte an. Man hob einen versenkten Kahn aus einem Kanal und übergab ihn der Schiffer-Familie zum Flottmachen.

Die erste Fuhre bestand aus Beutegut der Sowjets: Klaviere, Möbel, Kunstwerke...

Später fuhren sie Kohle aus Oberschlesien unter anderem nach Stettin, Magdeburg und Berlin.

1951 wurde die Tochter der Peukerts eingeschult, das Leben auf den Flüssen und Kanälen mußte ein Ende haben. Die Familie zog in eine notdürftig reparierte Kriegsruine in Fürstenberg/Oder, mit Blick auf den Fluß. Fritz Peukert bekam eine Stelle als Wachschutzmann auf der Baustelle des Eisenhüttenkombinats. Angela Peukert: „Da fing es an. Er ist nicht zur Wahl gegangen, hat auch auf der Arbeit seine freie Meinung gesagt."

Die entsprach etwa dem, was Vertriebenenverbände mehr oder minder vehement bis heute propagieren: Der frühere deutsche Osten gehöre eigentlich zu Deutschland, nicht zu Rußland, Polen oder Tschechien. An den Sowjets und den Staaten in deren Machtbereich ließ Peukert ungern ein gutes Haar. Er sprach scharf, ließ mitunter auch nationalistische Töne anklingen – ein Biertisch-Stratege, der im gerade entbrannten Kalten Krieg seine Seite gefunden hatte: Die andere.

Peukert kann nicht sagen, man hätte ihn nicht gewarnt: „Auch Dich kriegen wir", bekam er zu hören.

Die Handhabe dazu lieferten nicht seine scharfen Sprüche – Peukert ließ sich einen „Diebstahl von Volksvermögen" unterlaufen. Als Wachschutzmann hatte er vom Betrieb einen Schäferhund bekommen, den er in seiner Freizeit mit nach Hause zu nehmen hatte. Für diesen Hund nahm er – da sei er nicht allein gewesen, sagt er – Futter aus dem Werk mit nach Hause. Es waren schlechte Zeiten damals, den Betriebshund neben der Familie aus Eigenem durchzufüttern, hätte das Leben noch schwerer gemacht. Das Volksvermögen wurde täglich um nicht mehr als einen Beutel Küchenabfälle für den Hund geschmälert, beteuert Peukert, und seine Frau bestätigt es. Das Urteil lautete Anfang 1953 auf drei Jahre Haft.

Die Akten aus diesem ersten Prozeß gegen Peukert sind verschwunden. Peukert erinnert sich dunkel, im Spätsommer oder Frühherbst 1953 freigekommen zu sein.

Er gab nun erst recht nicht Ruhe. Jetzt konnte er sich als Opfer darstellen, hatte die Bestätigung all seiner Theorien am eigenen Leibe erfahren. Jahrelang eckte er damit an, ohne behelligt zu werden.

Doch nachdem Partei und Stasi die Irritationen von 1953 und 1956 überwunden hatten, ging es Peukert an den Kragen.

Diesmal bekam er den politischen Prozeß, den er beim ersten Mal nur vermuten konnte.

Die Kampagne der SED-Presse bereitete die Öffentlichkeit auf ein hartes Urteil vor: Ein Jahr, sechs Monate Gefängnis. Die Klageschrift vom 19. April 1958 wirft ihm vor,

„seit 1957 in Stalinstadt (...) die Grundlagen der demokratischen Staats- und Gesellschaftsordnung der Deutschen Demokratischen Republik verletzt zu haben. Der Beschuldigte hat über eine lange Zeit ständig und systematisch staatsgefährdende Propaganda und Hetze gegen andere Völker und gegen die Macht der Arbeiter be-

94

trieben, indem er erklärte, daß man die polnischen und sowjetischen Staatsbürger befreien müßte, weil sie zum Hungern verurteilt sind. Darüber hinaus bezeichnete er die polnischen Bürger als Pack und als Gesindel, das man jenseits der Oder-Neiße-Friedensgrenze hinausjagen müßte. Die Mitglieder der Regierung der DDR bezeichnete er als Lumpen, die nicht vom Volk gewählt sind, sondern von den ‚Russen' als Befehlsempfänger eingesetzt wurden."

Die Klageschrift gibt Peukerts damalige Ansichten nach dessen eigenen Angaben präzise wieder: Stammtischparolen, die in West-Berlin und in der Bundesrepublik wohl vielen in ihrer revanchistischen Tendenz unangenehm gewesen wären – doch mit Gefängnis hätte niemand rechnen müssen, der diese Ansichten teilte. Die DDR aber stand im Kalten Krieg auf der anderen Seite. Wie ernst ihre Führung Menschen wie Peukert nahm, zeigt das Fazit der Klageschrift, das die Urteilsbegründung vorwegnimmt:

„Der Beschuldigte ist zum Feind aller friedliebenden Menschen geworden, die heute um den Frieden in der Welt ringen und gegen den Atomtod, den die westlichen Imperialisten heraufbeschwören, kämpfen",

– so Bezirksstaatsanwalt Klühsendorf.

95

1961: Die große Säuberung

Auch Hans-Joachim Helwig-Wilson (Jahrgang 1931) wurde zum Diener von Kriegstreibern und Revanchisten erklärt. Als Journalist und Pressefotograf mit Akkreditierung für Ost-Berlin war das SPD-Mitglied jenseits der Sektorengrenze genauso zu Hause wie in West-Berlin, wo er lebte. Vor dem Mauerbau bewegte er sich im Osten mit größter Selbstverständlichkeit, besuchte Arbeiterkonferenzen und Feste des sozialistischen Kalenders, baute sich zudem ein Netz von Informanten auf, die ihn oft Inoffizielles über die DDR wissen ließen. Manchmal wurden ihm Fotos zugespielt, etwa von sowjetischen Panzern an irgendwelchen Straßenecken, manchmal erhielt er auch einen heiklen Auftrag wie etwa Anfang 1961. „Ich war gebeten worden, ein Foto des Hauses in Leipzig zu machen, in dem die geschiedene Frau von Walter Ulbricht wohnte", erzählt Helwig-Wilson. Die Sache klappte problemlos, das Bild erschien im „Stern".

Die Klageschrift der Bezirksstaatsanwaltschaft Frankfurt (Oder) charakterisiert die Arbeit des Journalisten so:

„(...) Durch seine Erkundigungen der gesamtdeutschen Arbeiterkonferenzen und des Weltjugendforums in Moskau unterstützte er die Bonner Ultras in ihrem Kampf gegen die Kräfte des Friedens und deren Bestrebungen, die westdeutschen Militaristen an der Verwirklichung ihrer wahnsinnigen Kriegspläne zu hindern. Die Machenschaften des Beschuldigten waren (...) darauf gerichtet, den sozialistischen Aufbau in der DDR zu stören und zu hemmen, die Bevölkerung in Widerspruch zur Politik der Regierung der DDR zu bringen, um damit Voraussetzungen zur Organisierung konterrevolutionärer Umtriebe zu schaffen und nicht zuletzt auch um die Bestrebungen der progressiven Kräfte in Westdeutschland zur friedlichen Regelung der Deutschlandfrage zunichte zu machen und fortschrittliche westdeutsche Bürger Schikanen und Terrormaßnahmen auszusetzen. (...) Durch sein Verhalten entlarvte sich Helwig als willfähriges und verabscheuungswürdiges, aber auch gefährliches Werkzeug der Militaristen und Kriegstreiber. Angesichts des erheblichen Umfangs seiner Verbrechen sowie deren Gesellschaftsgefährlichkeit (...) wird er mit aller Härte des Gesetzes zur Verantwortung zu ziehen sein."

Man mußte nicht aus West-Berlin, Sozialdemokrat und Journalist sein, um wegen journalistischer Produkte die „Härte des Gesetzes" zu spüren zu bekommen. Auch Gerhard Glase wurde 1961 wegen Hetze ins Gefängnis geworfen. Der damals 25jährige hatte als einer der wenigen in der DDR einen Fernseher, mit dessen Hilfe er die Berichte des Westfernsehens über den Prozeß gegen den NS-Massenmörder Adolf Eichmann in Israel verfolgen konnte. „Ich wußte nichts über die Nazizeit. Ich bin Jahrgang 1936 und habe das alles gar nicht bewußt miterlebt. Mich interessierte brennend, was vor 1945 geschehen war."

Der gelernte Fleischer und Landwirt im Nebenerwerb lebte damals im Oderbruchörtchen Gorgast und arbeitete da in der Station junger Techniker. Er erzählte Kollegen von seinem Versuch, sich auf eigene Faust der dunkelsten deutschen Vergangenheit zu nähern. Und erregte Interesse. Ob das ehrlich war, oder ob ihm schon damals die Stasi Inoffizielle Mitarbeiter auf den Hals schickte, kann Glase heute nicht sagen: „Mir war nicht bewußt, daß die mich in der Mache hatten."

Am Abend des 17. August 1961 stellte Glase gegen 20 Uhr seinen TV-Empfänger der Marke „Patriot" auf das Programm der ARD ein. Mit seinen Kollegen wollte er sich die Tagesschau ansehen, dann einen Bericht über den Eichmann-Prozeß. In der Tagesschau wurde unter anderem über die Flucht eines Volkspolizisten berichtet, der den erst vier Tage alten „Antifaschistischen Schutzwall", die Mauer, überwunden hatte – mit seiner MP. Tags darauf saß Glase in der Stasi-Untersuchungshaftanstalt in Frankfurt (Oder). Den Eichmann-Prozeß zu verfolgen und aus der Tagesschau von der Republikflucht eines Vopo zu erfahren, dies auch noch mit eigens dazugezogenen Kollegen, das war, wie der junge Mann zu hören bekam, „schlimmer als Mord" im ersten Arbeiter- und Bauernstaat auf deutschem Boden. Nämlich staatsgefährdende Hetze, eine „staatsfeindliche Handlung (…), die (…) darauf gerichtet ist, die verfassungsmäßigen Grundlagen der sozialistischen Staats- und Gesellschaftsordnung der DDR anzugreifen oder gegen sie aufzuwiegeln."[42]

---

[42] Wörterbuch, S. 166.

Über die von Glase genutzten „imperialistischen Massenmedien" hatte die Stasi eine klare Meinung:

„(...) In Erfüllung ihrer klassengebundenen Bildungs-, Informations- und Unterhaltungsfunktion prägen sie wesentlich das Weltund Feindbild, die Ansichten, Verhaltensnormen und Wertvorstellungen breiter Kreise der Bevölkerung kapitalistischer Länder. Im Interesse der Monopolbourgeoisie leisten sie ihren Beitrag, die Ideologie der Herrschenden als herrschende Ideologie im Massenbewußtsein zu verankern. Mit der Verschärfung des ideologischen Kampfes wächst die Bedeutung der imperialistischen M. Die sich durch den wissenschaftlich-technischen Fortschritt ergebenden Möglichkeiten werden durch sie mißbraucht. (...) In attraktiver, scheinneutraler Verpackung wird Tag und Nacht imperialistische Ideologie und Lebensweise mittels dieser M. über Ländergrenzen transportiert. (...) Als Instrumente aggressiver imperialistischer Außenpolitik bereiten die M. geistigen Nährboden für Feindtätigkeit vor, indem sie (...) Lügen, Desinformationen, Halbwahrheiten, Fälschungen und Verleumdungen verbreiten. (...)"[43]

Am 1. September 1961 wurde Gerhard Glase wegen seines Verbrechens zu 16 Monaten Haft verurteilt. Das Gericht in Frankfurt (Oder) verfügte ferner, sein Fernsehgerät einzuziehen.

1961 war der Wendepunkt in der Geschichte der DDR. Knapp 2,7 Millionen Menschen waren seit 1949 aus der DDR geflohen, und der Strom riß nicht ab.

Die „Republikflucht" verlief in Wellen, die der Entwicklung der DDR folgten. 1953 flohen nach Angaben der Bundesregierung über 330 000 Menschen, 1955, 1956 und 1957 jeweils über 250 000, 1958 204 000.

Im Jahr 1959 hatten viele DDR-Bürger Hoffnung geschöpft. Die Lebensmittelkarten waren abgeschafft worden, die Versorgungslage verbessert, und alle Zeitungen meldeten eine Steigerung der Industrieproduktion um 12 Prozent, was nicht wenige damit verwechselten, daß der Wohlstand um dieselbe Rate wachsen würde. Dennoch verließen knapp 144 000 Menschen die DDR. Wer blieb, bemerkte bald, daß die Veränderungen nur auf dem Papier stattge-

---

[43] Wörterbuch, S. 248.

98

funden hatten. Die Bezugsscheine wurden durch höhere Preise ersetzt; mehr Produktion bedeutete nicht mehr Ware in den Läden oder höhere Löhne, sondern mehr Arbeit und Export. Die anhaltende Emigration vor allem junger, arbeitsfähiger Menschen war eine zusätzliche Belastung für die Wirtschaft. Die forcierte Zwangskollektivierung der Landwirtschaft setzte nicht nur die Bauern unter Druck, es herrschte zunehmend Mangel an Lebensmitteln wie Butter und Fleisch.

1960 verließen knapp 200 000 Menschen die DDR.

Walter Ulbricht sprach von Umtrieben von „Feinden unserer Entwicklung", um die Krise zu erklären.[44] Gegen „Menschenhändler", angebliche kommerzielle Fluchthelfer und sogenannte Abwerber, die auf der Suche nach Facharbeitern für westdeutsche und West-Berliner Betriebe auch im Osten arbeiteten, wurden drakonische Strafen verhängt. Die SED machte die über 50 000 Ost-Berliner, die im Westen der Stadt arbeiteten, für Produktionsausfälle in Milliardenhöhe verantwortlich.

Bis Mitte August 1961 gingen 160 000.

Die SED war entschlossen, nicht stillzuhalten. Die letzte große Kampagne im Stile Stalins gegen „Feinde" des Sozialismus rollte.

Renate F., 24, Schaffnerin der Bus-„Stadtlinie" in Frankfurt (Oder) wurde Anfang August 1961 als „Feind" identifiziert. Sie warf ein Propagandaplakat aus dem Wagen, auf dem die Ost- mit den West-Bustarifen verglichen wurden. Sie sagte zum Fahrer: „Um den Bus sauberzumachen, habense keine Zeit, aber für sone Plakate anzukleben, dafür habense Zeit."

Einige Tage später nahm die Stasi sie zu Hause fest: Staatsfeindliche Hetze.

Nicht der Busfahrer, sondern zwei Kolleginnen vom Stadtverkehr hatten sie angeschwärzt, wie sie heute weiß.

„Meine Mutter erzählte mir später, daß tagelang jemand vor der Tür stand, bevor ich abgeholt wurde."

Männer in Zivil nahmen sie fest, dann wurde eine Haussuchung unternommen. Beschlagnahmt wurden eine alte Sammeltasse mit

---

[44] „Neues Deutschland" vom 8. Februar 1961.

99

aufgedrucktem buntem Hindenburg-Porträt sowie einige Groschenromane, die Frau F. in West-Berlin gekauft hatte.

Dies reiche als Nachweis, daß sie für den Feind im Westen arbeite, brüllten ihr die Stasi-Vernehmer ins Gesicht.

„Ich wäre der letzte gewesen, der nicht sagt, was er denkt. Von der DDR hielt ich gar nichts", sagt Hans Lang (Jahrgang 1930), der 1961 in Neuzelle einen Getränkehandel betrieb.

Am Sonntag, dem 13. August 1961, hörte er im RIAS, daß die Berliner Sektorengrenze abgeriegelt werde. „Ich habe sofort den Wagen gepackt." Die lange vorbereitete Flucht sollte nun überstürzt stattfinden. Im Sonntagsanzug, seine Frau im schönen Kleid, fuhr Lang mit seinem Wartburg-Cabrio Richtung Berlin. „Ich wollte unbedingt hin, dachte, es werde sicher noch irgendwo eine Lücke nach West-Berlin geben." Es sah aus wie eine Tour ins Blaue, das Wetter war prächtig, Langs fuhren mit geöffnetem Dach. Doch eine Straßensperre hinderte die beiden schon daran, nur die Berliner Stadtgrenze zu überqueren. „Wir sagten dem Posten, wir wollten mit unserem Neffen in Berlin Geburtstag feiern." Doch keine Chance – sie mußten umkehren.

Die Krise war an Lang spurlos vorübergegangen. „Mein Geschäft ging sehr gut." Er kam viel rum mit seinem mit Bierkästen beladenen Lkw, fuhr von Ort zu Ort, um Gaststätten zu beliefern.

Seit Mitte der 50er Jahre hatte sich auch die Stasi für Langs Geschäfte interessiert. Seine Akte, 400 Seiten stark, dokumentiert IM-Berichte: Er habe sich da und da am Biertisch dem IM genähert und diesem seine Meinung aufgedrängt, heißt es immer wieder.

Lang: „Stimmt aufs Wort. Wenn da einer mit Parteiabzeichen war, hat mich das gereizt, und ich habe eine Diskussion angefangen."

Er legte den Finger auf die Mißstände in der DDR, beklagte sich über die Versorgungslage, stellte Widersprüche zwischen Anspruch und Wirklichkeit fest, sprach über den Tod seines Vaters im sowjetischen Internierungslager Jamlitz Ende der 40er Jahre, machte sich lustig über 99prozentige Wahlergebnisse und Einheitslisten, kritisierte die Zwangskollektivierung der Landwirt-

100

schaft und den Bau der Mauer, ging nicht zur Wahl und verschwieg das nicht einmal. Trotz sich ansammelnder Berichte von FDJ-Sekretären und SED-Mitgliedern hielt die Stasi still.

Bis November 1961. Da eröffnete die Stasi einen Operativen Vorgang gegen Lang – das ist die Stasi-Bezeichnung für ein Ermittlungsverfahren, dessen Ergebnis zunächst nicht an die Staatsanwaltschaft weitergegeben werden muß – unter dem Decknamen „Brummer".

Durch doppelte Verschlüsselung der Akten sollte der Haupt-Denunziant, IM „Funker", auch intern vor Entlarvung geschützt werden.

Der Bau der Mauer hatte Helwig-Wilson die Arbeit nicht erschwert. „Ich war ja akkreditiert und konnte jederzeit ohne Probleme über die Sektorengrenze fahren." Auch am 28. August 1961 machte der Journalist sich auf den Weg nach Osten, um sich mit einem Informanten zu treffen. „Der Chef der Berlin-Werbung war ein strammer SED-Mann. Das hinderte ihn nicht daran, regelmäßig mit mir zu sprechen." Diesmal war es nicht wie bei jedem Besuch zuvor: Die Betriebswache des Hauses am Werderschen Markt verwehrte Helwig-Wilson den Eintritt. Sein Gewährsmann mußte ihn an der Pforte abholen. Die Sekretärin des Mannes wartete mit der zweiten Überraschung des Tages auf: „Sie sind aber schnell hier." Die Frau hatte Helwig-Wilson gerade ein Telegramm geschickt, das sich mit seiner Abfahrt in den Ostsektor der Stadt offenbar gekreuzt hatte.

Mit dem Telegramm hatte man Helwig-Wilson nach Ost-Berlin rufen wollen, um ihm ein Angebot zu unterbreiten: „Die sagten, ich solle als West-Berliner Korrespondent für das ‚Neue Deutschland' arbeiten. Ich fragte mich natürlich, ob das auf Spionage hinausläuft." Aber da sich der Werbemann so bemühte, Helwig-Wilson und das SED-Organ zusammenzubringen, sagte sich der West-Berliner: „Na, gucken kannste ja mal." Der Kontakt wurde telefonisch hergestellt, und das „Neue Deutschland" versprach, einen Wagen vorbeizuschicken.

Man trank Kaffee, plauderte...

101

Die dunkle EMW-Limousine, die das „Neue Deutschland" geschickt hatte, fuhr vor. Der Chauffeur entschuldigte sich bei Helwig-Wilson, daß er hatte warten müssen. „Wir fuhren über die Friedrichstraße, Unter den Linden. Am Lustgarten springt ein junger Mensch vor das Auto, fragt, ob wir ihn mitnehmen können. Wir plaudern übers Wetter. Es war sonnig und warm, und die Fenster des Wagens waren offen."

Der Wagen hielt vor einem Tor in der Magdalenenstraße. Hupte dreimal. „Das fand ich etwas seltsam." Das Tor öffnete sich, und der schwere Sechszylinder aus Eisenach schob sich in einen Hof – ein Gefängnishof. Starr vor Überraschung ließ Helwig-Wilson sich aus dem Auto zerren, durch Türen und über Flure führen, bis er in einer Einzelzelle stand. Vor dem Zusperren der Tür fragte er die Männer: „Ist das eine Verhaftung?" Die Antwort: „Das wird sich gleich herausstellen."

Etwas später wurde der Journalist in einen anderen Raum geführt, in dem er von „etwa zehn Stasileuten" angebrüllt und durchsucht wurde. Er mußte sich ausziehen. In Häftlingskleidung kam er wieder in die Zelle. Die Zeit kroch bis zum Abend. Dann begann das erste Verhör. „Es waren drei Stasileute. Die wollten meinen Decknamen wissen. ‚Mir ist kein Deckname bekannt', sagte ich. Da fingen die furchtbar an zu toben." Eher bizarr mutet die erste Anschuldigung an, die Helwig-Wilson zu hören bekam: „Irreführung der Untersuchungsbehörde."

Bald wurde ihm klar, daß ihm aus vielen seiner Geschichten und Fototermine ein Strick gedreht werden sollte. Das Bild des Hauses der früheren Frau Ulbricht spielte ebenso eine Rolle wie eine Vielzahl anderer Stories, die Helwig-Wilson für einen Bekannten gemacht hatte, der in Berlin-Dahlem lebte.

Am 14. November 1961 klopften zwei Männer morgens an die Tür des früheren Bauernhauses, das Hans Lang mit seiner Familie noch heute bewohnt. Sie wiesen sich als Stasileute aus und forderten Lang auf, mitzukommen. Er durfte noch ein paar Häuser weiter Zigaretten kaufen, dann mußte er mit den beiden Männern in den von einem Dritten chauffierten, zivilen Sechszylinderwagen

102

aus den Eisenacher Motorenwerken (EMW) steigen, mit dem er nach Eisenhüttenstadt gebracht wurde.

Die Ortsschilder der Stadt waren nagelneu. Über Nacht hatte man den alten Namen, „Stalinstadt", entfernt. Den Gefangenen amüsierte das insgeheim – hatte er doch gerade drei Tage zuvor in einer Kneipe in Henzendorf, die er mit Bier belieferte, über die plötzliche Distanz der SED zu Stalin gewitzelt, die darin der KPdSU gefolgt war: Jetzt, wo die offizielle Linie im Staate sich ändere, werde die Stahlstadt wohl in „Stadt des großen Verbrechers" umbenannt, die gleich nach dem Krieg in kürzester Zeit aufwendig aus dem Boden gestampfte sozialistische Berliner Prachtstraße Stalinallee (heute Karl-Marx- und Frankfurter Allee) in „Straße des großen Irrtums".

Dieser Scherz hatte den Ausschlag für die Verhaftung gegeben, wie sich schon im ersten Verhör herausstellte. Die SED mochte die Stalin-Denkmäler abräumen, doch lächerlich wollte sie dies nicht gemacht sehen. Mehrfach wiederholte der Vernehmungsoffizier brüllend: „Was haben Sie am 11. November in Henzendorf gesagt?", und Lang antwortete mehrmals wahrheitsgemäß. Da holte der Offizier mit der Faust aus: „Man sollte Sie..."

Lang: „Davor hatte ich am meisten Angst, daß ich geschlagen werde. Aber er beherrschte sich."

IM „Funker" hatte der Stasi verfälschend mitgeteilt, Lang habe gesagt, „in der Stadt regieren nur Verbrecher". „Funker" – den Decknamen erfuhr Lang erst nach 1989 aus den Akten – war Langs Gesprächspartner in der Kneipe gewesen, der damalige Henzendorfer Bürgermeister K. Ein Genosse, im Zweiten Weltkrieg war er bei der Wehrmacht Funker gewesen.

Gleich beim ersten Verhör sah sich Lang auch genötigt, zuzugeben, daß er schon 1959 die Republik hatte verlassen wollen. Die Stasileute fanden in seiner Brieftasche Kaufbelege für ein Zeiss-Fernglas aus diesem Jahr. Erst druckste Lang herum auf die Frage nach dessen Verbleib, behauptete, es einem Onkel in West-Berlin geliehen zu haben. „Ich wußte aber, daß ich schlecht lüge, da habe ich dann doch zugegeben, daß ich das Glas dem Onkel gegeben hatte, damit es bei der Flucht nicht dem Staat zufällt."

103

Friedrich Gündel war 21 Jahre alt, als er den Dritten Weltkrieg anzetteln wollte. So sah das jedenfalls der Staatsanwalt, der seinen Fall zur Anklage brachte. Im Westen Deutschlands hätte Gündel mit Disziplinarmaßnahmen rechnen müssen, vielleicht mit Arrest: Doch im September 1961 in der DDR mangelte es den zuständigen Stellen an der menschlichen Nachsicht, einem über die Stränge schlagenden jungen Soldaten groben Unfug und Sachbeschädigung unter Alkoholeinfluß milde nachzusehen.

Gündels großer Traum von klein auf war gewesen, Pilot zu werden. Seine Eltern waren Pietisten; Gündel hatte als Kind eine christliche Erziehung genossen, und dennoch: In der Hoffnung, die angestrebte Karriere einschlagen zu können, trat er in die Freie Deutsche Jugend ein, mühte sich, das Abitur machen zu dürfen. Freiwillig meldete er sich zur Nationalen Volksarmee, denn nur dort war eine Pilotenausbildung möglich, und die Wehrpflicht war 1960 noch nicht eingeführt.

Es hatte zunächst den Anschein, als ob Gündel es geschafft hätte: Seine Pilotenausbildung begann am 2. Januar 1961. Doch der Opportunismus, die FDJ als Sprungbrett zu benutzen, erwies sich bald als Holzweg. „Ein innerer Widerstand gegen die DDR war schon immer dagewesen", gibt Gündel zu. Nach dem 13. August überwarf er sich im Politunterricht mit dem Politoffizier, als es um den Mauerbau ging. Und nur einen Monat später, zur Volkskammerwahl am 18. September, hatte Gündel den Ausstieg aus der DDR-Gesellschaft beschlossen.

Friedrich Gündel war bei einem Fliegergeschwader in Marxwalde stationiert, das sich verpflichtet hatte, bis 9 Uhr morgens „die Wahl mit 100prozentigem Erfolg abzuschließen". Ein gehöriger Schuß Naivität und Romantik war schon dabei, wie Gündel heute einräumt, als er sich mit seinem Kameraden und Freund Volker S. aus dem Quartier schlich und im Gelände versteckte, um sich „dieser Farce" zu entziehen. Natürlich wurden sie entdeckt, freilich erst um 9.30 Uhr, so daß die Partei-Aktivisten bei der Truppe nicht mehr ihr selbstgesetztes Plansoll erfüllen konnten.

„Wir wurden zur Wahl gebeten", erzählt Gündel ironisch. Die beiden Freunde, entschlossen, ein Zeichen zu setzen, benutzten die Wahlkabine, „was damals eine politische Provokation war".

104

Volker S. warf mit seinem Wahlschein auch noch unbemerkt ein zuvor gefundenes Flugblatt des „SPD-Ostbüros" in die Urne.

Frustriert wegen der erzwungenen Stimmabgabe verließen Gündel und S. das Gelände. Mit dieser „unerlaubten Entfernung von der Truppe" nahm das Unheil endgültig seinen Lauf. Die beiden jungen Soldaten gingen nach Altfriedland und tranken sich da in einer Kneipe erst einmal Mut an. Stark beschwipst zogen sie am Nachmittag durch den Ort, der zur Feier des Wahltages beflaggt war. Eine rote Fahne rissen sie herunter und zündeten sie dann an, aus einer DDR-Flagge schnitten sie das Emblem heraus.

Niemand griff ein.

Gegen 18 Uhr kehrten sie unbehelligt in die Kaserne zurück, noch immer nicht ganz nüchtern. Doch auch dort geschah ihnen erst einmal nichts.

Um 21 Uhr wurden Gündel und S. festgenommen. Die Stasi kam zum Verhör.

„Wir wurden die ganze Nacht lang und am folgenden Tag verhört", erzählt Gündel. „Der Raum war dunkel, zwei Scheinwerfer strahlten in mein Gesicht, die Vernehmer, es waren mehrere, blieben unerkennbar im Hintergrund."

Nach dem Verhör, in einer Arrestzelle, erhielt Gündel Besuch von einem hohen Politoffizier, der sagte: „Zu Hitlers Zeiten wurde auf Fahnenschändung die Todesstrafe verhängt. Bei uns kannst Du mit zehn Jahren Zuchthaus rechnen." Für Gündel war das ein psychischer Schock: „Ich war total verzweifelt, konnte nicht schlafen, verweigerte das Essen."

Die anderen Soldaten am Standort mußten mit ihren Waffen im Anschlag Spalier stehen, als die beiden Männer vier Tage nach ihrer Tat in Handschellen über das Kasernengelände zum Exerzierplatz geführt wurden.

Sie wurden öffentlich degradiert, aus den „bewaffneten Organen der DDR" ausgestoßen und den „Staatsorganen" übergeben, wie den anderen Soldaten mitgeteilt wurde – die Stasi nahm sie gleich mit.

In 14 Tagen nahezu ununterbrochenen Verhörs zählte nicht das Argument, Helwig-Wilson habe nur Pressematerial, keine Ge-

105

heimnisse im Westen veröffentlicht. Seine Artikel, Fotos und Recherchen waren „offizielle Beweismittel": „Offenbar hatte die Stasi mir Spielmaterial zugeschoben, um mir einen Strick zu drehen. Der Vernehmer hat getobt wie ein Irrer."

Schließlich brach er zusammen. „Ich war völlig am Ende – da unterschrieb ich denn das Geständnis, Agent des Verfassungsschutzes zu sein."

Zur nervlichen Belastung kamen quälende Rückenschmerzen. Nach seiner Verlegung in die Stasi-Untersuchungshaftanstalt in Frankfurt (Oder) durfte der Gefangene daher ausnahmsweise in seiner Einzelzelle auch tagsüber auf der Pritsche liegen, was sonst streng untersagt war.

Erst zwei Tage vor seinem Gerichtstermin Ende Februar 1962 erfuhr Helwig-Wilson die Anklagepunkte: „Spionage und schwere Hetze". Von seinem Anwalt, dem später als Unterhändler zwischen den Systemen weltbekannt gewordenen Berliner Wolfgang Vogel, wurde dem Journalisten bestätigt, was er bislang nur geahnt hatte: Hinter der Klage steckte sein West-Berliner Auftraggeber Michael G., der viele Geschichten Helwig-Wilsons angeregt und honoriert hatte.

Michael G. schien ganz unverdächtig. Er war wie Helwig-Wilson SPD-Mitglied, Journalist beim RIAS und für verschiedene Nachrichtenagenturen tätig. Doch das von ihm für G. in der DDR beschaffte Material war nach Köln zum westdeutschen Bundesamt für Verfassungsschutz gelangt – über G.s Auftraggeber Hans L., einen ehemaligen FDJ-Funktionär, der nach dem Krieg ein enger Mitarbeiter Erich Honeckers gewesen war und nun in Köln angeblich als Journalist arbeitete.

Als ihm Vogel dies eröffnete, hatte sich G. mittlerweile in einer Pressekonferenz in Ost-Berlin als Stasi-Agent präsentiert, der mit Wissen des MfS beim westdeutschen Verfassungsschutz gearbeitet habe.

Was der Doppelagent G. damit bezweckt hatte, einen Großteil der von der Stasi zur Klage umgemünzten Geschichten „inoffiziell" bei Helwig-Wilson in Auftrag zu geben, um den Mann dann „offiziell" hochgehen zu lassen, ist fraglich.

Erst später hat Helwig-Wilson aus seiner Stasi-Akte erfahren, daß auch die DDR-Journalisten, mit denen er zu tun hatte, MfS-

106

Mitarbeiter waren. „Natürlich hatte ich den Verdacht, daß welche dabei waren. Aber alle … nein. Einige haben nicht einmal Decknamen, die stehen mit Klarnamen in den Akten."

Am Tag vor dem Prozeß hatte Helwig-Wilson noch einmal Besuch. Sein Stasivernehmer kam, um zu plaudern. Als wenn dies nicht schon ungewöhnlich genug gewesen wäre, bot er dem Gefangenen eine Tasse Kaffee an. „Ich nahm zwei oder drei Schluck, da wurde mir hundeelend. Ich mußte kotzen. Danach führte man mich in einen anderen Raum, wo ich mich erfrischen sollte." Es ging den Stasileuten um einen demoralisierenden Nebeneffekt des vermeintlich humanen Tuns – in dem Raum hing ein Spiegel: „Ich habe mich nicht wiedererkannt."

Anwalt Vogel hatte es vor dem 1. Strafsenat des Frankfurter Bezirksgerichts nicht allzu schwer, seinem sichtlich kranken Mandanten Erleichterung zu verschaffen. Alle 45 Minuten erwirkte er Verhandlungspausen, Helwig-Wilson durfte dem Prozeß sitzend folgen, um seine Kräfte zu schonen. Aber Vogel hatte gewarnt: „Erwarten Sie nicht zuviel von mir."

Die Warnung war berechtigt. Die Klageschrift war Bezirksstaatsanwalt Klühsendorf, wie sich anhand von Stasi-Akten nachvollziehen läßt, vom MfS diktiert worden. Gemäß einer handschriftlichen Stasi-Anweisung in der Gerichtsakte, „Strafvorschlag 13/14 Jahre Zuchthaus", wurde Helwig-Wilson als „Angeworbener und besoldeter Agent des Bundesverfassungsschutzamtes" und wegen Hetze zu 13 Jahren verurteilt.

Die Staatsanwälte der DDR empfanden „Strafvorschläge" nicht als groben Eingriff in ihre Kompetenzen. Ständige Kontakte zwischen Vertretern der SED, der Stasi, der Volkspolizei, der Richter- und der Staatsanwaltschaft gehörten in der Berliner Zentrale, auf Bezirks-, Kreis- und kommunaler Ebene zu den festen Terminen für leitende Funktionäre. Die sogenannten Leiterberatungen dienten der Abstimmung der verschiedenen Dienststellen, aber auch der Förderung persönlicher Beziehungen, die für Entscheidungen auf dem kleinen Dienstweg unerläßlich waren. Zur Teilnahme verpflichtet waren die jeweiligen Spitzenkader der beteiligten Behörden. Sie konnten allenfalls ihren Stellvertreter schicken.

Diskutiert wurden unter anderem Fragen der Ordnung und Sicherheit, wobei gelegentlich auch einzelne Strafverfahren Thema wurden. Ehemalige Richter und Staatsanwälte, soweit sie überhaupt zu einer Aussage bereit sind, betonen allerdings, dabei nie ins Detail gegangen zu sein oder etwa Anweisungen entgegengenommen zu haben, die das Urteil betrafen.[45]

Im Laufe der Zeit wurde justizintern ein System der Anleitung entwickelt, das auf der Basis des „Rechtspflegeerlasses" vom 4. April 1963 und verschiedenen Verordnungen und Anweisungen die Einflußwege zwischen dem Obersten Gericht, dem Generalstaatsanwalt der DDR, dem Justizministerium und den Gerichten ordnete. So waren die Direktoren der Kreisgerichte gegenüber den Bezirksgerichtsdirektoren berichtspflichtig, wobei es ebenso um die Details einzelner Fälle wie auch um die Effektivität und Effizienz der Gerichtsgeschäfte ging. Die Anweisung war, über Wirtschafts- und Kapitalverbrechen sowie über Fälle „von besonderem Interesse" zu informieren. Analog hatten die Bezirksgerichtsdirektoren dem Obersten Gericht regelmäßig Bericht zu erstatten. Auf demselben Weg konnten die Gerichte bei der jeweils höheren Instanz Rechtsauskünfte einholen. Solche Auskünfte konnten sich auch auf das Strafmaß in einem heiklen Strafverfahren beziehen – es galt, die „Einheitlichkeit" der Rechtsprechung zu wahren.

Verstöße wurden durch Disziplinarmaßnahmen gegen die beteiligten Richter geahndet. Da Richter – unter den DDR-üblichen Bedingungen – nur auf Zeit gewählt wurden, mußten sie stets damit rechnen, infolge von Fehlverhalten unter dem Anschein von Legalität abgewählt zu werden.

Das Oberste Gericht hatte zusätzlich die Möglichkeit der Kassation: Selbst nachdem ein Urteil rechtskräftig geworden war, konnte es für nichtig erklärt werden. Dies Recht wurde den Bezirksgerichten 1963 ebenfalls verliehen, um die Aufsicht über die Kreisgerichte zu erleichtern.

---

[45] In diesem Sinne äußerten sich z. B. die Zeugen Alice Uhlig, die frühere Stellvertreterin des Direktors und Leiterin Strafrecht des Bezirksgerichts Frankfurt (Oder), und Heinz Stavorinus, früher Leiter der Staatlichen Notariate im Bezirksgericht Frankfurt (Oder) 1996 im Verfahren gegen die Kläger und Richter Robert Havemanns vor dem Landgericht Frankfurt (Oder).

108

Überdies hatte das OG die Gerichte „anzuleiten". Diese „Leitung" der Justiz bezog sich einerseits auf allgemeine organisatorische und rechtliche Fragen, doch wurden gelegentlich auch Anweisungen in bestimmten Verfahren gegeben, die von besonderem politischen Interesse waren.

Zudem entsandte das Justizministerium, später das OG, regelmäßig Inspektionsgruppen, die vor allem den Verwaltungsbereich der Gerichte zu prüfen hatten.

Dem Konsultations-System innerhalb der Richterschaft entsprachen die Mechanismen von Anleitung, Information und Kontrolle in der Staatsanwaltschaft. Die war ein weitgehend selbständiger, mit großen Machtbefugnissen ausgestatteter Bereich der staatlichen Verwaltung. Bis 1963 war der Generalstaatsanwalt dem Ministerrat, dann Volkskammer und Staatsrat direkt unterstellt. Aufgabe: Durchsetzung der „sozialistischen Gesetzlichkeit".[46] Die Staatsanwaltschaft war strukturell wie personell darauf zugeschnitten, politische Weisungen entgegenzunehmen, und sie hatte die Macht, sie umzusetzen.

Ganz „offiziell" war die Staatssicherheit als Ermittlungsorgan gemäß der DDR-Strafprozeßordnung an politischen – und nicht nur an politischen – Verfahren beteiligt. „Inoffiziell" war sie der Hebel, den die Partei, wenn besondere Interessen berührt wurden, vor allem bei Staatsanwälten und gelegentlich auch bei Richtern ansetzte. Bei Richtern deshalb seltener, da die ja über die Staatsanwaltschaft aus den Klageschriften und Strafanträgen erfuhren, was gewünscht war. Daß ein Richter gegen den Antrag der Staatsanwaltschaft entschied, kam in der DDR so gut wie nicht vor, sie wichen allenfalls um ein geringes ab.

Wurde ein Richter mit einer Konzeption für sein Vorgehen bedacht, ging es in besonders brisanten Fällen – wie etwa gegenüber Robert Havemann – darum, sicherzustellen, daß der Angeklagte nicht sein Recht auf Einlassung zur Sache zu einer politischen Agitation nutzt. Mit dieser Begründung versah die Staatssicherheit ein Libretto vom 15. Mai 1979, in dem dem Kreisgerichtsdirektor von Fürstenwalde als Vorsitzendem Richter im Devisenpro-

---

[46] Vgl. u. a. Hans-Jürgen Grasemann: Die Anleitung der Staatsanwaltschaft, in: Materialien der Enquete-Kommission, Band IV, S. 487 ff.

zeß gegen den Bürgerrechtler haarklein vorgeschrieben wurde, wie er auf welche Verhaltensweisen des Angeklagten zu reagieren habe, wie die Hauptverhandlung zu verlaufen habe, ja sogar deren Dauer und das Strafmaß wurden bereits festgelegt.

Von der Staatssicherheit redigierte Entwürfe für Urteile oder Klageschriften mit Strafvorschlägen wie im Falle Helwig-Wilson finden sich häufig in den Opfer-Akten. Wenn sie es für nötig hielt, übernahm die Stasi die Regie von der ersten Ermittlungshandlung bis zum letzten Tag der Haft – und oft noch darüber hinaus.

Nach der Aussage eines Stasioffiziers[47] entstanden die von der Staatssicherheit in wichtigen Fällen entwickelten „Maßnahmepläne" zur strafrechtlichen „Behandlung" eines Verdächtigen, die nicht selten bis ins Detail das Ergebnis der Beweisaufnahme und auch den Verlauf der Gerichtsverfahren vorzeichneten und sogar schon die Pressemitteilung vorformulierten, die nach der Urteilsverkündung in der Presse veröffentlicht werden sollte, im Auftrag des Ministers für Staatssicherheit. Die fertigen Konzeptionen wurden dem Minister oder seinem Stellvertreter übergeben, von diesen geprüft und an den SED-Generalsekretär weitergeleitet, eventuell im Zentralkomitee beraten, von dessen Abteilung für Staat und Recht erneut geprüft und, soweit genehmigt, zur Ausführung zurückgeleitet. Mit Vermerken wie „einverstanden, Mielke" oder „genehmigt, EH".

Die Klageschrift gegen Walter Janka zum Beispiel hielt sich 1957, wie der damalige Generalstaatsanwalt Ernst Melsheimer in einem Schreiben an die Abteilung Staats- und Rechtsfragen des Zentralkomitees mitteilte, „eng an den Schlußbericht des Ministerium für Staatssicherheit, der, wie mir der Genosse Mielke mitteilte, vom Politbüro gutgeheißen wurde".[48]

Es gab neben der allgemeinen Konsultation in oder am Rande der Leiterberatungen zwei Wege der Vermittlung, über die die

---

[47] Major Kurt Eschberger, MfS-HA IX, gegenüber der Staatsanwaltschaft Neuruppin, zitiert nach der Zeugenaussage des Vernehmers der Kripo im Prozeß gegen die Havemann-Kläger und -Richter, Klaus Helbig, vom 14. November 1996. Eschberger ließ sich ausführlich in den Vorermittlungen ein, um dann im Prozeß selbst die Aussage zu verweigern. Er war seit Anfang der 70er Jahre bis zum Ende der DDR in der Stasi aktiv.

[48] Zit. nach: Materialien der Enquete-Kommission, Bd. VIII, S. 17.

110

SED gemäß solcher Konzeptionen Einfluß auf Richter und Staatsanwälte nehmen konnte.

Da war zum einen der „Dienstweg". Auf höchster Ebene tauschten sich die zuständigen Kader aus, und die entsprechenden Anweisungen wurden die Hierarchie-Leitern der Gerichtsbarkeit und der Staatsanwaltschaft als „Anleitung" hinabgereicht, bis sie beim unmittelbar zuständigen Kader auf dem Tisch lagen.

Zum anderen gab es das Mittel der persönlichen Ansprache, in einer Doktorarbeit[49] für die juristische Hochschule des MfS in Potsdam Eiche als „politisch-operatives Zusammenwirken" bezeichnet. Das kam nicht auf der Grundlage ritualisierter und institutioneller Treffen wie den Leiterberatungen zustande, sondern auf der Basis langfristig aufgebauter, streng konspirativer Arbeitsfreundschaften zwischen MfS-Leuten und besonders zuverlässigen „Partnern" bei anderen Behörden oder in Betrieben. Diese Partner waren mehr als nur Informanten, sie waren der verlängerte Arm der Stasi und damit in ihren Dienststellen unmittelbar ausführende Organe von Parteibeschlüssen.

Die Doktorarbeit nennt den in detaillierten Maßnahmeplänen vorab librettierten Prozeß, der dem Bürgerrechtler Robert Havemann 1976 einen unbefristeten Hausarrest eintrug, als besonders gelungenes Beispiel für das „politisch-operative Zusammenwirken" mit dem Rat des Kreises Fürstenwalde, dem Kreisstaatsanwalt, dem Kreisgericht und dem Bezirksgericht in Frankfurt (Oder) sowie der Volkspolizei. Im Sinne der Parteilichkeit der

---

[49] Udo Sievers: Forschungsergebnisse zum Thema: „Das politisch-operative Zusammenwirken der Diensteinheiten des MfS mit anderen staatlichen Organen, Wirtschaftsorganen und gesellschaftlichen Organisationen bei der Vorbeugung, Aufdeckung und Bekämpfung von Versuchen des Gegners, in der DDR eine politische Untergrundtätigkeit zu inspirieren und zu organisieren", Ministerrat der Deutschen Demokratischen Republik, Ministerium für Staatssicherheit, Juristische Hochschule Potsdam (Diss. masch.) 1977. (Das Deckblatt der Arbeit trägt den Stempel des Zentralarchivs des Bundesbeauftragten für die Stasiunterlagen, dazu das Aktenzeichen der Juristischen Hochschule des MfS in Potsdam Eiche VVS (Vertrauliche Verschlußsache) JHS 001-109/77, Ex. Nr: 1.) Siehe dazu Joachim Widmann: Juristen als „Partner" der Stasi. Der „politisch-operative" Einsatz der Strafjustiz gegen Robert Havemann: Hinter den Kulissen führte die Staatssicherheit nach ihren eigenen Regeln die Regie, in: Zeitschrift des Forschungsverbundes SED-Staat, Nr. 2, Berlin 1996, S. 29 ff.

Justiz war dies die Arbeitsweise, die auch den tschekistischen Grundsätzen am ehesten entsprach und am effektivsten den Willen der Partei umsetzte.

Auch im Fall des Neuzellers Hans Lang kooperierte die Justiz mit der Staatssicherheit. Sie verzichtete in der Hauptverhandlung auf die Ladung des wichtigsten Zeugen, dessen Angaben gegenüber der Staatssicherheit zur Verhaftung Langs geführt hatte. Der Henzendorfer Bürgermeister K., alias IM „Funker", wurde allerdings ohnehin nicht gebraucht, um durch eine Zeugenaussage die „inoffiziellen" Beweise gegen Lang in „offizielle, strafprozessuale" zu verwandeln. Die Liste der Vorwürfe gegen Lang enthielt neben anderen oppositionellen Äußerungen nicht nur den politischen Witz, den er K. gegenüber gemacht hatte, als Beleg für staatsfeindliche Hetze, sondern auch Indizien für Vergehen gegen das Paßgesetz (mithin – versuchte – Republikflucht), und Ausfuhr optischer Geräte (nach dem DDR-Handelsrecht streng untersagt).

Im Verhör hatte Lang alles gestanden. Bericht für Bericht hielten ihm Staatsanwalt Klühsendorf und Vernehmer der Stasi die IM-Informationen der letzten Jahre vor. „Ich machte aus meiner Meinung keinen Hehl", sagt Lang: „Es hätte auch keinen Zweck gehabt, die wußten sowieso alles."

Der Prozeß fand am 27. und 28. Februar 1962 in Frankfurt (Oder) statt. Wieder einmal legte die Staatsmacht Wert auf Öffentlichkeit. Der Saal war voll, viele Bekannte Langs waren aus Neuzelle und Umgebung gekommen. Offenbar sollte demonstriert werden, was Leuten blüht, die ein freies Wort riskieren.

Eine Vielzahl Zeugen war geladen worden, um Langs „staatsfeindliche Hetze", dem Anschein nach, allen Regeln der Rechtsstaatlichkeit gemäß beweisbar zu machen.

Das Fehlen des Zeugen K. war für Lang schon damals „der letzte Beweis, daß der der Denunziant gewesen war".

Langs Anwalt, ein Strafverteidiger aus Fürstenwalde/Spree, erhielt sogar Gelegenheit, seinen Mandanten zu verteidigen. Er entkräftete die Anklagepunkte Paßvergehen und Ausfuhr optischer Geräte.

112

Seine Argumentation packte die Sozialisten beim Klassenbewußtsein. Schließlich hatte der Kapitalist Lang noch kurz vor dem Mauerbau für sein Geschäft einen Lkw gekauft und andere Investitionen geleistet. Die listete der Anwalt akribisch auf. „Daher ging das Gericht schließlich davon aus, daß so erhebliche Werte geschaffen worden waren, daß es unwahrscheinlich schien, daß wir abhauen wollten", erinnert sich Lang amüsiert. Daß ein Unternehmer sich von Haus, Betrieb und Lkw trennen könnte, um nur mit dem, was er auf dem Leibe trug, zum bereits außer Landes gebrachten Zeiss-Fernglas auszureisen, paßte nicht ins ideologische Weltbild.

Sein Ausreiseversuch vom 13. August 1961 war nirgendwo registriert worden.

Doch reichte Langs „staatsfeindliche Hetze" erwartungsgemäß für ein Urteil: Zwei Jahre, zehn Monate. In der Urteilsbegründung ist nachzulesen, daß das Gericht damit wieder ein Stück Klassenkampf erledigt hatte: Lang sei ein „Spekulant", der „mehrere Arbeiter in seinem Privatbetrieb ausbeutet", zu seinen Bekannten zählten „Großbauern".

Lang: „Das war klar als Abschreckung für andere gedacht."

„Wir können auch anders"

*Mißhandlungen, Demütigungen: Haft
als Erziehungsmaßnahme*

Am 10. Mai 1953 noch richtete Anna R. ein Gnadengesuch an die
DDR-Regierung, um ihren Mann, Georg R., freizubekommen.
Dessen Totenschein ist auf den 13. Mai datiert. Sepsis (Blutver-
giftung), Querschnittlähmung, Herzmuskelschwäche und ein Ab-
szeß wurden im Haftkrankenhaus Meusdorf bei Leipzig an dem
Toten festgestellt. Für R.s Mithäftling Karl-Werner B. ist klar:
„Das hat er alles im Knast abgekriegt." Die Blutvergiftung und
die Querschnittlähmung sind die Folgen von Mißhandlungen, die
Herzmuskelschwäche eine Folge fortwährender Unterernährung.
R. war bis zu seiner Festnahme ein Baum von einem Kerl gewesen, erinnern sich B. und seine Tochter, sein einziges Leiden war
eine angeborene Sehbehinderung. „Der ist immer geschlagen worden, und im Knast hat er so gut wie nischt zu Essen gekriegt",
sagt B.

Folter, Mißhandlung und Demütigung von Häftlingen war neben
allgemeinem Mangel an Versorgungsmitteln des Grundbedarfs wie
vitaminreicher Nahrung, Medikamenten, Seife, Toilettenpapier
und sauberer Kleidung sowie bedrückender Überbelegung der
Zellen in den Gefängnissen der DDR an der Tagesordnung.

Wie die Arbeit der Staatssicherheit unterlag die Haftsituation in
den 40 Jahren der DDR einem gewissen Wandel, den die politischen und wirtschaftlichen Verhältnisse mit sich brachten. So
wurden viele Gefängnisse im Laufe der 60er und der 70er Jahre
renoviert, erhielten moderne sanitäre Einrichtungen, Heizung.

An den Grundlagen änderte sich dabei nichts: Die Haft diente
dazu, die Gefangenen zu „erziehen", was vor allem bei „Politischen" bedeutete, daß ihr Wille gebrochen werden sollte.

Sicher dienten die Verhältnisse in den Haftanstalten auch zur
Abschreckung. In der DDR wurden Details nicht bekanntgegeben,

114

auch wenn die SED gelegentlich allen Systemgegnern versprach, sie würden mit aller Härte behandelt. Doch dürften die Berichte der westdeutschen Medien über die Bedingungen in den Gefängnissen der DDR – die natürlich stets als Hetze zurückgewiesen wurden – von der SED-Führung einkalkuliert worden sein.

Die Folter diente dazu, die Geständnisse zu erpressen. Doch auch nach der Untersuchungshaft, zu der „Politische" in der Regel in eigene Untersuchungshaftanstalten der Staatssicherheit gesperrt wurden, diente Folter zur Disziplinierung von Häftlingen, die selbst durch Zwangsarbeit und allgemeine Mißstände in den Gefängnissen nicht zur Unterwerfung zu bringen waren.

Die Methoden wurden im Laufe der Zeit subtiler. Der Einsatz physischer Gewalt wich mehr und mehr psychischem Druck. Isolationshaft – oft in Verbindung mit Nahrungs-, Schlaf- und Kleidungsentzug, Fesselungen in unbequemen Positionen, Knebelungen, Schläge, Hitze, Kälte oder Dunkelheit – und nächtliche oder Tage dauernde Verhöre wurden bis zum Ende der DDR praktiziert.

Der Umgang mit (politischen) Strafgefangenen in der DDR entspach wie die Arbeitsweise der Staatssicherheit und der Justiz ganz dem sowjetischen Vorbild. Die SMAD hatte die Praxis in der SBZ eingeführt. Das Beispiel blieb bestimmend bis zum Ende der DDR.

Der Bauer Georg R. (Jahrgang 1916) und der Kraftfahrer Karl-Werner B. (Jahrgang 1930) hatten im Frühjahr 1951 auf einem Acker des Hofs in Niederjesar, den R. 1942 von seinem Vater geerbt hatte, kiloweise Messing-Kartuschen gefunden – Relikte der Geschosse einer Flakstellung, die gegen Kriegsende da gestanden hatte. R. und B. sammelten die Kartuschen ein und lagerten sie auf dem Hof. Buntmetalle waren wertvoll, zumal sie in West-Berlin gegen harte D-Mark an den Mann gebracht werden konnten – das war ebenso üblich wie, nach dem DDR-„Gesetz zum Schutz des innerdeutschen Handels" (§2, Abs. I und II, Ziffer 7), illegal.

Die Männer kamen mit ihren fünfzig Kilo Kartuschen nicht einmal bis zur Berliner Stadtgrenze. Es war, als hätte man sie erwartet, als wäre es genau dies gewesen, worauf man gehofft hatte: R. und B. auf frischer Tat zu ertappen. „In einer Art Viehwagen,

115

in dem man nur stehen konnte", so B., wurden die Männer nach Frankfurt (Oder) gefahren und ins Polizeigefängnis in der Gartenstraße gebracht, nicht in die Stasi-Untersuchungshaftanstalt in der Großen Oderstraße. Dennoch: „Dort warteten zwei Stasileute, die uns die Arme auf dem Rücken verdrehten und forderten, daß wir für die Stasi arbeiten. Kommt nicht in Frage, sagten wir."

Karl-Werner B. wurde wochenlang pausenlos verhört, dabei immer wieder mißhandelt. Zwei Rippen wurden ihm buchstäblich herausgeschlagen, er hat noch heute Narben im Gesicht, wo Platzwunden gewesen waren. „Die hatten mit Blei gefüllte Knüppel." Längst war über das „Buntmetallvergehen", das ganz „offiziell" bewiesen war, alles gesagt. Es ging nur noch um eine Mitarbeit bei der Stasi. Doch die war für B. kein Thema.

Man steckte ihn in eine enge Stehzelle, in der keine Bewegung möglich war („Wenn nach Stunden die Tür aufgemacht wurde, bin ich da rausgefallen"), manchmal mußte er in kaltem Wasser stehen, das ausgetauscht wurde, wenn es von B.s Körper angewärmt war. Bis heute hat er Probleme mit den Beinen.

Eine andere Foltermethode war, die Häftlinge bei Hitze im Gefängnishof anzuketten und alle zwei Stunden mit Wasser zu begießen. B.: „Meine Haut brannte wie Feuer."

Seinem Mithäftling Georg R., weiß B., wurde noch übler mitgespielt. „Ich habe einmal durch eine versehentlich offene Tür gesehen, wie er zusammengeknüppelt wurde." R. habe aggressiv reagiert, sei auch mal auf einen Stasimann losgegangen, entsprechend scharf habe man ihn behandelt, wie B. sagt.

Der Prozeß gegen Georg R. und Karl-Werner B. wegen „Buntmetallvergehens" wurde von der Großen Strafkammer des Landgerichts Eberswalde im Mai 1951 extern in Frankfurt (Oder) als Schau inszeniert.

An der Urteilsbegründung ist die Federführung der Stasi erkennbar: R. und B. seien „als Störer und Feinde unserer demokraischen Wirtschaft entlarvt", ist da nachzulesen, sie hätten damit „das Leben eines ganzen Volkes gefährdet". Beide erhielten fünf Jahre Zuchthaus. Für den Bauern R. enthielt das Urteil eine weitere Spitze: Ihm wurde sein Vermögen aberkannt, der kleine Hof in Niederjesar, auf dem seine Frau, seine beiden kleinen Kinder und seine Mutter lebten – seine Familie wurde mitverurteilt.

116

Der Bauer und der Kraftfahrer wurden nach dem Urteil ins Cottbuser Zuchthaus gesperrt. B. verlor R. bald aus den Augen. Er entging der Behandlung in der berüchtigten Cottbuser Anstalt, weil er zur Arbeit beim Aufbau von Stalinstadt eingeteilt wurde – zum Kalk ausladen.

„Das war eine unglaublich harte Arbeit." Nicht nur, daß sie mit unzureichender Arbeitskleidung erledigt werden mußte, Repressionen waren an der Tagesordnung: „Wir bekamen manchmal Salzheringe zu Essen, aber nichts zu Trinken – und dann den ganzen Tag arbeiten."

Helmut Padel erinnert sich an seine Haft als an eine Abfolge von Demütigungen und Schikanen. Angefangen mit der Untersuchungshaft bei der Staatssicherheit. Er hat, da er die falschen Anschuldigungen, Chef der „Padel-Bande" zu sein, nicht abgestritten hatte, nicht einmal besondere Härten am eigenen Leibe zu spüren bekommen.

Der Alltag war schwer genug. Erst nach sechs Wochen U-Haft, zu Weihnachten 1953, durfte Padel zum ersten Mal baden. „Die Wanne hatte keinen Verschluß. Mir blieb nichts anderes übrig, als alte Lappen zusammenzudrehen und irgendwie den Abfluß damit zu verstopfen." Warmes Wasser gab es nicht, und nicht mehr als drei Eimer voll, deren Inhalt sich bis zum Ende des Bades durch die Lappen davongemacht hatte. Disziplinarstrafen blieben Padel erspart: „Im Keller muß sich einiges abgespielt haben", weiß er dennoch.

Wie die Verweigerung der Waschgelegenheit war auch die Unterbringung in überfüllten Zellen ein Mittel der Stasi, Häftlinge herabzuwürdigen.

Padel wurde nach der Einzelhaft, wie sie üblich war, bevor die Verhöre abgeschlossen wurden, mit neun Männern in eine Einzelzelle gesperrt. „Das Eis an der Fensterwand war fingerdick."

Joachim Mangelow saß in Cottbus und in Bautzen ein. Während das „gelbe Elend" in Bautzen schon damals weithin berüchtigt war, gelangten erst viel später Informationen über die Cottbuser Anstalt an die Öffentlichkeit. Deren schon architektonischen Mißstände, die bereits ohne Zutun der Wachen für die Häftlinge schikanös waren, wurden erst Ende der 70er Jahre beseitigt, nachdem ein ehemaliger Häftling, der Schriftsteller Siegmar Faust, nach seiner Freilassung 1976 in Westdeutschland die Presse über die Haftbedingungen informiert hatte.

Mangelow beklagt sich freilich nicht über feuchte, luft- und lichtlose Zellen.

Mit der Nahrung hatte man ihm sogenannte Bläh- und Reizstoffe zugeführt, Gifte, die Magen und Darm angreifen, den Leib aufblähen, jede normale Verdauung unmöglich machen und allgemeine Mattheit und Übelkeit erzeugen. „Nach dem Zeug stinkst Du aus allen Poren", berichtet Mangelow.

Was ihm im Einzelnen verabreicht wurde, ist bis heute unbekannt. Häftlinge, vor allem politische, klagen immer wieder über Beimischungen zur Nahrung, darunter unbekannte Bitterstoffe und Brechmittel, Psychopharmaka oder Mittel zur Unterdrückung des Sexualtriebs. Von der Frühzeit der DDR bis 1989 sind Fälle belegt.

Mangelow wurde infolge der „Behandlung" schwer krank. Sein Magen war angegriffen, er mußte nach der Haftentlassung zum großen Teil entfernt werden.

Die körperliche und mit der Krankheit einhergehende seelische Schwächung oder gar „Vernichtung" des Häftlings sei das Ziel des Gifteinsatzes gewesen, ist sich Mangelow sicher.

5. Januar 1955. Unter dem Druck des Freien Deutschen Gewerkschaftsbundes hatte Erna Wolfram ihr Hotel im sächsischen Rathen schließen müssen, ihr Mann Heinrich saß seit einigen Tagen in Frankfurt (Oder) in der Stasi-Untersuchungshaftanstalt.

Es war kalt, es hatte geschneit, und Erna Wolfram war im Ortskern Rathens unterwegs, um Besorgungen zu machen. Später wollte sie mit ihren Kindern, die damals sieben und acht Jahre alt waren, ein wenig im Schnee spielen. Die beiden Kleinen waren schon zum Rodeln vorgegangen.

Ein Polizist sprach Frau Wolfram an: „Da sind drei Herren, die sie sprechen wollen."

„Ich muß erst meine Kinder holen."

118

„Wir sind gleich wieder da. Es dauert nicht lange." Man wolle nur rasch in die Kreisstadt Pirna fahren.

Als die Kinder vom Rodeln nach Hause kamen, standen sie vor verschlossener Tür.

Die „drei Herren" von der Stasi, die eigens aus Frankfurt (Oder) gekommen waren, brachten Erna Wolfram nach Dresden. „Da gab es zuerst nur eine Aussprache über den Vorbesitzer des Hotels." Der war mit dem Erlös aus dem Verkauf des Hauses nach Berlin gefahren und bei dem Versuch, nach West-Berlin zu fliehen, festgenommen worden.

Noch in der Nacht wurde Erna Wolfram nach Frankfurt (Oder) gebracht, in die Untersuchungshaftanstalt in der Großen Oderstraße, in der auch Heinrich Wolfram festgehalten wurde.

Neun Monate lang sollte die U-Haft dauern.

Niemand sagte den Kindern, wohin ihre Mutter verschwunden war. Zunächst nahm sich ein evangelisches Schwesternheim ihrer an, dann verlor sich ihre Spur in Heimen der Stasi. Die beiden waren zu jung, um später davon berichten zu können. Die Familie – Erna Wolframs Eltern – erhielt das Signal: Weil der Vater ein „Faschist" sei, dürfe er die Kinder nicht in seine Obhut nehmen. Weiter gab es keine Informationen über den Aufenthaltsort der Geschwister.

Bei ungezählten, stundenlangen Verhören diente nicht allein das ungewisse Schicksal der Kinder als Druckmittel. Erna Wolfram wurde gefoltert. „Ich konnte ja nichts sagen. Die Anschuldigungen waren aus der Luft gegriffen, man fragte mich nach Agententätigkeit, Schmuggel, Westgeldguthaben – davon wußte ich nichts, weil nichts davon stimmte." Dann wurde ihr auch noch unterstellt, den Verbleib des ersten Staatsanwalts zu kennen, der mit dem Verfahren gegen die Wolframs betraut gewesen war – der Mann hatte sich in den Westen abgesetzt.

Man verweigerte der Frau jede Hygiene. Neun Monate in denselben Kleidern, täglich nur ein Stück Toilettenpapier für die Körperpflege. Ungezählte Tage und Nächte in Kellerzellen: Die eine hatte eine Grundfläche von einem Quadratmeter. Viele Häftlinge hatten sich nicht anders zu helfen gewußt, als ihre Blase auf den Boden zu erleichtern. „Es stank da so unbeschreiblich, daß ich einmal in der Stehzelle ohnmächtig wurde." Die andere Kellerzel-

119

le hatte keine andere Einrichtung als eine gemauerte Schlafstätte ohne Matratze und Decke – diese „Pritsche" war durch einen Käfig aus Eisenstangen vom Rest der Zelle abgeteilt. Erna Wolfram mußte da die Nacht eingesperrt wie ein wildes Tier verbringen, in den kalten Monaten bei eisiger Kälte. Selbst noch in „normalen" Zellen der Haftanstalt wurde als Schikane auch nachts das Licht nicht ausgeschaltet.

Ihr Prozeß war im September 1955. Da erfuhr sie endlich aus der Klageschrift, was sie angeblich verbrochen hatte: „Innerdeutschen Handel" und „Spionage" hatte Bezirksstaatsanwalt Kunkel sich – wohl mit Hilfe der Stasi – einfallen lassen. Die Klageschrift ging sehr sparsam mit der Würdigung von Fakten um – es gab zu wenige. 180 goldene Uhren, behauptete sie, seien von den Wolframs von 1950 bis 1954 aus West-Berlin in die DDR geschmuggelt worden, um sie mit einem Gewinn von insgesamt 335 000 Mark an polnische und sowjetische Eisenbahner weiterzuverkaufen.

Genau eine Uhr war im Hause Wolfram bei der ersten Haussuchung gefunden worden. Und Leder, um daraus eine Hose zu nähen.

Beides stammte wirklich aus West-Berlin. Für beides hatten die Wolframs keinen Warenbegleitschein beantragt. „Das war das einzige, was an der Klage stimmte: Es gab den Schein nicht", erzählt Erna Wolfram bitter.

Das Urteil: Fünf Jahre Haft für sie, zwölf für ihren Mann.

Viele Ehepaare denken mit Freude und Nostalgie an den Tag zurück, an dem sie sich kennenlernten: „Weißt Du noch...?" Edelgard und Horst Kober lernten einander im September 1961 kennen. Eine Mauer trennte sie. Sie saßen in benachbarten Zellen in der Untersuchungshaftanstalt der Stasi in Frankfurt (Oder). Beide wußten, daß sie gewaltigem Ärger und langer Haft entgegensahen, standen unter dem Druck der Verhöre, waren verzweifelt, einsam.

Sie lächeln beide, wenn sie erzählen: „Wir haben uns manchmal die ganze Nacht durch unterhalten."

Die Häftlinge verständigten sich miteinander mittels Klopfzeichen. Das Knast-Alphabet ist einfach: Für ein A wird einmal ge-

120

klopft, für ein B zweimal, und so fort. Es kann lange Minuten dauern, bis ein Satz beendet ist. Bange Minuten, denn in der Stasi-Haft war es bei Strafe verboten, sich zu unterhalten. Wer die Vielzahl der Klopfzeichen, die immer im Gefängnis zu hören waren, auseinanderhalten konnte, unterhielt sich dennoch. In Tagen des Klopfens freundeten sich Edelgard Thumanicht und Horst Kober durch die Zellenwand hindurch an. Sie klopften das Gefängnisalphabet mit von der Haftkleidung abgerissenen Knöpfen an die Mauern.

Wer erwischt wurde, kam in den Keller: Dunkelhaft.

Auch Horst Kober wurde in den Keller gesteckt, weil er sich mit seiner Nachbarin unterhalten hatte.

Als die Verhöre abgeschlossen waren, wurde Renate F. in eine Gemeinschaftszelle im ersten Stock der Frankfurter Untersuchungshaftanstalt der Stasi verlegt, die sie mit vier anderen Frauen teilen mußte.

Die Zelle war eigentlich für zwei Personen gedacht. Es war ein kleiner Raum, dessen größter Teil von einer fest eingebauten Holzpritsche eingenommen wurde. Im schmalen Streifen Raum zwischen dem Fußende der Pritsche und der Zellentür standen der Kübel für die Notdurft und ein Ofen. Tags durften die Frauen nicht auf der Pritsche liegen. Wenn sie sich nicht ans Pritschen-Fußende setzen wollten, blieb ihnen als Auslauf nur dieser Meter zwischen Pritsche und Tür.

Im Spätsommer 1961 war die Hitze in der Zelle unerträglich. Der enge Raum mit seinem nahezu luftdichten Fenster war schon ohnehin eine menschenunwürdige Behausung; Renate F. aber hatte noch zusätzliche Qualen zu leiden. „Ich merkte, daß ich schwanger war. Ich mußte dauernd kotzen wegen des Schwarzbrots. Das hat so eklig geschmeckt, und die ewigen Pellkartoffeln konnte ich auch nicht vertragen." Trotz der Hitze und der Unpäßlichkeit der Schwangeren wurde die Zelle nicht belüftet: „Es gab kein Wasser zum Waschen, nichts zum Zähneputzen, nur ganz wenig für Gesicht und Hände. Wir haben gelebt wie die Schweine da drin", erzählt Renate F.

Nach wochenlangem Bitten bekam sie einen Büstenhalter, und drei Wochen lang erlaubte man ihr alle sieben Tage eine Dusche.

Martha Rex kann sich an ihre Mitgefangene, „die Reni", gut erinnern. „Ihr wurde immer wieder übel."
Der Kübel für die Notdurft stand in einer Ecke der Zelle, und Reni übergab sich in den Kübel. Der Gestank aus dem Behälter machte die Hitze in der Zelle noch schwerer erträglich.
„Es war schlimm", sagt Martha Rex, und ihr ist das Gefühl anzumerken, daß diese Worte die Situation unzulänglich beschreiben.
Ihr Mann, Erich Rex, war am 13. Mai 1961 festgenommen worden, Martha tags darauf: Spionage.
Noch heute ist Martha Rex nahezu beherrscht von traumatischen Erinnerungen. Beginnend mit der Internierung ihres Vaters, Gottlieb Leichnitz, hatte sie jahrelang immer wieder Not, Drangsal und Sippenhaft hinnehmen müssen, machtlos, ohne Aussicht darauf, ihre Erlebnisse mitteilen zu können. Nun, da sie es kann, brechen sie sich Bahn, und die Frau scheint sie von sich geben zu müssen.
Es hält sie kaum auf ihrem Stuhl, sie verfällt in Rollenspiel, wenn sie berichtet. Sie strafft sich, nimmt die Schultern zurück, gibt ihrem runden Bäuerinnengesicht den Ausdruck großer Entschlossenheit und Selbstbewußtseins, wenn sie mit scharfer Stimme den Part des Stasimanns spielt. Sie sinkt zusammen, blickt zu Boden oder in ihren Schoß: Das ist der Part von Martha Rex, die wimmernd antwortet und sich immer wieder mit einem mehr und mehr zerfallenden Papiertaschentuch die Augen wischen muß. So war das damals. „Man könnte fast eine Bibel darüber schreiben", sagt sie.
Kaum war ihr Vater 1954 aus der Internierung entlassen worden, fuhr die Familie nach Berlin, weiter mit der S-Bahn über die Sektorengrenze. Ins Aufnahmelager Marienfelde.
Nur Martha Rex blieb in Alt-Zeschdorf. Sie hatte mittlerweile geheiratet und fünf Kinder.
In Marienfelde wurden die Leichnitzens von Geheimdienstlern der West-Besatzungsmächte nach Verwandtschaft befragt, die in

122

der DDR geblieben war. Sie nannten Marthas Mann, Erich Rex, Jahrgang 1921, Schrankenwärter bei der Reichsbahn.

1955 erhielt Rex einen Brief mit der Einladung zu einer Geburtstagsfeier nach West-Berlin.

„Ich weiß es nicht, er muß vorher gewußt haben, worum es ging", sagt Martha Rex.

Jedenfalls fuhr er allein zu der vermeintlichen Feier. Erst später erfuhr seine Frau, daß er sich mit einem britischen Geheimdienstler traf. Als kleiner Agent im Dienst des Secret Service kam er aus Berlin zurück – seine Aufgabe: Die Nummern der Züge aufzuschreiben, die seinen Streckenposten passierten, und weiterzumelden.

Irgendwann eröffnete er seiner Frau, daß er ein Spion sei. Sie war entsetzt, auch wenn sie die Tragweite nicht ahnte.

Eine Mitwisserin.

Gleich nach der Festnahme wurde Martha Rex in die Stasi-Untersuchungshaftanstalt nach Frankfurt gebracht. In einem Keller, „der voll alter Matratzen lag, und auch Knüppel gab es da", mußte sie sich ganz ausziehen. „Ich hatte solche Angst." Sie bekam Häftlingskleidung und wurde allein in eine Zelle gesperrt.

„Ich habe mich erstmal auf die Pritsche gesetzt, gewartet und gehorcht." Die Klopfzeichen der anderen Häftlinge verstand sie noch nicht. So war die Einsamkeit für die Frau, die an ständige Arbeit und an die Gesellschaft der Großfamilie gewohnt war, bald unerträglich. Sie sagte dem Posten: „Ich verkrafte das nicht. Wenn das noch länger dauert, finde ich schon was, um mir damit die Pulsadern aufzuschneiden." Fortan sah jemand alle paar Minuten durch den Türspion in die Zelle. Nach drei Tagen Einzelhaft fast durchgedreht, wurde sie in eine andere Zelle geschlossen, die sie mit zwei Frauen teilte.

Die eine war „die Reni", Renate F. Die andere eine Person in den 60ern. Der Untermieter in ihrer Wohnung war ein Polizist gewesen. Eines Tages hatte der Polizist die Frau gebeten, einige persönliche Sachen und seine Uniform nach West-Berlin zu schaffen, er wolle fliehen. Die Frau war naiv genug, seinen Wunsch zu erfüllen, und wurde geschnappt.

Der Untermieter übernahm die Wohnung.

123

Verhört wurde Martha Rex nachts. Die Stasi-Vernehmer strahlten sie mit einer Lampe an und schüchterten sie durch Gebrüll ein. Im Verhör erfuhr sie, daß ihre drei Brüder, die noch in den 50er Jahren aus dem Westen, wo sie nicht hatten Fuß fassen können, in die DDR zurück gezogen waren, ebenfalls wegen Mitwisserschaft in Haft saßen. Sie bestritt, von der Spionage gewußt zu haben. „So, du weißt nichts", brüllte ein Vernehmer einmal. „Wir können auch anders!"

Später hörte Frau Rex, daß einer ihrer Brüder im Verhör nicht so spurte, wie es sich die Stasileute vorstellten. Er wurde in eine Zwangsjacke gesteckt und mit Elektroschocks bearbeitet.

„Da ist was von geblieben."

Weil der junge Mann lange Zeit nicht verhandlungsfähig war, fand der Prozeß erst im November 1961 statt. Die Frauen der Brüder standen nicht vor Gericht. Sie hatten an in aller Welt lebende Verwandte apelliert, zu helfen, und Appelle, wenigstens die Frauen zu schonen, waren daraufhin aus Großbritannien, den USA und Kanada bei der Regierung der DDR eingegangen. Die Familie ist sich bis heute sicher, daß die Stasi die Frauen in Ruhe ließ, um peinliche Berichte der Weltpresse über die Sippenhaft zu vermeiden.

Nach der langen Untersuchungshaft bei der Stasi kamen die Urteile – 15 Jahre für Erich, sieben für Martha Rex und je zwei für die Brüder – nicht unerwartet.

Frau Rex hatte sich arrangiert, durfte mittlerweile in der Wäscherei des Gefängnisses arbeiten.

Es war schlimm genug, ohne die Kinder, den Mann, die gewohnte Umgebung – und Frau Rex ermangelte es an Phantasie, sich vorzustellen, daß es schlimmer kommen würde.

Edelgard Thumanicht war 20, als sie inhaftiert wurde. Volkspolizisten und Stasileute schnappten sie am Sonnabend, dem 19. August 1961, vom Feld weg, wo sie ihrem Bruder bei der Ernte half. Man brachte sie in einen Keller in Fürstenberg/Oder, in dem sie die Nacht verbringen mußte.

In derselben Nacht wurde das Haus ihrer Eltern von Stasileuten durchsucht. Man wurde fündig: Beim ersten Verhör, noch in dem

124

Keller, zeigte man der jungen Frau ein Foto ihres Vaters in Uniform: „War er bei der SS? Das ist doch eine SS-Uniform." Edelgard Thumanicht antwortete wahrheitsgemäß: „Nein."

Daß die erste Frage auf ihren Vater zielte, war kein Zufall. Heute ist ihr dank ihrer Stasiakte klar, daß ihre Festnahme sich eigentlich gegen ihren Vater richtete. Die Stasi wollte den Synodalen der evangelischen Kirche zur Mitarbeit erpressen. Er war in den Augen der SED ein „Großbauer" – er hatte einen Hof mit 20 Hektar Acker in Wellmitz. Als ehemaliges Mitglied der NSDAP war er 1947 in Frankfurt von den Sowjets interniert worden. Vielleicht mochte die Stasi ihm wegen seiner Stellung in der Kirche nicht selbst Schwierigkeiten machen, scheute die Auseinandersetzung mit den Kirchenoberen, deren Zurückhaltung gegenüber der DDR groß war und die gute Verbindungen nach Westdeutschland hatten – Vermutungen, die bislang aus der Stasiakte des Vaters nicht erhärtet werden konnten: Edelgard Kober hat sie noch nicht einsehen können.

Am 20. August 1961 wurde sie in die Untersuchungshaftanstalt in Frankfurt gebracht.

Einzelhaft, nächtliche Verhöre.

Nach zwei Wochen unterschrieb sie das Geständnis, daß sie Hetze gegen die DDR betrieben habe.

Die Klageschrift bezog sich auf den 17. August 1961, ein Gespräch, während dessen „die Beschuldigte gegenüber der Zeugin S. hetzte, indem sie erklärte, daß in Leningrad die Menschen beim Fleischer Schlange stehen müßten und es in der Sowjetunion nur eine Sorte Wurst zu kaufen gebe", wie ein Staatsanwalt Plath niederlegte. Im übrigen habe die Angeklagte „ständig die westlichen Hetzsender RIAS und Sender Freies Berlin" gehört.

Edelgard Thumanicht hatte bei der Bauernbank in Fürstenberg gearbeitet, und deren Chef B. war der Inoffizielle Mitarbeiter der Stasi gewesen, der seine Angestellte ans Messer geliefert hatte. „Der Mann lebt noch und soll jetzt angeblich alles sehr bereuen", sagt Edelgard Kober.

Horst Kober wurde am 20. September 1961 in die Frankfurter Stasi-Untersuchungshaftanstalt gesperrt.

125

Seine Tat: Paß- und Devisenvergehen.

Kober konnte nicht leugnen, an der Grenze am Berliner Baumschulenweg bei einem Fluchtversuch aufgegriffen worden zu sein.

Doch wäre er nie dorthin gekommen, wenn ihm ein Grenzposten, der sich hinterher als Stasi-Helfer entpuppte, nicht zuvor eine Fluchtgelegenheit vorgegaukelt hätte.

Kober (Jahrgang 1934) war bis zum Mauerbau Bühnenmaschinist bei der Deutschen Oper in Charlottenburg gewesen. Anfang August 1961 hatte er schon zum 1. September einen Mietvertrag für ein Zimmer in West-Berlin geschlossen. Er wollte leben, wo er arbeitete, allein schon wegen der Bezahlung, die für DDR-Bürger zu 60 Prozent „nicht in richtigem Geld" ausgezahlt wurde. Außerdem machten die DDR-Oberen immer schärfer Stimmung gegen die West-Pendler aus dem Osten.

Am 13. August der Schock: Kober hatte sich zur Mitarbeit bei einer Probe in der Oper ahnungslos in seinem Heimatort Erkner in die S-Bahn gesetzt und war losgefahren. Weit vor der Sektorengrenze war die Fahrt zu Ende. „Es war vorbei. Alles war dicht. Es gab keinerlei Fluchtmöglichkeit mehr."

Kober fand als gelernter Elektriker schnell eine Stellung bei einer Elektrofirma in Erkner, bei der auch sein Vater arbeitete.

Doch der Verlust der Freiheit und der Arbeit bei der Deutschen Oper nagte an ihm. Seine Lebensplanung war ihm von der Staatsmacht gewaltsam aus der Hand genommen worden.

So war er besonders empfänglich für die Mitteilung eines Bekannten, des Maurers Günter A.: „Ich kenne jemand an der Grenze, der uns rüberläßt."

A. arrangierte ein Treffen mit dem Grenzsoldaten L., in dessen Wohnung.

Alles schien ganz klar: Am 20. September 1961, früh um vier Uhr, würde ein bestimmtes Stück Grenze nicht bewacht sein, so der Grenzer, der selbst gegen den Mauerbau wetterte – A. und Kober sollten mit der letzten S-Bahn dorthin kommen, die letzte Streife abwarten und exakt um vier Uhr über die Sperre zwischen den Sektoren klettern, die damals aus einer groben, etwa zwei Meter hohen Mauer mit Stacheldraht auf der Krone bestand. Den Todesstreifen oder einen automatischen Alarm gab es noch nicht.

126

Der Grenzer riet den beiden Männern, Handschuhe mitzubringen, um sich die Hände nicht am Draht zu zerschneiden.

Kober: „Wir haben es genau so gemacht. Wir fuhren mit der letzten S-Bahn nach Berlin und versteckten uns in der Nähe der Stelle am Baumschulenweg, wo wir rüber wollten. Um drei Uhr kam der letzte Streifenwagen vorbei: Genau so hatte es der Grenzer vorausgesagt. Wir warteten. Ich hatte nichts mehr zu rauchen. In meiner Tasche steckten 175 Mark West, für die ich meinem Onkel drüben Schuhe kaufen sollte. Das Wachhäuschen war leer, in 20, 25 Metern Entfernung die Mauer. Die Kirchturmuhr schlug Vier. Wir ziehen uns die Handschuhe an und gehen los. Plötzlich springen Männer aus dem Gras, alle bewaffnet, brüllen: ‚Hände in den Nacken'. Der Günter nimmt nicht gleich die Hände hoch, da schlagen sie ihn mit Knüppeln. Ich werde nie vergessen, was einer der Männer gesagt hat, höhnisch: ‚Bloß gut, daß wir nochmal 'ne Kontrolle gemacht haben.' Als ob das alles Zufall gewesen wäre!"

Im offenen Militärfahrzeug wurden die beiden Gefangenen zu einer Grenztruppenkaserne in Köpenick gebracht, wo man sie, jeden für sich, in Kellerzellen sperrte.

„Ich dachte nur: Was machst Du mit dem Geld? Aber Verstekken war zwecklos."

Noch in der Nacht wurde Kober verhört, doch er war nach der Aufregung so erschöpft und übermüdet, daß ihm „alles egal" war. Alles abzustreiten, wäre ohnehin zwecklos gewesen.

Am Abend des 20. September kam er in Frankfurt an. Er war im offenen Auto hingefahren worden – vorbei an seinem Elternhaus in der Uferstraße in Erkner. „Das war das Schlimmste", sagt Kober.

Die Stasi-Untersuchungshaftanstalt in der Großen Oderstraße war offenbar überfüllt. Denn anders als üblich steckte man Kober nicht in eine Einzelzelle, sondern sperrte ihn mit zwei anderen Männern zusammen, die schon verurteilt waren.

Aus der Nebenzelle klopfte ein Fachmann ein Telegramm an den Neuling: „Republikflucht? Da sind zwei Jahre die Taxe."

127

Gleich vom Exerzierplatz der Kaserne seiner Einheit in Marxwalde wurde Friedrich Gündel, frisch degradiert und aus der NVA ausgeschlossen, in einem Fahrzeug der Stasi in deren Gefängnis in Berlin-Lichtenberg gefahren. Das Aufnahmeritual entsprach dem aller Gefängnisse: „Ausziehen", war der erste Befehl, Gündel wurde durchsucht und erhielt Sträflingskleidung. Dann kam er in eine Einzelzelle. „Die war 90 Zentimeter auf 2,70 Meter groß, davon nahm zwei Meter auf der ganzen Breite eine festeingebaute Pritsche ein. Hoch unter der Decke gab es eine Lichtöffnung, der Boden war aus rotzgelben Ziegeln."

Es gab keine Beschäftigung, nichts zu lesen, jede Kommunikation mit anderen war unmöglich. Früh um 6 Uhr wurde der Häftling jeden Tag geweckt, durch ein lautes Klopfen an der Zellentür oder einen Schlag mit dem Schlüsselbund gegen die Tür. Er erhielt eine Waschschüssel, ein Handtuch und einen „Zahnstein", Seife für die Zähne. Das Frühstück bestand aus zwei Scheiben Schwarzbrot mit Marmelade und Malzkaffee, mittags Wassersuppe, abends Schmalzstullen, manchmal auch „miese Leberwurst".

Anlehnen an der Zellenwand oder gar Schlafen war tagsüber untersagt. Der Häftling durfte stehen oder auf der Kante der Pritsche sitzen. Daß er nicht gegen diese Regel verstieß, wurde immer wieder mittels Blicke durch das Guckloch in der Tür überprüft.

Nach einer Woche in Isolation begannen die Verhöre mit diesen Worten eines Vernehmers: „Dich kriegen wir weich". Viele Verhöre fanden nachts statt, was nicht bedeutete, daß Gündel am folgenden Tag erlaubt worden wäre, zu schlafen. „Diese Tortur dauerte sechs Wochen."

Dabei hatte Gündel kaum etwas zu bestreiten. Daß er am Wahlsonntag im September 1961 eine DDR-Flagge zerrissen, eine rote Fahne angezündet hatte, stand außer Frage. Die langen Verhöre drehten sich daher überwiegend um die politischen Hintergründe.

Da gab es – außer Gündels christlicher Erziehung und allgemeiner Unlust an dem, was in der DDR Demokratie genannt wurde – nicht viel.

Der Prozeß gegen Edelgard Thumanicht wurde vom 1. Strafsenat des Frankfurter Bezirksgerichts und von Bezirksstaatsanwalt Klüh-

128

sendorf als öffentliche Schau groß inszeniert. Doch, so erinnert sich Frau Kober heute: „Viele Leute waren nicht gekommen, den Prozeß zu sehen. " Unbeirrbar wurden dennoch die Zeugen aufgerufen, deren Aussagen belegen sollten: Edelgard Thumanicht sei durch und durch von den West-Berliner Rundfunksendern RIAS und SFB für den Sozialismus verdorben. Das Urteil: ein Jahr und fünf Monate Haft. Sie wurde erst nach Cottbus ins Gefängnis gebracht, dann ins Frauenzuchthaus Hoheneck.

Damit der Stasimitarbeiter, der bei dem Prozeß der einzige Zeuge war, nicht entarnt würde, fand die Verhandlung gegen Horst Kober am 13. Januar 1962 hinter verschlossenen Türen statt: Die Justiz war wieder einmal Teil der Konspiration des Geheimdienstes. Kober erhob sich und versuchte, dem Gericht klarzumachen, daß er ohne L.s Fluchtplan niemals auf der Flucht hätte aufgegriffen werden können. Der Staatsanwalt, er hieß Müller, schritt sofort ein: „Der brüllte gleich los. So schnell hatte ich noch nie wieder gesessen", berichtet Kober. Das Urteil lautete auf drei Jahre Zuchthaus: Zwei wegen „Paßvergehens", eins wegen „Devisenschiebung" – für die 175 Mark vom Onkel.

Nach dem Abschluß der Verhöre verlegte die Stasi Gündel in eine mit fünf Mann belegte Drei-Mann-Zelle. „Zwei Mann mußten auf dem Boden schlafen."
Im Dezember 1961 überstellte ihn die Stasi-Zentrale an die Bezirksstasi nach Frankfurt (Oder), in deren Gebiet Gündel sich strafbar gemacht hatte.
„Die Bedingungen im Frankfurter Stasiknast waren im wesentlichen die gleichen wie in Lichtenberg, nur das Personal war brutaler."
Jeder Weg außerhalb der Zelle war von Häftlingen im Laufschritt zurückzulegen. Sie wurden nicht beim Namen genannt, sondern mit ihren Nummern angeredet.
Eine Strafkammer des Bezirksgerichts trat am 5. Januar 1962 zusammen, um den Fall Gündel zu verhandeln. „Einen Tag vorher konnte ich zum ersten Mal mit meinem Verteidiger sprechen und meine Klageschrift einsehen", sagt Gündel. Die Klage lautete auf

„Hetze und Staatsgefährdende Propaganda". Die Verhandlung war nichtöffentlich, denn Gündel hatte als Mitglied der „bewaffneten Organe" gehandelt, und die hatten offiziell als über jeden Zweifel erhaben mit der Staatsmacht konform zu gelten.

So konnte Militärstaatsanwalt Hanisch als Kläger nicht auf großes Publikum hoffen, als er mit seiner Klageschrift die übliche vernichtende Charakterstudie Gündels abgab, die darin gipfelte, dem 21jährigen zu unterstellen, er habe, indem er unter Alkoholeinfluß zwei Fahnen beschädigte, die Vorbereitung des Dritten Weltkriegs mit vorantreiben wollen.

Der Vorsitzende Richter Ziegler folgte nach dem Abschluß der Beweisaufnahme, während derer drei ehemalige Kameraden Gündels aus der NVA als Zeugen der Anklage aussagten, dem Antrag des Staatsanwalts und verhängte drei Jahre Zuchthaus als Strafe.

Kober wurde nach dem Urteil ins Frankfurter Polizeigefängnis in der Gartenstraße gebracht. „Die Zelle war total überbelegt", erinnert er sich. Die Männer lagen nicht nur dichtgedrängt auf der Pritsche, sondern auch auf dem Boden. „Wenn man zum Kübel wollte, mußte man aufpassen, keinem auf den Kopf zu treten."

Gündel empfand die Gartenstraße eher als eine Erholung: „Ich hatte dort nach Monaten zum ersten Mal wieder ein richtiges Bett." Es gab Toiletten statt der Kübel und Beschäftigung.

Wahrscheinlich gehörte er zu den ersten, die in einem neuen Zellenbau untergebracht wurden.

Im Zuchthaus Brandenburg hatten das Leben und die Würde eines Gefangenen nicht allzuviel Wert in den Augen der Wärter und der Leitung. So berichtet Friedrich Gronau von einem Vorfall an der Umfassungsmauer des Gefängnisses. Da war ein Schutzstreifen von drei Metern Breite eingerichtet worden, den Gefangene unter Androhung scharfer Schüsse nicht betreten durften. Just in diesem Schutzstreifen wurde aber das Material für das IFA-Werk 4 gelagert, in dem Gronau als Reparaturschlosser arbeiten mußte. Eine Transport-Brigade hatte das Material aus dem Schutzstreifen in die Halle zu schaffen. Einem Wärter kam es eines Tages ein, er müs-

130

se den Schießbefehl ausführen. Ohne Warnung schoß er vom Wachturm herab einen Häftling nieder, der zum Materialtransport gerade im Schutzstreifen war. „Das Becken des Mannes war zertrümmert von dem Schuß", erzählt Gronau.

Ein Transport nach Schwedt wurde zusammengestellt. Kober mußte dort arbeiten: Gleise verlegen unter der Aufsicht von Reichsbahn-Leuten. „Das waren vernünftige Menschen. Wenn ein Zug vorbeifuhr, warfen Fahrgäste Zigaretten aus den Fenstern. Wir durften die einsammeln. Eigentlich war es Häftlingen verboten, Zigaretten aufzuheben."

Daran erinnert sich Kober heute unter Tränen.

Dann wurde er zur Arbeit auf Armeegelände eingeteilt: Tonrohre für die Kanalisation verlegen. Auch die Wachen der Nationalen Volksarmee verhielten sich den „Politischen" gegenüber human. „Wir hatten Freiheiten", sagt Kober.

Aber kriminelle Mithäftlinge hätten als Spitzel für die Stasi gearbeitet, um sich Vorteile zu verschaffen. Politische und Kriminelle gemeinsam einzusperren war gängige Praxis. Die in der Regel gewaltbereiten, oft soziopathischen „harten" Kriminellen hielten die „Politischen" in Schach und sorgten für deren weitere Demütigung und Unterdrückung.

Einmal habe er aber unbeobachtet einen Spediteur aus Erkner sprechen können, dem er Grüße an seine Eltern ausrichtete.

Am 30. Dezember 1952 war Friedrich Gronau aus dem Potsdamer Stasigefängnis ins Zuchthaus Brandenburg verlegt worden. In den Zellen brannte am Tag und bei Nacht ständig das Licht. Die Wärter waren „ehemalige Jungvolkleute, gescheiterte Existenzen, zum Teil sehr brutale Kerle." Unter dem Mäntelchen, die Häftlinge zu gesellschaftlich konformen Bürgern umerziehen zu sollen, regierten sie mit Willkür, Knüppel – von den Häftlingen „demokratischer Richtungsweiser" genannt – und scharfen Hunden, die auf besonders renitente Häftlinge gehetzt wurden. Die politischen Gefangenen gaben ihnen, da die Klarnamen nicht bekannt waren, insgeheim Spitznamen wie „Icke", „30 Flaschen Bier" oder „LPG ,Rote Rübe'". Berüchtigt für ihr Regiment im Knast waren auch die Gefangenen, immer Kriminelle, die den Wärtern zur Hand gehen durften: „Die Kalfaktoren waren die Schlimmsten." Sie regelten knastintern den Warenverkehr und die Machtverhältnisse unter den Häftlingen.

Einmal bekam Padel mit, „wie einer durchdrehte". Der Mann wütete in seiner Zelle, zerschlug den Kübel und die Wasserkanne. „Der war doch fertig, aber die (Wärter) sind mit Hunden da rein." Am nächsten Morgen sei vor der Zelle die Blutspur noch zu sehen gewesen.

„Ich habe meinen Bruder während der Haft zuerst nicht gesehen", erzählt Padel. „Ein Wachtmeister, der beste, den wir in Brandenburg hatten, sagte mir eines Tages, daß mein Bruder auch da ist. Ich dachte, er sei in Torgau."

Padels Erregung darüber, mit dem Bruder in einem Haus gefangen zu sein, war dem Wachtmeister nicht entgangen. Eines Tages holte der Wächter Padel „zum Rasieren" aus der Zelle. In einem leeren Raum führte er die Brüder unbemerkt zusammen. Nachher gab der Wachtmeister Padel gegenüber zu: „Es war ihm eine seelische Augenweide, wie wir uns umarmten."

Regelmäßig wurden die politischen Häftlinge von Stasileuten auf ihre Gesinnung geprüft. „Seelenfilzung" nannten die Gefangenen das. Im Gefängniskino hatte Padel einmal den Wochenschaufilm einer NVA-Parade mit sowjetischen Raketen gesehen. „Na, was sagen Sie denn zu unserer Volksarmee?", wollte der Vernehmer nachher wissen. Padel erinnerte sich noch an die Friedens-Parolen von 1946: „Ein Bomber entspricht einem Krankenhaus, ein Panzer einem Zweifamilienhaus" und so weiter. Der alte Propagandaspruch entsprach aber Anfang der 60er Jahre nicht mehr der Linie. Der Vernehmer notierte: „Padel ist ein erklärter Feind der Nationalen Volksarmee."

Friedrich Gronau beharrte bei den „Seelenfilzungen" darauf, unschuldig zu sein. Es war eine Art Selbstverteidigung: Als Gefangener immer wieder die eigene moralische Position zu behaupten.

132

Gündel war in seiner Gleisbau-Rotte im Strafarbeitslager Schwedt gerade Brigadier geworden, als seine Eltern ihm ein Exemplar des Neuen Testaments schickten. „Mit anderen Gefangenen habe ich darin nach der Arbeit gelesen", erzählt Gündel. Wieder wurde Gündel als Christ zum Außenseiter. Die Leitung des Strafarbeitslagers erklärte Gündel wegen der Bibelstunden zum „Aufrührer". Strafe: schwerere Arbeit, ein weniger erträgliches Gefängnis. „Tagelang wurde ich durch die DDR verschickt", erzählt er. Cottbus, Leipzig, Bautzen, Weimar waren die Stationen einer mühseligen, erzwungenen Odyssee, bis er bei Zwickau im Steinkohlebergbau untergebracht wurde.

Eines Tages bekam Horst Kober Besuch. Es war Edelgard Thumanicht, die ihren späteren Mann dabei zum ersten Mal sah. Der Kontakt war nicht leicht zustandegekommen: Kober hatte an seinen Vater geschrieben, daß er in der Untersuchungshaft jemanden kennengelernt habe, zu dem er den Kontakt nicht verlieren wolle. Der Mann fuhr zu Thumanichts, die zunächst abweisend reagierten. Doch Edelgard Thumanicht, nach 11 Monaten Arbeit in der Baumwollspinnerei des Zuchthauses Hoheneck aus der Haft entlassen, erinnerte sich gern an den unbekannten Freund der ersten Haftwochen in Frankfurt. Sie fuhr hin, und die Freundschaft wuchs.

Gronau arbeitete zuerst in Block B in der Schlosserei. Dann wurde er in Block A Reparaturschlosser im von Gefängnismauern eingeschlossenen Werk 4 des IFA-Kombinats. In Block A war er mit 17 anderen Gefangenen in einer Zelle untergebracht, die für einen gebaut worden war.

Ein „schlimmes Problem" sei im Zuchthaus die Homosexualität gewesen, erzählt Gronau. Teils Liebe oder Ersatzbefriedigung, teils aber auch ein Instrument, andere gefügig zu machen. Kriminelle Gefangene hätten junge Mithäftlinge überfallen und vergewaltigt – das könne den Wachen nicht entgangen sein, da es oft beim Bad geschah.

Wie eine Demonstration für die Menschenverachtung, die Gronau dem System bei allem humanistischem Gerede anmerkte,

133

wirkte die von den Gefangenen beobachtete Szene, die Erich Honecker bei einem Besuch der Gedenkstätte für die Nazi-Hinrichtungsstätte im Zuchthaus gab: „Als ehemaliger Gefangener der Nazis war der Honecker gekommen. Da sah er das Blumenbeet, das Gefangene hatten im Hof anlegen dürfen. Persönlich hat er die Blumen rausgerissen", erzählt Gronau.

Krank im Knast

Der Frankfurter Bezirksstaatsanwalt Klühsendorf trug die Menschenverachtung, die bei der Stasi im Umgang mit Häftlingen weisungsgemäß üblich war, immer wieder in den Gerichtssaal.

Im Falle Renate F.s, die, von der Haft und der schweren Schwangerschaft gezeichnet, auf der Anklagebank saß, meinte Klühsendorf: „Auch auf den Zustand der Angeklagten wird und kann keine Rücksicht genommen werden." Das Gericht folgte diesem mit einer Ankündigung verbrämten Kommentar, den die Klageschrift als Maßstab setzte: Zweieinhalb Jahre war das Strafmaß. Renate F. wurde, wahrscheinlich weil andere Anstalten überfüllt waren, nach dem Prozeß in die U-Haftanstalt zurückgebracht.

Eines Tages im Dezember hatte die Schwangere plötzlich schwere Blutungen. „Ich klopfte, bat um einen Arzt", erzählt Renate F. „Das Blut kam stoßweise, aber zuerst durfte ich mich nicht einmal hinlegen. Es war ja Tag."

Vom Mittag bis zum Abend mußte Renate F. warten, bis sich ein Wärter fand, der ihre Lage für hinreichend bedrohlich hielt, Hilfe zu holen. Doch holte er keinen Arzt, sondern eine Sanitäterin der Schnellen Medizinischen Hilfe. Die verfügte endlich, daß die Gefangene unverzüglich ins Bezirkskrankenhaus gebracht werden müsse.

Erst jetzt konnte Renate F. eine „sehr nette" Krankenschwester dazu überreden, ihrer Mutter von dem Urteil zu berichten. Weder F.s Anwalt noch das Gericht hatten eine Benachrichtigung für nötig befunden.

Die Begegnung mit der Schwester machte Renate F. Mut: Da sie für die Zeit der Behandlung, einige Tage vor Weihnachten 1961, von der Haft „freigestellt" war, nahm sie sich die Freiheit, Heiligabend nach Hause zu gehen. „Keine 20 Minuten war ich da, da kam der Arzt und holte mich zurück. Er hatte wohl den Bewachungsauftrag."

Einen Tag nach Weihnachten 1961 wurde Renate F. ins Haftkrankenhaus nach Meusdorf bei Leipzig verlegt. Das Krankenhaus, unter Stasiopfern bekannt als eine „Knochenmühle", in der viele Häftlinge wegen der zum Teil schlechten hygienischen Bedingungen kränker wurden als zuvor, brachte Renate F. eine gewisse Erleichterung: Sie erhielt da zum ersten Mal Umstandswäsche.

Ihre problematische Schwangerschaft wurde nicht besonders behandelt, doch durfte sie in dem Haftkrankenhaus wenigstens auch tagsüber liegen.

Doch selbst die Kränksten durften nicht liegenbleiben, wenn morgens die Zellen zur Entgegennahme des Frühstücks aufgeschlossen wurden: Meldung mußte im Stehen gemacht werden, Gesicht zur Wand, Hände auf dem Rücken: „Zelle mit soundsovielen Häftlingen belegt. "

Martha Rex sollte „die Reni", die sie in der U-Haft kennengelernt hatte, in Meusdorf wiedertreffen.

Zur Jahreswende 1961/62 ging es ihr immer schlechter. „In der Nacht vom 2. auf den 3. Januar 1962 dachte ich, es geht zu Ende. Ich jammerte die ganze Nacht. Ich hatte Fieber und Schmerzen im Unterleib", erzählt Frau Rex. Schließlich reagierten die Wärter auf die Hilferufe und riefen einen Sanitäter. Am Morgen des 3. Januar stand die Diagnose fest: Blinddarmentzündung.

Frau Rex erinnert sich, wie ein Wachoffizier sagte: „Das hat uns noch gefehlt." Schnee lag, es war kalt und spiegelglatt auf den Straßen.

Dennoch brachte man die Kranke nicht etwa in ein Frankfurter Krankenhaus. Martha Rex wurde ins Häftlingskrankenhaus nach Meusdorf bei Leipzig gebracht und nach der qualvollen Fahrt gleich operiert.

Über das Haftkrankenhaus kursieren viele üble Geschichten. Psychopharmaka sollen da an Ahnungslosen ausprobiert worden sein, die Behandlung Kranker wurde erschwert durch unzureichende Mittel und Geräte.

Martha Rex meint: „Die wollten mich umbringen. "

Am neunten Tag sollten die Fäden ihrer Operationsnarbe gezogen werden. Doch schon am dritten Tag wuchsen die Schmerzen wieder, stieg das Fieber. „Ich konnte plötzlich meinen rechten Arm nicht mehr bewegen", berichtet Frau Rex. Der Arzt habe das bei der Visite als „normal" angesehen. Die Operationsnarbe über-

136

prüft habe er nicht. Er hätte wissen müssen, daß Frau Rex eine Sepsis hatte, daß die Wunde entzündet war. Doch selbst, als sich dies am neunten Tag bestätigte, Blut und Eiter beim Verbandwechsel aus der Wunde spritzten, wurde nur ein neuer Verband angelegt.

So ging das von Woche zu Woche, ohne Besserung. Obwohl Martha Rex immer schwächer wurde, mußte sie jeden Morgen aus dem Bett, um strammzustehen beim Appell: „Krankenzelle mit zwei Personen belegt."

Erst im April 1962, vier Monate nach der Operation, wurde Martha Rex noch einmal operiert: Man hatte bei der ersten Operation Nahtmaterial in der Wunde vergessen, die daher nicht hatte heilen können, wie sich herausstellte. Mittlerweile war die ganze Bauchdecke entzündet, und behandelt wurde mit einer Salbe, „die immer brannte wie Feuer".

Sie streicht mit den Händen über ihren Leib: „Das hat so weh getan, so weh..." Sie wendet sich mit einem Blick Richtung Deckenlampe an den Arzt, der plötzlich vor ihr zu stehen scheint: „Herr Doktor tun sie etwas, sage ich, tun sie was gegen meine Schmerzen. Mir geht es schlecht, so schlecht." Ihr Gesicht verhärtet sich, sie blickt mit einem Stirnrunzeln hinab auf die Platte ihres Wohnzimmertisches. Wie ein Arzt in das Bett eines störrischen Kranken. Sie blickt weg, indem sie zugleich den Kopf mit einer Geste der Arroganz hebt: „Der ging einfach weg. Der hat sich gar nicht für mich interessiert."

Eines Tages kamen Stasileute und warfen der fiebrigen Kranken einen Zettel auf das Bett. „Unterschreiben Sie", herrschte man sie an. Sie sollte sich damit einverstanden erklären, daß man ihr das Erziehungsrecht für ihre Kinder entziehen wollte.

„Der Bürgermeister von Alt Zeschdorf, ein Genosse, wollte meine jüngste Tochter adoptieren", erzählt Frau Rex unter Tränen. „Die anderen Kinder sollten in ein Stasi-Heim. ‚Nein', sagte ich, ‚das unterschreibe ich nicht, meine Kinder sind meine Kinder.'"

Nach ihrer Haftentlassung habe sie der Bürgermeister, Christian U., darauf angesprochen. „Ich sagte: ‚Bitter, daß ich meine Kinder nicht hatte.' Sagt er: ‚Da hamse ja was mitgemacht.' Und ich: ‚Gehnse doch selbst mal rein.'"

Im Mai 1962 konnte Martha Rex das Haftkrankenhaus entlassen. Sie wurde ins Frauenzuchthaus Hoheneck gebracht. Sie arbeitete dort im Versand einer zuchthauseigenen Bettwäschefabrik: Von früh bis abends Kisten packen, mit Bandeisen verschließen, zum Lkw schleppen. „Da habe ich für mein Leben genug Bettwäsche gesehen." Über spätere Geschenke ihrer Mutter mit dem ihr allzu bekannten Aufdruck „Planet Eppendorf" hätte sie sich nie mehr recht freuen können: Da wurden Erinnerungen wach. „Wir lebten bei der Arbeit fast nur von Marmeladenbroten und dünner Wassersuppe. In einer Zelle saßen zehn Frauen", erzählt Frau Rex. Einige davon waren Zeugen Jehovas. „Sonst hatten die nichts angestellt." Diese Frauen mochten aus Glaubensgründen keine Wurst essen, weil Wurst mit Blut gemacht wird. „Davon hatte ich noch nie etwas gehört", gibt Frau Rex zu. Wenn es Wurstbrot gab, rissen sich die anderen Frauen um die Brote der Jehova-Zeuginnen.

Die Wehen setzten bei Renate F. an einem Sonnabend, dem 3. März 1962, ein. „Es fing vormittags an. Es war bloß eine Hebamme da, kein Arzt. Ich lag auf einer Trage im Flur und hatte unerträgliche Schmerzen bei den Wehen. Wehen kamen dauernd, aber sonst tat sich nichts." Schließlich griff die Hebamme ein, öffnete die Fruchtblase, die offenbar nicht ganz gesprungen war, und Renate F.s zweite Tochter kam zur Welt. Sie war so geschwächt von den Wehen, daß sie sich nicht mehr regen konnte, ihr Blutdruck war im Keller.

Die Hebamme ließ sie schreien, so laut sie konnte. Das brachte ihren Kreislauf wieder in Gang. Später sagte die Hebamme zu Renate F.: „Es hat sich nur noch um Sekunden gehandelt, dann wären Sie tot gewesen."

Renate F. wurde auf die Entbindungsstation verlegt. Zum Stillen ihrer Tochter, die noch auf Jahre gesundheitliche Probleme infolge der Schwangerschaft und der Geburt haben sollte, ging sie alle paar Stunden durch das Krankenhaus zur Kinderstation.

Das Kind wurde vier Wochen später von Renate F.s Mutter abgeholt, in deren Obhut es kam.

138

Druck der Stasi, den Säugling zur Adoption freizugeben, gab es in diesem Fall nicht. Viele Frauen, die in Meusdorf entbunden haben, berichten von fertigen Freigabe-Formularen, die zur Unterschrift buchstäblich aufs Wochenbett gelegt wurden, wenn sie sich von der Geburt noch nicht ganz erholt hatten.

Präzise zehn Jahre Zuchthaus für Spionage, drei für Hetze war das Urteil, das der 1. Strafsenat des Bezirksgerichts Frankfurt (Oder) über Hans-Joachim Helwig-Wilson verhängte. Sein Anwalt, Wolfgang Vogel, erreichte, daß Helwig-Wilson gleich aus der Stasi-Untersuchungshaft in Frankfurt in das Haftkrankenhaus nach Meusdorf verlegt wurde. Der Journalist war psychisch und physisch nach der U-Haft völlig am Ende.

Körperlich klagte er über quälende Rückenschmerzen.

„Ein Oberleutnant der Volkspolizei war mein behandelnder Arzt. Der wußte nichts mit mir anzufangen. Ohne zuvor eine Diagnose zu erstellen, gab er mir eine Injektion in die Wirbelsäule."

Die Injektion warf Helwig-Wilson erst recht aufs Krankenlager.

Die Rückenschmerzen blieben, doch nach der Spritze konnte er nicht mehr gehen. „Möglicherweise war in der Spritze das falsche Medikament", vermutet er.

Die Krankenakte, die nur mit Mühe von der Gauck-Behörde gefunden werden konnte, da ein falsches Geburtsdatum eingetragen worden war, vermerkt als genaues Datum der ersten Injektion den Gründonnerstag 1962 – Folge: „Kreislaufkollaps".

Obwohl die Behandlung offenbar fehlerhaft gewesen war, sind drei weitere Injektionen notiert worden, jedesmal gefolgt von Komplikationen. Die Retourkutsche dafür, daß Helwig-Wilson Zweifel an der Behandlung äußerte, wurde von dem Arzt ebenfalls in die Krankenakte eingetragen: „Simulant" nannte er den Patienten da.

Im Mai 1963 wurde Helwig-Wilson ins Lazarett des Zuchthauses Waldheim verlegt. Mittlerweile hatte er einen Schatten auf der Lunge. „Die Behandlung wurde etwas menschlicher."

Es ist vermutlich dem Einsatz des Rechtsanwalts Vogel zu danken, daß Helwig-Wilson zwei Jahre später von der Stasi ins Haftkrankenhaus Berlin-Hohenschönhausen verlegt wurde, wo er behandelt wurde „wie ein Diplomat".

Als Helwig-Wilson beim Staatsrat beantragte, frühzeitig freigelassen zu werden, wurde ihm jedoch seine Gesinnung vorgehalten. „Da wurde ich rebellisch – schon um meine Würde zu bewahren. Schließlich sei ich nicht für meine Gesinnung verurteilt worden, sondern wegen strafbarer Handlungen, sagte ich."

Helwig-Wilsons Gesundheitszustand war so schlecht, daß er dachte, er würde die DDR nie lebend verlassen können. Um sicherzustellen, daß sein Körper als Beweis für die schlechte Behandlung würde dienen können, verfügte er testamentarisch, daß er nicht, wie bei Häftlingen in der DDR üblich, nach seinem Tode verbrannt werden, sondern im Zinksarg nach West-Berlin überführt werden sollte.

Doch es kam anders. Eines Tages wurde er zu Vogel nach Berlin-Friedrichsfelde gefahren, stieg dort in den Wagen eines West-Berliner Rechtsanwalts um, der ihn nach West-Berlin brachte. Wie Vogel das so plötzlich arrangiert hatte – Helwig-Wilson ist auf Vermutungen angewiesen: Freikauf? Häftlingstausch?

In West-Berlin kam der Journalist zunächst wieder ins Krankenhaus. „Nach 16 Wochen wurde ich als Pflegefall entlassen." Der Rückhalt bei den West-Behörden war denkbar gering. Der Verfassungsschutz hielt sich heraus, weil er selbst in die Affäre verwickelt war – peinlich, daß es einen Doppelagenten gegeben hatte.

Man verdonnerte Helwig-Wilson unter Androhung von Sanktionen zum Schweigen. So blieb ihm nur, das Deutsche Rote Kreuz für dessen Suchdienst über andere Häftlinge zu informieren, damit deren Angehörige Nachricht erhalten konnten.

140

Selbstbehauptung

Renate F. hatte auch nach der Geburt weiter Schmerzen. Sie dachte, es wäre der Magen, und bat um Behandlung. „Sie können was vorn Magen kriegen, aber nicht für den Magen", war die erste Antwort, die sie auf die Bitte bekam. Es war, wie sich herausstellte, die Galle, die schließlich auch behandelt wurde.

Dann wurde sie nach Halle verlegt.

Bis dahin war sie eine „Politische" gewesen, die sich von Kriminellen absetzen konnte: In der Stasi-U-Haft hatte es nur „Politische" gegeben, in Meusdorf hatte Renate F. ihre ehemalige Zellengenossin aus der U-Haft, Martha Rex, wiedergetroffen, so daß sie gegenseitig ihre Geschichten bestätigen konnten: Nun war sie allein, hatte kein Urteil und keinerlei Beweise in der Hand, „so daß da immer der Verdacht war, daß Du eine Kriminelle bist", sagt Frau F.

Dennoch wurde bald klar, daß sie dem Regiment der Wachen, das seitens der Häftlinge von ausgewählten Gefangenen unterstützt wurde, besonderen Widerstand entgegensetzte.

Sie verschaffte sich Freiheit. Etwa indem sie auf ihrem Bett saß und sang. Als der Anstaltsleiter das herausbekam, hieß es, Renate F. sei „nicht richtig ausgearbeitet", und sie wurde zusätzlich zu ihrer Arbeit – Anker für Elektromotore wickeln – zum Kohleschippen in den Heizkeller geschickt. Schließlich war Arbeit „gesellschaftlich wertvoll" und die wichtigste „Erziehungsmaßnahme" in den DDR-Knästen, zusätzliche Arbeit während der Freizeit mithin die logische Strafe für schwer Erziehbare. „Ich machte das ohne Mucks", sagt Renate F.

Das wiederum ärgerte die Anstaltsleitung: Die junge Frau wurde zu einer verstopften Toilette geführt und aufgefordert, mit bloßen Händen „den Dreck da rauszuholen".

Dies verweigerte sie.

Ihre Strafe: zehn Tage Arrest. Man sperrte sie in Handschellen allein in eine Kellerzelle. Das Mobiliar bestand aus einem Kübel für die Notdurft und einer Pritsche, die tagsüber hochgeklappt und an der Wand befestigt wurde. Sitzen oder Liegen – auch auf dem Boden – war tagsüber verboten, auch an die Wand lehnen durfte sie sich nicht. Wasser zum Waschen gab es nicht. Nachts wurde die Pritsche heruntergeklappt, aber es gab keine Bettwäsche, und das Licht wurde nicht abgeschaltet. Der Speisezettel bestand aus Wasser und ein wenig trockenem Brot, nur alle drei Tage gab es etwas Warmes zu Essen. „Sie ham mir trotzdem nich kleingekriegt", sagt Renate F. Plötzlich im märkischen Dialekt, noch heute trotzig.

Ihr Gesicht ist dabei unbewegt, und sie wischt sich die Tränen, die ihre Wangen hinabrinnen, nicht ab, als ob sie nicht da wären.

Trotz der Schikanen der Wachen und der Anstaltsleitung beklagt sich Renate F. noch heute nicht über die Arbeit im Gefängnis in Halle. Der Meister in der Werkstatt, in der sie arbeitete, ein Zivilist, der als einziger der Arbeiter kein Häftling war, „war ein lieber, guter Kerl". Manchmal brachte er „von draußen Zuckerschnecken mit oder Zigaretten".

Eines Tages wurde Renate F. in ein Büro im Verwaltungstrakt des Gefängnisses gerufen. Zwei Männer in Zivil erwarteten sie schon: Stasi.

Ob es ihr gefalle, wo sie arbeite, fragten die Männer.

Ob sie vielleicht lieber woanders hinwolle, wo sie es besser fände?

Als Renate F. zögerte, rückten die Männer damit heraus, was sie wollten: „Wissen Sie vielleicht, was Ihre Kameradinnen so erzählen?" Renate F. antwortete: „Der Verrat wird geliebt, der Verräter nicht." Damit war dies für sie erledigt. „Wegen meiner Weigerung habe ich meine Strafe bis zum letzten Tag abgesessen." Ein Antrag auf vorzeitige Entlassung aus der Haft wurde abgelehnt mit dem Argument, sie habe sich nicht zum anständigen DDR-Bürger umerziehen lassen und „nichts gelernt".

Fritz Peukert ließ sich von den Zuständen im Cottbuser Knast nicht dazu bewegen, der Umerziehung nachzugeben. Zu jeder sich bietenden Gelegenheit wiederholte er die Worte, die ihn hinter Gitter gebracht hatten. Grund genug für das Gericht, ihn für zwei Monate ins Bezirkskrankenhaus für Psychiatrie in Eberswalde einzuweisen.

142

Um nicht den geringsten Zweifel daran zu lassen, was von hartnäckiger Kritik an der DDR und ihrem Sozialismus zu halten sei, bestellte das Gericht ein psychologisches Gutachten. Darin hieß es, er sei ein Psychopath, ein „konstitutionell depressiver, asthenischer (d. h. schwächlicher – d. Autor), nicht recht belastbarer (…), charakterlich abartiger Mensch".

Das innige Verhältnis zu seiner Mutter gibt Joachim Mangelow noch immer Anlaß zum Schwärmen. Wenn es jemanden gegeben habe, der immer zu ihm stand, so sei das sein „Muttchen" gewesen, sagt er immer wieder. Für die Oberen nicht erkennbar, steckte die Mutter auch hinter dem oft erratischen und schwer nachvollziehbar wechselvollen Verhalten des Häftlings Mangelow in Cottbus und Bautzen. Mal war er auffällig angepaßt, ja „unterwürfig", wie schriftlich niedergelegte Bewertungen seines Verhaltens belegen, mal arbeitsunwillig, „aufsässig" oder „aufwieglerisch".

Anlässe zu einer solchen Beurteilung gab er genug. Mit anderen „Politischen" im Gefängnis locker zusammengeschlossen, war er Mitglied einer Art Block der Renitenz nach dem Motto: Nur dann mitarbeiten, wenn es wirklich nicht anders geht. Als er noch in einer Werkstatt für Elektromotore arbeitete, war er aufgefallen, weil er die Drähte auf den Anker falsch wickelte: sanfte Sabotage.

Doch setzte sich seine Mutter jahrelang in immer neuen – und immer wieder abgelehnten – Eingaben für seine Begnadigung ein, für den Erlaß eines Teils der gegen ihn verhängten Haftstrafe von 13 Jahren. Wenn gerade eine Eingabe lief, verhielt sich der Häftling defensiv. Die Anstaltsleitung nahm dies wohl wahr, doch fiel niemandem auf, wie er an die Informationen über die Eingaben seiner Mutter kam, und wie diese ohne äußere Kontrollmöglichkeiten von ihm winzig klein zusammengedrehte und -gefaltete Schnipsel mit Nachrichten aus dem Knast erhielt: „Wir tauschten bei Besuchsterminen Kassiber beim Küssen aus."

Mehrere Entlassungswellen gingen an Mangelow vorüber. Doch erwirkten die Gnadengesuche seiner Mutter schließlich eine Strafminderung im Umfang von fünf Jahren auf acht.

143

Dahin war es ein langer Weg gewesen. Als die Strafe verringert war und weitere Gesuche auf Freilassung fehlschlugen, legte er wieder Aggressionen nach.

Aggressionspotential gab es auch über die Behandlung im Knast hinaus genug. So wurde auf Antrag seiner wieder verheirateten Ex-Frau der Nachname seiner Tochter geändert und die Adoption betrieben – machtlos mußte er sich als Häftling dem ersten fügen und nach seiner Entlassung der Adoption unter dem Druck eines „Stasi-Betreuers", wie er sagt, nachgeben.

Noch kurz vor seiner Entlassung wurde Mangelow erneut Opfer der üblen Haftumstände. „Man hatte mir alte Arbeitshandschuhe gegeben, Asbesthandschuhe mit Lederflicken." Er hatte große Bleche zwischen zwei Walzen einer Maschine zu schieben. Damit sie nicht schief in die Maschine liefen, mußte er die scharfen Ränder der Bleche ständig mit den Händen unterstützen. Das hatte die Handschuhe in den Handflächen aufgerissen. Doch statt Ersatz zu beschaffen, waren lediglich die Flicken aufgesetzt worden. An einem dieser Flicken blieb nun ein Handschuh am Blech hängen. Ehe Mangelow die Hand zurückziehen konnte, war es passiert: Drei Finger abgequetscht.

„Zuerst habe ich gar nichts gemerkt", wundert er sich noch heute. Der Brigadier stellte eilens die Maschine ab, erst dann fiel der Häftling in Ohnmacht.

Das war Ende 1960. Mangelow hatte noch ein paar Wochen abzusitzen.

Am 3. Januar 1961 wurde seine Freilassung verfügt. Das war sowieso der Termin, unter Anrechnung der U-Haft. Dennoch hieß es: „Zur Weiterbehandlung", denn die Hand hatte sich entzündet und mußte operiert werden.

Noch stand die Grenze offen. Massenweise flohen Unzufriedene aus der DDR, bis am 13. August die Mauer errichtet wurde. Joachim Mangelow blieb. „Meine Mutter wollte bleiben, da blieb ich auch. Gar keine Frage. Sie hatte so viel für mich getan, sie war immer für mich da. Ist doch klar, daß ich so eine Mutter nicht verrate."

144

Martha Rex wurde schließlich der „Schälküche" im Gefängnis Berlin-Lichtenberg zugeteilt. „Von 6 bis 11 Uhr waren täglich neun Fässer Kartoffeln zu schälen." Pro Faß arbeiteten drei Frauen. Wenn die Schalen zu dick abgeschnitten wurden, gab es „Anraunzer".

An Entlassung zu denken, hatte Frau Rex nicht die Muße. Sie hatte schließlich sieben Jahre. Nach dreieinviertel Jahren riß sie eine Frage aus der monotonen Arbeit: „Wo hamse denn ihre Sachen?" Sie glaubte an eine neue Verlegung.

„Meine Sachen waren alle in Frankfurt geblieben", erinnert sie sich. „Ich bin ja von da im Krankenwagen nach Meusdorf gefahren worden, ohne etwas mitzunehmen." Das sagte sie auch den Wärtern. „Wir finden die Sachen nicht", war deren Antwort. „Kommense erstmal mit." „Ich dachte: Was wollen die von mir? Immer was Neues", erzählt Frau Rex. Sie spielt dabei ihre Angst von damals, erhebt die Stimme in eine kindliche Tonlage, zieht den Kopf zwischen die Schultern, duckt sich wie unter der Drohung, man wolle sie heftig ohrfeigen.

In einem Zivil-Wartburg brachten drei Männer sie zur Frankfurter Untersuchungshaftanstalt der Stasi. Allmählich dämmerte Frau Rex, wofür man die Sachen vielleicht brauchte: Entlassung. „Ich habe mir aber keine Hoffnungen gemacht. Ich nahm mir vor, mich nicht zu freuen, und am Ende wird es doch nichts. Ich hatte sieben Jahre - basta." Nach einiger Zeit des Wartens setzten sich die Männer wieder zu Frau Rex ins Auto: „Hier stimmt was nicht", sagte einer. Frau Rex wurde plötzlich unheimlich zumute, sie weinte, bat, an ihren Arbeitsplatz in der Gefängnisküche in Berlin-Lichtenberg zurückgebracht zu werden. Man fuhr mit ihr zurück nach Berlin. Da hieß es plötzlich: „Heulense nicht, sie werden entlassen" - das war die Gewißheit. Beim Ausfüllen der Entlassungspapiere - „Ich blickte da nicht durch" - half eine „Stasifrau", wie sich Frau Rex erinnert. Und auch die Sachen fanden sich an. Sie paßten aber nicht mehr: „Mein Körper war durch die Nahrung im Gefängnis ganz aufgebläht." Nach einer Nacht auf einer Chaiselongue in einem Wachzimmer, versorgt mit einem üppigen Abendessen - auch das „zivil" - stand Frau Rex am nächsten Morgen mit dem Margarinekarton mit ihren alten Sachen auf der Straße.

145

Mittags fuhr sie mit dem Zug los. Abends um 22 Uhr war sie endlich in Frankfurt (Oder). Sie schämte sich vor dem Taxifahrer, der sie nach Alt Zeschdorf brachte, weil er sie an dem Margarinekarton als Ex-Häftling erkannte.

Erich Rex kam eine Woche nach seiner Frau aus dem Zuchthaus Brandenburg frei, wo er Tarnanzüge für die NVA produziert hatte. Ihre Brüder waren zwei Jahre früher, 1962, entlassen worden, nach eineinhalb Jahren Haft. Sie hatten in Rüdersdorf und Schwedt Schwerstarbeit leisten müssen.

146

Sippenbestrafung

In der Zeit der sowjetischen Tribunale und Internierungslager mußten Frau und Kinder eines vom NKDW verhafteten Mannes sich darauf einrichten, ohne jeden Schutz durch übergeordnete Behörden dem Hohn und den Schikanen fanatischer Kommunisten – oder solcher, die sich für Kommunisten ausgaben – sowie Plünderungen ihres Eigentums ausgesetzt zu sein. Besonders aus ländlichen Gegenden, wo Verhaftungen gleich im ganzen Dorf bekannt wurden und nicht selten auf Denunziation zurückgingen und unbeliebte Nachbarn trafen, sind auch Fälle von Vertreibung von Haus und Hof bekannt.

Die Eltern eines vom NKDW abgeholten Jugendlichen blieben in der Regel unbehelligt.[50]

Das Strafrecht der DDR sah analog die Möglichkeit vor, per Gerichtsurteil das Vermögen eines Verhafteten einzuziehen. Neben dem Gewinn, der das Volkseigentum mehrte – und der, wie der Fall Erna und Heinrich Wolframs zeigt, mitunter sogar der eigentliche, „inoffizielle" Beweggrund war, ein Strafverfahren anzustrengen –, stand auch hier der erzieherische Gedanke im Vordergrund. Das Elend einer Familie, die in ihrer Mitte einen Feind des Volkes genährt hatte, war eine für jeden augenfällige Warnung.

Erika B., die Tochter des Bauern Georg R., der mit einem Freund zusammen wegen Verstoßes gegen das Handelsgesetz verurteilt worden war, war damals noch ein Kind, doch die Erinnerung ist frisch: „Am 8. Mai 1951 wurde der Vermögenseinzug vollstreckt. Fünf Männer aus dem Ort kamen als Kommission." Mit dem, was sie auf dem Leibe hatten, fünf Pfund Erbsen und einer Ziege mußte die Familie umziehen in einen feuchten Keller, den die Gemeinde ihr zugewiesen hatte – es war eine Art Sippenbestrafung.

„Die Fenster waren ohne Scheiben, nur vergittert. Frauen aus dem Dorf gaben uns Säcke, um sie in die Fenster zu hängen. Es

---

[50] Siehe Finn, in: Materialien der Enquete-Kommission, Bd. IV, S. 389 f.

war so feucht da, daß unsere Schuhe schimmelten, und mein kleiner Bruder hatte es an der Lunge."

Erika wurde mit ihrem Bruder von der Großmutter erzogen, während ihre Mutter, Anna R., nach dem Verlust des Hofs verzweifelt nach Arbeit suchte. Doch weder die Genossenschaftsbauern noch die Freien wollten ihr eine Stelle geben.

Als Tagelöhnerin schlug sie sich durch.

Als der Rat des Kreises ihr einen Sozialzuschlag von 45 Mark im Monat zubilligte, trat die Sozialkommission des Rates der Gemeinde Niederjesar dem entgegen: Frau R. habe genug, nämlich „mindestens 80 Mark und Essen", lautete die Begründung – Erika B.: „Sie hat beim Bauern Stullen bekommen." Der Zuschlag wurde gestrichen.

Frau R. fand schließlich Arbeit auf der Großbaustelle von Stalinstadt.

Anna R. ging trotz aller Schwierigkeiten nach dem Tod ihres Mannes nicht nach Westen. Ihre Schwiegermutter hing zu sehr an Niederjesar, wollte nicht den Ort verlassen, an dem sie ihre Kräfte gelassen hatte, wie sie sagte.

Anna R. versuchte 1955 mittels Eingaben ans Zentralkomitee der SED und an den Frankfurter Bezirksstaatsanwalt Klühsendorf, den Hof per Gnadenakt zurückzuerbitten. Doch Klühsendorf berief sich auf den Tod des Familienvaters, als er das Gnadengesuch mit der Begründung ablehnte, es könne „keine Entscheidung zugunsten Dritter getroffen werden". Für den an den Folgen der Haftbedingungen gestorbenen Häftling R. war Gnade nicht mehr möglich, so blieb auch seiner Familie ihr Eigentum versagt.

Friedrich Gronau kehrte am 12. Dezember 1964 völlig unerwartet nach Hause zurück. Man sagte ihm, er solle morgens nicht zur Arbeit antreten, und schon stand er vor dem Zuchthaus Brandenburg auf der Straße.

Seine Frau war schon einige Tage zuvor gefragt worden, ob sie ihn wiederaufnehmen wolle. Alle drei Monate hatte sie ihn besuchen dürfen. In der langen Zwischenzeit hatte die Stasi im Gefängnis immer wieder versucht, Gronau zur Scheidung aufzufordern.

148

Die Nachbarn sprachen wenig mit Gronau. Sie schimpften ihn „Nazi" – irgendeinen Grund müsse seine Haft doch gehabt haben. Während der zwölf Jahre Haft war seiner Familie in Golzow übel mitgespielt worden.

Seine Frau und sein zur Zeit der Verhaftung vierjähriger Sohn lebten in äußerst dürftigen Verhältnissen. Arbeit fand Frau Gronau nur in einer privaten Gärtnerei, weil die sozialistische LPG die Frau eines politischen Häftlings nicht beschäftigen wollte. Eine andere Möglichkeit, als in der Landwirtschaft zu arbeiten, gab es nicht.

Die schlechte Bezahlung wurde aufgebessert durch Überweisungen aus dem Zuchthaus, wo Gronau für seine Arbeit einen geringen Lohn erhielt – 250 Mark im Jahr. Davon mußte die Frau ihren Sohn durchbringen und ihre kranke Mutter pflegen.

„Alle anderen haben einen Vater, warum habe ich keinen?" fragte der Junge immer wieder.

Als Gronau das unter Tränen erzählt, sitzt seine Frau abseits, aber in Hörweite. Schweigend.

Vier ihrer Kinder hatten, während sie inhaftiert war, bei ihren Großeltern in Alt Zeschdorf gelebt. Martha Rex: „Die Zweitjüngste klammerte sich an ihre Oma. Die kannte mich gar nicht." Da sie die Freigabe zur Adoption verweigert hatte, war die Jüngste zwar nicht vom Bürgermeister des Ortes aufgenommen worden, der sich das Kind gewünscht hatte. Doch war sie in ein Stasi-Kinderheim gebracht worden. Für die Betreuung der Kinder hatte der Staat die Großeltern mit 50 Mark im Monat unterstützt.

Fritz Peukert war mehrfach gebrandmarkt, und mit ihm seine ganze Familie.

Die Pressekampagne vor dem Prozeß hatte die Peukerts isoliert, niemand wollte etwas mit ihnen zu tun haben. „Die Kinder mochten nicht mehr in die Schule gehen. Sie waren keine Pioniere und nicht in der FDJ, wurden geschnitten und zu keiner Aktivität mitgenommen", erzählt Angela Peukert.

Während ihr Mann im Gefängnis war, gab ihr niemand auch nur einen Pfennig Unterstützung, obwohl sie wegen einer Herzschwä-

149

che nicht arbeiten konnte. Als sie bei der Fürstenberger Stadtverwaltung vorsprach, erinnerte man sich dort, daß versäumt worden war, das bißchen Vermögen Fritz Peukerts einzuziehen. Stütze zu zahlen wurde abgelehnt. „Man bot mir nur einen Kredit auf unser Haus an."

Draußen, aber nicht entlassen

Das Grundstück am Ende des Feldwegs ist umfriedet wie eine Festung. Das einfache Siedlerhaus, grauverputzt, ragt kaum über die mächtige Barrikade aus grauen Wellblechwänden und grob zusammengezimmerten Brettern heraus, die jeden Blick verstellt. Wer sich dem großen Tor nähert, hört auf der anderen Seite ein zunächst unerklärliches Scharren und Schnaufen. Drückt man den Klingelknopf, schlagen die Geräusche um in das wütende Gebell aus zahlreichen Hundekehlen. Dobermann- und Schäferhundschnauzen drängen aufgeregt in den schmalen Raum, den das Tor über der unebenen Fahrbahn läßt. Sonst regt sich nichts.

Der hier so zurückgezogen am Stadtrand von Frankfurt lebt, hat als IM „Erhard" jahrelang eng mit der Staatssicherheit zusammengearbeitet. Er war zu DDR-Zeiten ein guter Nachbar gewesen, erzählt man von ihm, hatte ausgeholfen, wo zu helfen war. In vieler Hinsicht war er sogar ein wertvoller Mensch. Beim Bier konnte man mit ihm über allerhand Ware verhandeln, die normalerweise nur schwer zu bekommen war. Ersatzteile für Landmaschinen oder Pkw zum Beispiel. Und wenn da nichts zu machen war, wußte der Mann Kniffe und Tricks, aus einer kranken Rennpappe wieder einen kerngesunden Trabi zu zaubern. So plauderte man viel und gern beim Bier mit dem Mann, erzählte ihm dies und das und dachte sich wenig bis gar nichts dabei.

Bis auf dies vielleicht: „Komisch war der schon immer."

Gerhard Glase hatte IM „Erhard" jahrelang zu seinem Freundeskreis gezählt: „Der gehörte zur Familie." Man lud den entfernten Nachbarn zu Festen der Familie ein, pflegte den Kontakt auch, wenn die Technik in Haus und Hof problemlos funktionierte. Und wenn auf Glases Hof in Booßen einmal wieder Haussuchung war, ahnte niemand, daß man viele dieser Aktionen in der Regel dem guten Mann mit dem flinken Schraubendreher zu verdanken hatte.

Als gebranntes Kind hatte Glase keinen Zweifel daran, daß die Aktionen der Stasi auf seiner Vergangenheit beruhten. Die Haft wegen „Hetze" hatte bei ihm den erwünschten Erziehungseffekt verfehlt. Schon weil der Staat sich an seine eigenen Regeln nicht hatte halten wollen: Glase wahrte alle Fristen, entsprach allen ju-

151

ristischen Anforderungen, und doch nahm das Gericht die Berufungsschrift gegen seine Verurteilung nicht einmal entgegen. Ein Kuriosum selbst nach DDR-Maßstäben, denn es wäre ja ein Leichtes gewesen, die Berufung in zweiter Instanz abzulehnen. So bezeichnete er sich in der Haft selbst stets als „U-Gefangener", da sein Urteil formal nie rechtskräftig geworden war.

Auch nach der Haftentlassung im Sommer 1962 ließ man Glase nicht frei. „Ich konnte hinkommen, wo ich wollte: Ich wurde schikaniert."

Er wohnte damals in Gorgast im Oderbruch und sah sich ständig der offenen Feindschaft des örtlichen Volkspolizisten ausgeliefert. Unter falschen Anschuldigungen und allerhand Vorwänden kam der Polizist immer wieder auf den Nebenerwerbs-Hof Glases, um Haus oder Auto zu durchsuchen.

„Einmal zum Beispiel hat der Mann angeblich nach einer Unfallflucht den Unfallwagen gesucht". Eine Außenansicht des Autos hätte Glase ohne weiteres verstanden. Doch mit einem Blick auf die Karosserie, ob das Auto vielleicht verräterische Beulen habe, war es nicht getan. Innen- und Kofferraum wurden peinlichst durchsucht – ohne Ergebnis.

Hans Lang hatte er von der DDR die Nase voll, als er aus dem Gefängnis kam.

Drei Jahre Zwangsarbeit lagen hinter ihm: Tiefbau- und Schachtarbeiten beim Bau eines Gleisanschlusses für eine sowjetische Militäranlage bei Schwedt, Kalk-Tagebau in Rüdersdorf und Schlosserei in Berlin-Rummelsburg. „Ich habe niemals Reue gezeigt. Ich sagte immer wieder, mein Urteil sei ungerecht, ich hätte nur frei meine Meinung gesagt, und darin sähe ich kein Unrecht." Von einer vorzeitigen Entlassung konnte aus Sicht des Staates daher keine Rede sein. Lang kam gerade zwei Tage früher frei, als das Urteil hätte erwarten lassen.

Er fuhr mit seiner Frau nach Berlin und beantragte die Ausreise. Im Staatsratsgebäude begründete er diesen Wunsch vor einem Vertreter der Abteilung Inneres der Stasi mit seiner prinzipiellen Gegnerschaft zum Regime. Die Antwort: „Das ist doch jetzt alles

152

gut. Sie haben ihre Zeit abgesessen, damit sind sie wieder ein gleichwertiger Bürger der DDR."

Das entsprach der Rechtslage und war offiziell völlig korrekt. Das „Wörterbuch der politisch-operativen Arbeit" der Staatssicherheit läßt indessen den Blick hinter die Kulissen zu:

„Haftentlassene (...) sind gemäß den Befehlen und Weisungen des Ministers für Staatssicherheit durch das MfS unter operative Kontrolle zu stellen bzw. bei Vorliegen der entsprechenden Voraussetzungen unter (...) Operative Personenkontrolle zu stellen, um einer weiteren Begehung von Straftaten vorzubeugen.

Dies erfordert ein Zusammenwirken mit den zuständigen Dienststellen der Deutschen Volkspolizei, da diese ebenfalls entsprechend den Dienstvorschriften des Ministers des Innern Kontrollen gegenüber Haftentlassenen ausüben. Haftentlassene DDR-Bürger sind in diesem Zusammenhang bei der Wiedereingliederung in das gesellschaftliche Leben (Eingliederung in ein entsprechend geeignetes Arbeitskollektiv, Sicherung einer weiteren erzieherisch positiven Einflußnahme auf den H.) durch die Abt. Innere Angelegenheiten, Betriebe und gesellschaftliche Kräfte im Zusammenwirken mit der operativen Diensteinheit des MfS zu unterstützen." [51]

Die Stasi sah keinen Unterschied darin, ob jemand schon aus der Untersuchungshaft entlassen worden, also ohne Urteil – mithin unschuldig – wieder freigekommen war, ob er unter Bewährungsauflagen Straferlaß gewährt bekommen oder seine Strafe abgesessen hatte. Alle blieben verdächtig. Immerhin sollte die Form gewahrt werden, denn diese Sicht der Dinge war „inoffiziell". Daher heißt es in dem Wörterbuch weiter:

„Der Begriff H. entspricht nicht den Rechtsvorschriften des Ministeriums des Innern der DDR, nach denen zwischen aus den Strafvollzugseinrichtungen und den aus Untersuchungshaftanstalten entlassenen Bürgern unterschieden wird."

Auch ein Gnadenakt löschte nicht unbedingt das Interesse der Stasi an früheren politischen Gefangenen; manche Sanktion ergab sich schon aus den allgemeinen Gepflogenheiten der Personalverwal-

---

[51] Wörterbuch, S. 161.

tungen in der DDR, den Kaderabteilungen, die dem Geheimdienst immer wieder bereitwillig zur Hand gingen.

Im Februar 1959 kam Fritz Peukert frühzeitig frei – das Bezirksgericht hatte seiner Berufung nach langen Monaten stattgegeben und die Strafe gegen Auflagen herabgesetzt.

Von der Haft geschwächt – „Ich hatte immer Hunger" –, mitgenommen auch vom Tod seiner Eltern, von dem er im Gefängnis nicht einmal gleich erfahren hatte, war Peukert zunächst lange krank. Als er wieder arbeiten konnte, fand er keine Stelle. Er galt als untragbar. Für die Verbreitung der Nachricht sorgte unvermeidlich seine Kaderakte – mehr als nur eine Personalakte, enthielt sie wie bei jedem DDR-Bürger über die persönlichen Daten und die Zeugnisse hinaus auch Einschätzungen und Bewertungen seines Charakters, seiner Einstellung und seines gesellschaftlichen Engagements. Die Akte begleitete jeden, der arbeitete, wie ein Schatten. Geführt wurde sie von den „Kaderleitern" der Betriebe, die überdurchschnittlich häufig dem MfS verpflichtet waren und die Akte entsprechend anlegten. Bei Bewerbungen diente das Dokument als Informationsgrundlage für Rückfragen der Kaderleiter untereinander. Sie wurde bei Arbeitsplatzwechseln von Betrieb zu Betrieb weitergereicht, ohne daß der Betroffene sie jemals hätte einsehen können. Die Kaderakte war ein wesentliches Instrument zur Kontrolle und Disziplinierung jedes Werktätigen. Sie vergaß nichts.

Peukert fand nach langer Suche einen Job, der ihn an den Knast erinnerte: Wöchentlich sieben Tage Knochenarbeit für 350 Mark im Monat. Irgendwann konnte er das einfach nicht mehr. Ein Freund brachte ihn bei der Großhandelsgesellschaft Gemüsehandel unter. „Da bin ich nach einem Dreivierteljahr gegangen, als es auch da wieder Ärger gab."

Am Ende aller Karrieremöglichkeiten, die die DDR bot; nicht bereit, alles zu tun, um in Lohn und Brot zu bleiben – nicht bereit auch, nur um des Friedens willen den Mund zu halten –, zog sich Fritz Peukert in die innere Emigration zurück.

Ein Aussteiger in der DDR: Halb aus der Gesellschaft gedrängt, halb dem eigenen Drang nach Unabhängigkeit folgend.

Die Vokabel „Aussteiger" weckt falsche, allzu idyllische Assoziationen. Der leitende Angestellte, der alles aufgibt und sich mit

154

dem Ersparten in ein Basthaus am Südseestrand zurückzieht, ist das üblicherweise mit dem Wort verbundene Klischee. Fritz Peukert gab mit dem geregelten Leben nicht die Arbeit auf, dafür aber die soziale Sicherheit. Er entließ sich selbst aus „diesem Staat", wie er die DDR distanziert benennt, indem er sich dem üblichen entzog. Die DDR entließ ihn seinerseits, indem sie ihn und seine Familie, was Zuwendungen zum Lebensunterhalt betraf, ignorierte.

Auf dem kleinen Anwesen an der Oder, das sie nach dem Krieg in Fürstenberg erworben hatten, pflanzten die Peukerts Gemüse, hielten sie Vieh, Gänse, Hühner. Um an Geld zu kommen, verdingte Peukert sich als Tagelöhner, machte Heu auf umliegenden Weiden. Er besorgte sich einen Angelschein und saß tagelang auf der Buhne, um Oderfische auf den Familientisch zu bringen. Seine Frau, Angela Peukert, ging, wenn die Not am größten war, auf die Müllkippe und suchte da nach Eßbarem.

Haussuchungen fanden bei Glases in jedem Jahr statt. „Alles wurde umgekrempelt, vom Keller bis zum Spitzboden." Daran änderte sich auch nach 1968 nichts, als die Familie nach Booßen bei Frankfurt (Oder) umgezogen war.

Das Aufgebot war in der Regel massiv. Vopos, wahrscheinlich auch Stasi, und Vertreter der Staatsanwaltschaft widmeten sich jeweils einen ganzen Tag lang dem Glase-Anwesen. Gefunden wurde nie etwas, jedenfalls nichts Inkriminierendes.

Das Regime hatte dafür gesorgt, daß der Haftentlassene Hans Lang sein bürgerliches Geschäft nicht mehr auffand und – wenigstens äußerlich – besser dem Arbeiter- und Bauernstaat entsprach. Seiner Frau war „mangels Sachverstand" untersagt worden, den Getränkehandel allein zu betreiben. Ihn nun wiederaufzunehmen, war unmöglich.

Eine Stellung als Bierfahrer einer Brauerei, die man ihm zuwies, lehnte Lang ab. Er hatte schon von einem Freund die Mitarbeit auf dessen Tankstelle zugesagt bekommen.

„Da kam ich hin, und der druckst herum, will nicht so recht raus mit der Sprache. Da sage ich ihm: Die Stasi war da. Er nickt.

Du sollst mich nicht einstellen, sage ich. Er entschuldigt sich. Die hatten den unter Druck gesetzt. Ich nehme ihm nicht übel, daß er nachgegeben hat."

Die Emigranten im eigenen Land wurden behandelt wie Feinde. Peukert: „Unsere Stasi-Akte ist ein 20 Zentimeter hohes Bündel."

Die Erkenntnis, daß selbst Nachbarn und Freunde zu den Spitzeln zählten, blieb der Familie erspart – doch auch ohne Nachbarschaftshilfe für die Stasi fanden sich genug IM, die mühsame, autarke Wirtschaft der Peukerts auszuforschen.

Nach nahezu jeder verweigerten Wahl „war es wieder Zeit, daß die schwarzen Mäntel kamen", sagt Angela Peukert.

Auch öffentlich wurde die Familie angegriffen. So einmal auf einer Mai-Demonstration, als aus dem Zug, der unter roten Fahnen durch die Straßen zog, gerufen wurde: „Diese Peukerts sollten wir hier rauswerfen."

Bei Glases Stasiakten befinden sich auch Belege für „Konspirative Wohnungsdurchsuchungen", also Einbrüche in das Haus bei Abwesenheit der Bewohner, bei denen Fotos aufgenommen und wohl auch Mikrofone installiert wurden. Bei der Renovierung des Hauses ist nach 1989 zwar keine Überwachungstechnik gefunden worden, doch, so Glase, „was heißt das schon, die werden sicher dafür gesorgt haben, daß nichts übrigblieb".

Einige der Durchsuchungen waren nicht ganz so konspirativ wie andere. Wenn Glase, zeitweise allein im Haus, sobald der Rest der Familie den Rücken gekehrt hatte, von Stasileuten abgeholt und stundenlang in der Frankfurter Stasi-Bezirksverwaltung festgehalten wurde, war ihm schon damals klar: Die Schlapphüte brauchen wieder einmal sturmfreie Bude.

Die Nachbarin kam alle Tage zu Martha Rex, um zu erfragen, was es zum Essen gebe, was die Familie so treibe – Material für IM-Berichte.

Der Nachbarssohn „rastete eines Tages aus", bewarf das Haus mit Steinen und brüllte: „Ihr Verbrecher, Ihr Schweine!" Der Mann sei ein „ein fanatischer Stasimann" gewesen, sagt Frau Rex.

156

Von einem weiteren Nachbarn fanden sich ebenfalls IM-Berichte über die Familie Rex in den Akten.

Offenbar gab es Querverbindungen, die grob gegen die Konspiration verstießen, die sich die Stasi selbst verordnet hatte: Der Bürgermeister, Christian U. stichelte hin und wieder, daß „ihr doch so viel Geld habt". Er kannte stets den Kontostand der Familie.

Am 8. August 1966 schrieb das Ministerium für Staatssicherheit einen Brief betreffs Friedrich Gronau an die Bezirks-Stasi in Frankfurt (Oder):

„Wir bitten, über den G. und dessen Angehörige konspirative Ermittlungen führen zu lassen, wobei folgende Schwerpunkte besonders interessieren:

– Vervollständigung der Personalien

– Berufliche und politische Entwicklung

– Reisen und Besuche

– Charaktereigenschaften und Leumund

– Verbindungen und Umgangskreis, insbesondere Westverbindungen und Charakter derselben

Um baldige Erledigung wird gebeten.
Leiter der Abt. 2 (gez.) K.(...), Major. "

Gronau hatte nach der Haft Arbeit auf der Maschinenstation der LPG bekommen. Mittlerweile stand die Mauer, und die Pression gegen politisch Andersdenkende war etwas gelockert worden. Doch die Liberalisierung, die gegen Ende der 60er Jahre in anderen Ostblockstaaten aufkam – und im niedergeschlagenen „Prager Frühling" und zusammengeknüppelten Studentendemonstrationen in Polen enden sollte – machte die DDR-Führung schon bald wieder nervös. Aus Gronaus Akten geht hervor, daß man in ihm erneut einen potentiellen Feind sah.

Besonders arbeitsam war IMS „Helmut".

157

Ein IMS war ein

„Inoffizieller Mitarbeiter zur politisch-operativen Durchdringung und Sicherung des Verantwortungsbereiches (...:)
IM, der wesentliche Beiträge zur allseitigen Gewährleistung der inneren Sicherheit im Verwantwortungsbereich leistet, in hohem Maße vorbeugend und schadensverhütend wirkt und mithilft, neue Sicherheitserfordernisse rechtzeitig zu erkennen sowie durchzusetzen. Seine Arbeit muß der umfassenden, sicheren Einschätzung und Beherrschung der politisch-operativen Lage im Verantwortungsbereich und der Weiterführung des Klärungsprozesses ‚Wer ist wer?' dienen."[52]

IMS „Helmut", SED-Genosse, war gelernter Bäcker, arbeitete aber als Sportlehrer in Golzow. Nach Unterlagen, die Gronau vorliegen, war er von der Stasi schon Anfang der 70er Jahre mit für DDR-Verhältnisse üppigen 800 Mark im Monat entlohnt worden. Gronau kannte ihn als Freund seines Sohnes: Peter B. war sein bürgerlicher Name.

Aus der Sammlung der Stasiakten, die nach „Helmuts" Berichten angefertigt worden waren:

Am 1. Oktober 1970 trägt der IMS der Stasi zu, daß Gronau sich geweigert habe, in den Topf Geld einzuzahlen, von dem die Hausgemeinschaft zum Staatsgründungstag am 7. Oktober eine Flagge kaufen wollte: „Gronau soll sich wie folgt geäußert haben: ‚Ich kaufe lieber einen Kasten Bier als eine Staatsflagge'", notierte „Helmuts" Führungsoffizier bei der Bezirksstasi in Frankfurt (Oder).

12. Januar 1971: „Helmut" registriert, daß Gronau sich „seltener auf seinem Wochenendgrundstück aufhält". Gronau lachend dazu: „Es war damals zu kalt, um auf dem Grundstück an dem Haus zu bauen, in dem wir heute wohnen." Unter dem gleichen Datum berichtete der IMS über eine von der Golzower evangelischen Jugend geplante Reise in die CSSR, auf der auch ein Treffen mit Jugendlichen aus Westdeutschland geplant sei.

Ende 1971 schreibt „Helmut": „Gronau will Spannteppich verlegen."

---

[52] Wörterbuch, S. 198 f.

158

Eingespannt waren als IM unter anderem die örtlichen Polizisten (IM „Schumann" und „Gossert") sowie eine Nachbarin, IM „Erna".

Man notierte das Verhalten Gronaus in allen Lebenslagen, bespitzelte die Nachbarn, mit denen er freundschaftlich verkehrte, registrierte außerdem auch die Autonummern seiner Besucher – das waren nicht selten ehemalige Mithäftlinge, die mittlerweile im Westen lebten. Daher wurde Gronau auch eines Tages erneut abgeholt, von IM „Gossert", alias Polizist T.

„Der kam morgens, gefolgt von zwei anderen Volkspolizisten und einem Stasimann, und sagte, ich solle mitkommen nach Seelow. Auf der Fahrt stellte sich dann heraus, daß es eigentlich nach Frankfurt ging", und zwar in die neue Stasi-Untersuchungshaftanstalt in der Otto-Grotewohl-Straße (heute: Robert-Havemann-Straße). „Ich wurde von fünf Mann verhört, aber ich sagte kein Wort", berichtet Gronau.

Die Vernehmer eröffneten ihm, daß seine Frau auch abgeholt worden sei. „Ich sagte: ‚Wenn meiner Frau etwas passiert, kommt einer von Euch mit. Ich weiß, daß ich dann auch gehe'."

Um Mitternacht wurden beide freigelassen. Der Spionageverdacht, der auf den beobachteten Besuchen aus dem Westen fußte, hatte sich nicht erhärten lassen. Die Zeiten, daß man wegen eines bloßen Verdachts ins Gefängnis kommen konnte, waren vorbei – die Staatssicherheit hatte ihre Methoden verfeinert, setzte häufiger auf Einschüchterung und Zersetzung als auf die „erzieherische Wirkung" der Haft.

Eines Tages erhielt Erich Rex einen Brief der Stasi: Es war die Einladung zu einem Treffen im Bahnhof in Seelow.

Man versuchte ihn als Mitarbeiter zu werben. Er lehnte das ab. Auf einen zweiten Brief reagierte Rex erst gar nicht, und nichts weiter geschah.

Dann wurde die Familie zur Stasi nach Frankfurt (Oder) geladen. „Ich saß den ganzen Tag mit den Kindern auf dem Flur, mein Mann wurde verhört. Als mein Mann herauskam, hat er am ganzen Körper geflattert", erzählt Martha Rex. Mehr weiß sie nicht, und er schwieg.

159

Gerhard Glase hegt keinen Groll gegen die Volkspolizisten oder den Staatsanwalt, die ihm und seiner Familie in Gorgast und Boo-ßen bei jährlichen Haussuchungen auf den Leib gerückt waren. Glase betont, er halte Kontakt mit einem ehemaligen Volkspolizei-Offizier, dessen Positionen und Ansichten er respektieren könne: „Natürlich waren die nicht alle in Ordnung. Aber sie pauschal in einen Topf zu werfen und zu verurteilen, wäre nicht richtig." Die Polizisten waren nur die ausführenden Organe gewesen: Aus Glases Stasiakte geht klar hervor, daß die Stasi die treibende Kraft bei allem war.

Die Stasi wiederum handelte aufgrund der Informationen des besonders arbeitsamen IM „Erhard", der ein Nachbar und ein guter Bekannter der Familie war, sogar zu festlichen Anlässen geladen wurde. Daß der Mann IM war, wußte damals niemand. Sein Talent, auch schwierige Reparaturen bei chronischem Ersatzteilmangel an Landmaschinen und Pkw auszuführen oder seltene Teile zu besorgen, wurde von allen, auch von Glase, hoch geschätzt.

Anhand der Akten erweist es sich, daß „Erhard" gleich mehrere dunkle Seiten hatte. Nicht allein, daß er IM war und seinen Nachbarn bespitzelte. Er belog nicht nur Glase, sondern auch seine inoffiziellen Dienstherren der Stasi. Dabei war er recht produktiv. So berichtete er, Glase habe Brieftauben aus der Bundesrepublik bekommen (möglicher Verdacht: Spionage), horte eine alte Wehrmachtpistole (illegaler Waffenbesitz), habe an einem Rinderdiebstahl in der LPG in Gorgast mitgewirkt und Fleisch illegal von Polen in die DDR verschoben...

„Warum hat mich IM ‚Erhard' so verfolgt? Warum hat er mich angeschwärzt, wo er nur konnte?" Als Glase mit dem früheren IM nach der Wende darüber das Gespräch suchte, lachte der nur und ging davon. Glase hält „Erhard" für gefährlich, darum rührt er nicht weiter daran. Bleiben die Akten, die ein eigenwilliges Licht auf „Erhards" Charakter werfen – und nicht zuletzt auch auf die Arbeit der Stasi, die jahrelang immer wieder einem Lügner aufsaß. Praktisch ständig wurde gegen Glase auf der Basis der IM-Berichte „Erhards" ermittelt. Eine Operative Personenkontrolle, das ist ein Stasi-Verfahren zur Erhärtung eines Anfangsverdachts, folgte der anderen.

160

Die Stasi schickte Glase sogar einen *agent provocateur* auf den Hals, seinen Verwandten IM „Dieter Werk" (Identität dem Autor bekannt) [53], der ihn zum Thema Waffenbesitz auszuhorchen hatte.

„Werk", ein Volkspolizist aus Fürstenwalde, schlug Glase vor, Schießübungen zu machen, er hatte dazu seine Dienstpistole mitgebracht. „Ich machte mit und schoß auf eine Eiche", erzählt Glase. Hinterher habe er Verdacht geschöpft und sich gefragt, was das sollte: „Mir war ziemlich klar, daß er einen Auftrag hatte, denn er mußte sicher, wie üblich, jeden Schuß Munition in seiner Dienststelle abrechnen."

Was immer gegen Glase vorgebracht wurde – es erwies sich als falsch. Die „Brieftauben" waren Eier gewesen, getauscht von Taubenzüchter zu Taubenzüchter, eine Wehrmachtpistole existierte nicht, Rinder waren nirgens verschwunden, ein Handel mit Fleisch hatte nicht stattgefunden. In „Erhards" Berichten stimmten selbst Grundinformationen nicht: „Der G. hat 7-8 Kinder." Glase: „Quatsch. Fünfe habe ich."

Die Stasi kommentierte einen besonders hanebüchenen Bericht sogar einmal mit den Worten: „Der Wahrheitsgehalt der Information kann nicht eingeschätzt werden." Doch hat sie sich jahrelang von „Erhard" auf den Leim führen lassen – ein offensichtlicher Verstoß des Führungsoffiziers des IM gegen seine Dienstvorschriften.

Bei der Arbeit mit Inoffiziellen Mitarbeitern waren Stasileute gehalten, jede Information, die zweifelhaft schien, zu prüfen, notfalls mit Hilfe eines weiteren IM, der auf den IM angesetzt wurde. Ein IM, der sich als hartnäckiger Lügner erwies, sollte nicht weiter beschäftigt werden, in schweren Fällen wurde er sogar selbst Ziel operativer Kontrollmaßnahmen.

Die Ehrlichkeit der Inoffiziellen Mitarbeiter wird im „Wörterbuch der politisch-operativen Arbeit" der Stasi schon sprachlich als eine hohe tschekistische Tugend gekennzeichnet: Ehrlichkeit sei eine

---

[53] Der IM-Deckname ist identisch mit dem Namen eines Mannes, der 1968 wegen Hetze und Diebstahls ins Gefängnis kam und 1970 in den Westen freigekauft wurde. Werk hatte mit grüner Farbe, die von einem Kumpel gestohlen worden war, wegen der Niederschlagung des „Prager Frühlings" mehrfach nachts Parolen wie „Viva Dubcek" in Frankfurt (Oder) an Wände gepinselt.

„Persönlichkeitseigenschaft des IM, die gekennzeichnet ist durch Merkmale der Aufrichtigkeit, der Wahrhaftigkeit und der Lauterkeit von Wort und Tat in Bezug auf die Bewältigung der vom operativen Mitarbeiter an ihn gestellten Anforderungen. Das findet seinen Ausdruck in der wahrheitsgemäßen Berichterstattung über die von ihm wahrgenommenen Handlungen und Äußerungen von Personen oder über andere bedeutsame Feststellungen, über die Einhaltung von Instruktionen sowie in der bereitwilligen Mitteilung von für die inoffizielle Arbeit wichtigen Aussagen zu seiner eigenen Person. (…)

Die E. schließt Verhaltensweisen der Täuschung oder bewußten Irreführung aus und ist nicht gleichzusetzen mit naiver Mitteilsamkeit oder undifferenzierter, verletzender bzw. taktloser ‚Aufrichtigkeit'."[54]

Die Handlungsweise des Stasioffiziers, der „Erhard" führte, verstieß gegen die Regel, „Einschätzungen" über IM anzufertigen, und zwar

„anhand der Analyse des Handelns und Verhaltens des IM in der politisch-operativen Arbeit, der durch ihn erbrachten politisch-operativen Arbeitsergebnisse sowie durch die Analyse seines Verhaltens im Arbeits- und Freizeitbereich und verlangt insbesondere die Feststellung und Prüfung

– der politischen und moralischen Einstellung des IM,

– der Ehrlichkeit und Zuverlässigkeit des IM(…)".[55]

Vieles ist über die Zuverlässigkeit der Führungsoffiziere spekuliert worden, etwa in den IM-Verdachtsfällen Manfred Stolpe („Sekretär") und Gregor Gysi („Notar", „Gregor"). Da hält es mancher für nicht ausgeschlossen, daß Stasileute Informationen „abschöpften" und zum Schein eine Person ohne deren Kenntnis als IM führten, um sich vor den Spitzenkadern des Geheimdiensts zu profilieren. Solches Verhalten eines Stasioffiziers war allerdings eine Seltenheit. In den Fällen Gysi und Stolpe wurde es bislang nicht nachgewiesen.

---

[54] Wörterbuch, S. 182.
[55] Wörterbuch, S. 184 f.

Im Fall Glase hat es den Anschein, als hätten ähnliche Motive „Erhards" Führungsoffizier dazu verleitet, sich von dem auskunftsfreudigen IM nicht zu lösen, obwohl er log.

Dahinter mag die Hoffnung gestanden haben, irgendwann doch auf etwas zu stoßen, womit man Glase erneut hätte vor Gericht bringen können – zum Steigern der eigenen „Trefferquote". Ein Dokument legt diese Deutung nahe: Ein IM-Bericht mit Vorwürfen gegen Glase war von dem IM – ausnahmsweise nicht „Erhard" – persönlich unterzeichnet worden, obwohl der Mann dafür bekannt war, weder lesen noch schreiben zu können. Da hatte die Stasi wohl ein wenig nachgeholfen...

Sie half auch nach, als Glase darin behindert wurde, seinen Traktor zu benutzen. Der Nebenerwerbsbauer bekam keine Benzinmarken, durfte daher nur winzige Mengen für den gewerblichen Gebrauch tanken. Eingaben an die örtlichen Behörden fruchteten nichts. Glase schrieb kurzerhand an Erich Honecker und bekam recht – nur ein Beispiel für Glases Beharrungsvermögen, für seine nachdrückliche Art, Dinge zu bewegen. Vielleicht war er auch deshalb „seinem" Stasimann ein Dorn im Auge, weil er kein Untertan, sondern im Wortsinne ein Bürger der DDR war.

Auch Friedrich Gündel wurde am 1. August 1963 auf Bewährung aus der Haft, aber nicht aus der Rolle des Verdächtigen entlassen – die Stasi überwachte ihn, folgte ihm auf Schritt und Tritt, ließ ihn nicht in Ruhe. Und Gündel seinerseits gab seiner Abneigung gegen die DDR mehr und mehr politischen Gehalt.

Zunächst jedoch fiel er nach seiner Haft in Depressionen. Allein konnte er das Erlebte nicht verarbeiten. Er reiste zu anderen ehemaligen Strafgefangenen und Angehörigen von Menschen, die er im Gefängnis kennengelernt hatte und die noch nicht freigekommen waren. Schon dies war genug Anlaß für die Stasi, Gündels Akte offenzuhalten – bei der Gauck-Behörde fanden sich bislang zwei Ordner mit je 100 Seiten an, die nur Fragmente der ganzen Spitzelei dokumentieren, wie aus der Datierung der Akten hervorgeht.

1968 protestierte Gündel gegen die blutige Niederschlagung der Reformbewegung des „Prager Frühlings", indem er mit Rosen zur

163

Botschaft der CSSR in Berlin zog, um die Blumen zum Gedenken an die Opfer dort niederzulegen. Er machte – auch bei der Arbeit im Zementwerk Rüdersdorf – immer wieder unbequeme Bemerkungen, kommentierte das politischen Geschehen.

1973, zwölf Jahre nach seinem ersten wissentlichen Kontakt zur Stasi, wurde er von Stasileuten zu seinen politischen Ansichten vernommen.

1975 lehnte Gündel die Forderung rundheraus ab, in die Betriebskampfgruppe einzutreten. Die Quittung: 1976 wurde ihm die Reise in die Bundesrepublik zum Besuch der Hochzeit seines Bruders verweigert. Gründe wurden nicht genannt, der Rest der Familie, nur zu einem geringen Teil Rentner, durfte reisen.

Obwohl er aus der NVA unehrenhaft ausgeschlossen worden war, wurde Gündel 1976 als Reservist zu einer Übung einberufen – er lehnte ab, wurde daraufhin erneut mehrfach von der Stasi vernommen.

Hans Lang fand auf eigene Faust eine Stellung in der Baufirma eines ehemaligen Kunden in Neuzelle. Ein Privatunternehmen ohne die sonst üblichen Kaderakten. Die Informationskette war gebrochen. So konnte Lang, nachdem er vier Jahre später zu einem Baukombinat mit Sitz in Magdeburg gewechselt war, ohne FDGB- oder SED-Mitglied zu sein, zum Brigadier einer Kraftfahrer-Brigade aufsteigen.

1976 wurde er sogar als Aktivist ausgezeichnet. „Die wußten wohl nicht, daß ich kein Genosse war." Sie hätten es sich denken können – fast genüßlich erinnert sich Lang daran, wie er immer wieder Leitungskadern Ärger machte, wenn die gebummelt oder sich über Seilschaften Privilegien verschafft hatten. „Genossen reizten mich einfach."

Ein IM war offenbar nicht darunter. Denn die Stasi kam nicht wieder zu Lang.

1987 blieb ihr jedoch nicht verborgen, daß er die Situation im osteuropäischen Wirtschaftsraum kritisiert hatte. „Wir hatten an einer Transitautobahn gearbeitet und einen kräftigen Leistungszuschlag bekommen, auf Kosten der BRD. Für die gleiche Arbeit

164

gab es anderswo so etwas nicht. Da sagte ich: Die Planwirtschaft gibt sowas wohl nicht her."

So kam es, daß Lang die Wende als einfacher Kraftfahrer, nicht als Brigadier erlebte.

Die letzte offene Haussuchung bei Glases fand 1979 statt. Vorwand war eine „Brandschutzkontrolle".

Unbestritten, daß es da genug zu kontrollieren gab – wie in jedem anderen mit den verfügbaren Mitteln instandgehaltenen Haus in der DDR hatte damals im Glaseschen Hof in Sachen Elektroinstallationen nicht alles zum besten gestanden.

Auffällig war jedoch, daß nicht nur die Feuerwehr zu der Kontrolle angetreten war. Neben den Zuständigen versammelten sich 17 uniformierte Volkspolizisten, von denen einige mit Maschinenpistolen ausgerüstet waren, und ein Staatsanwalt.

Zweite Merkwürdigkeit: Am gleichen Tag wurde auch in den Häusern der Eltern und des Bruders Gerhard Glases überaus gründliche „Brandschutzkontrollen" unternommen.

Die Polizisten nahmen den Feuerschutz auf dem Anwesen so ernst, daß sie sich die Mühe machten, Glases Misthaufen komplett abzutragen und wiederaufzuschichten. Man warf sogar einen Blick in die Sickergrube.

Die Familie wurde während der Aktion auf dem Hof nicht aus den Augen gelassen. „Meine Frau regte sich so auf, daß eine frische Operationsnarbe aufbrach und sie stark blutete." Selbst dies beeindruckte die versammelte Staatsmacht wenig.

Erst nach längerem Insistieren und Durchsuchung des Autos ließ man Gerhard Glase mit der Kranken den Hof Richtung Krankenhaus verlassen.

Der Staatsanwalt, der einen Arbeitstag ergebnislos verstreichen sah, zischte zum Abschied: „Eines Tages kriegen wir Sie."

Der Tag kam nicht. Nach jahrzehntelanger Bemühung, Glase noch einmal etwas anzuhängen, wurde die Akte bei der Stasi am 5. November 1979 mit diesem lapidaren Vermerk beiseitegelegt: „Da keine strafrechtlichen Momente für eine weitere operative Bearbeitung sprechen, wird die Handakte archiviert."

Die Stasi war nicht müde geworden – sie hatte ihre Taktik geändert. Der Mauerbau hatte die DDR stabilisiert. Nach einer letzten Welle der Säuberungen 1960/61 – mit Auswüchsen wie „Pranger", also öffentliches Ausstellen mit einem Schild um den Hals, für Abweichler, öffentlich verteilten Hetzflugblättern gegen Bummelanten, harschen Gefängnisstrafen wegen „Hetze" und anderer politischer Verbrechen – kam auch die Kampagne gegen den „Feind" in ruhigeres Fahrwasser.

Einerseits trug der Umstand, daß eine Flucht nun unmöglich war, zur Disziplinierung vieler bei, die eben noch bei sich hatten sagen können: Wenn die zu weit gehen, mache ich rüber. Nun waren sie ausgeliefert. Andererseits gaben sich nun, da die Möglichkeit der Ausreise verstellt war, viele mit ihrem Leben zufrieden, arrangierten sich, ließen sich nieder und suchten im Rahmen der DDR ihren persönlichen Wohlstand.

Zugleich bemühte sich die SED, mit einer Verbesserung der Versorgungslage und einer gewissen Lockerung der Zügel die Unzufriedenheit im Lande zu mindern.

Viele politische Gefangene, die in den 50er Jahren zu 25 oder 15 Jahren Haft verurteilt worden waren, kamen frühzeitig frei.

Um den sozialen Frieden nicht zu gefährden, legte die SED die Hürden auf dem Weg in den Knast höher, als sie zuvor gewesen waren. „Säuberungen" nach stalinistischem Muster, wie es sie in den 50er Jahren gegeben hatte, lagen ihr schon deshalb fern, weil es nach den Massenausreisen, die dem Mauerbau vorausgegangen waren, die Industrieproduktionsziffern ernsthaft gefährdet hätte, wenn binnen weniger Monate aus Gründen der politischen Disziplinierung einfach einige Zehntausend DDR-Bürger hinter Gitter gebracht worden wären.

Die Partei ließ es zu, daß sich die „Nischen" bildeten, Rückzugsräume in der sozialistischen Gesellschaft, in denen begrenzte Freiheiten zugelassen wurden. Die Staatssicherheit baute ihr Netz an Inoffiziellen Mitarbeitern aus, um die Kontrolle zu behalten.

166

„Operative Zersetzung"

Die Stasi verfeinert ihre Methoden

Den Inoffiziellen Mitarbeitern wurde die Rolle des Protagonisten bei der „operativen Zersetzung" zugeschrieben. Die Staatssicherheit optimierte die Taktik der „Zersetzung" in den 70er Jahren, in denen gewissermaßen die Zeit der Reife des Geheimdienstes anbrach.

Längst hatten sich die meisten der alten Kader, die noch Krieg und Widerstand gekannt hatten, zurückgezogen. Junge, gutausgebildete Leute hatten ihre Plätze besetzt: Eher Technokraten und Karrieristen als Überzeugungstäter. Die Staatssicherheit war glatter geworden, bürokratischer, schwerfälliger. Sie hatte eigene Rituale entwickelt, eine eigene Sprache, die 1970 in der ersten Ausgabe des „Wörterbuchs der politisch-operativen Arbeit" erstmals vereinheitlicht zusammengefaßt wurde. Es enthält in kondensierter Form die Grundhaltung und die Arbeitsweise der Staatssicherheit und hat damit einen resümierenden wie stabilisierenden Charakter, der ein Spiegel ist für die durch den Mauerbau ermöglichte Stabilisierung des Systems.

Obwohl die Stasi weiterhin eng mit dem sowjetischen Geheimdienst zusammenarbeitete, hatte sie sich längst zum eigenständigen Partner emanzipiert.

Seit Anfang der 60er Jahre hatte die „Zersetzung" allmählich an Bedeutung gewonnen. Die Stasi sah in ihr, nachdem stalinistische Säuberungsaktionen auch bei der SED unpopulär geworden waren, das Abwehrinstrument gegen die Umtriebe des „Feindes". Die begannen nach dem Weltbild der Staatssicherheit mit der „Subversion", zu der es in dem „Wörterbuch" heißt, sie sei ein

„wesentlicher Bestandteil der imperialistischen Strategie und Politik. (...) Zur Durchsetzung der mit S. verbundenen Zielstellung bezieht der Imperialismus ein umfassende und differenziertes Kräftepotential ein.

167

Dazu gehören

– die imperialistischen Geheimdienste mit ihrem weitverzweigten Netz von Dienststellen, Residenturen, Agenturen und Hilfsorganen (…),

– feindliche, negative und politisch-ideologisch schwankende Personen und Personenkreise in der sozialistischen Gesellschaft.

Die S. wird durch den Einsatz vielfältiger, raffinierter, brutaler und gewaltsamer Mittel und Methoden zu realisieren versucht. (…)

Zum Instrumentarium der S. gehören insbesondere die geheimdienstliche Arbeitsweise, die Manipulierung, Desinformation, Lüge und Demagogie (…), die Förderung, Unterstützung und Ermunterung antisozialistischer und konterrevolutionärer Kräfte, die indirekte Lenkung (‚behutsame Außensteuerung‘) oppositioneller Personenkreise (…)."[56]

Mit „Manipulierung, Desinformation, Lüge und Demagogie" ist auch die Zersetzung, mit der die Stasi der „Subversion" begegnete, hinreichend beschrieben. Sie entspricht dem Feindbild mit exakt umgekehrten Vorzeichen. Im ebenso euphemistischen wie bürokratischen Stasi-Deutsch klingt das so:

„Mit der Z. wird durch verschiedene politisch-operative Aktivitäten Einfluß auf politisch-negative Personen, insbesondere auf ihre feindlich-negativen Einstellungen und Überzeugungen in der Weise genommen, daß diese erschüttert oder allmählich verändert werden bzw. Widersprüche sowie Differenzen zwischen feindlich-negativen Kräften hervorgerufen, ausgenutzt oder verstärkt werden. Ziel der Z. ist die Zersplitterung, Lähmung, Desorganisierung und Isolierung feindlich-negativer Kräfte, um dadurch feindlich-negative Handlungen einschließlich deren Auswirkungen vorbeugend zu verhindern, wesentlich einzuschränken oder gänzlich zu unterbinden bzw. eine differenzierte politisch-ideologische Rückgewinnung zu ermöglichen. Z. sind sowohl unmittelbarer Bestandteil der Bearbeitung Operativer Vorgänge als auch vorbeugender Aktivitäten außerhalb der Vorgangsbearbeitung zur Verhinderung feindlicher Zusammenschlüsse. (…)"[57]

---

[56] Wörterbuch, S. 365 ff.
[57] Wörterbuch, S. 464.

168

Wie ein Roter Faden durchziehen Kommentare der 13 Stasioffizie-re, die im Laufe der Zeit mit dem Fall befaßt waren, Wolfgang Wüstefelds Akten. Man kam immer wieder zu denselben Ergeb-nissen: „negativ-feindliche Einstellung", „Verdacht auf Bildung staatsfeindlicher Gruppierungen", Nichteinhaltung der Verpflich-tung zur „sozialistischen Erziehung" seiner Kinder...

Nur wenige, die nicht zur Prominenz der DDR-Opposition zählten, dürften über so stattliche Aktenbestände verfügen wie Wüstefeld. Drei Bände sind bislang bekannt, über 1000 Seiten. Der Bestand weist noch große biographische Lücken auf.

Die Akten dokumentieren: Vom 13. August 1964 bis zum 22. November 1971 führte die Staatssicherheit einen Operativen Vorgang gegen ihn, unter dem Decknamen „Engerling". Vom 13. November 1975 bis zum 15. Januar 1987 durchleuchtete die Stasi Wüstefeld und seine „Kontaktpersonen" erneut. Diesmal handelte es sich um eine „Operative Personenkontrolle", also um Vorermittlungen, um zu sondieren, ob sich Wüstefeld und seine nächsten Bekannten und Verwandten in irgendeiner Weise strafbar verhalten.

Insgesamt 21 Inoffizielle Mitarbeiter waren auf „Engerling" an-gesetzt. Man überwachte Dienst- und Privattelefon des Verdächti-gen. Seine Wohnung wurde abgehört und „konspirativ durch-sucht" – die Stasi ist also dort eingebrochen. Man öffnete Post und Pakete, beobachtete und fotografierte Besucher und Gäste der Fa-milie, kontrollierte ihr Konto und holte Informationen über „En-gerlings" Wahlverhalten ein.

Erst am 13. August 1964 beginnt der Bestand an Akten, den Wüstefeld bisher bei der Gauck-Behörde einsehen konnte. Schon früher war er bei Beförderungen übergangen worden, hatte er auf Gehaltserhöhungen verzichten müssen. So war es offenbar nicht der erste Akt der Zersetzung gegen Wüstefeld, daß 1964 seiner Tochter Petra (Jahrgang 1951) der Übergang von der Polytechni-schen Oberschule auf die Erweiterte Oberschule verweigert wur-de. Ein Jahr lang wechselte Wüstefeld Briefe mit dem Leiter der EOS „Karl Liebknecht" – vergebens. Offiziell wurde keine Be-gründung gegeben. Inoffiziell, also mündlich, offenbarte der Schulleiter dies: Petra sei zwar gut als Schülerin, aber nicht in „gesellschaftlichen Organisationen", also bei den Pionieren oder in der FDJ, engagiert, und daher „nicht würdig", Oberschülerin zu werden. Das 13jährige Kind hatte bereits eine Kaderakte mit inkriminierenden Einträgen – die Schulverwaltung als treuer Partner der Staatssicherheit.

Wie Wüstefelds Stasiakten offenbaren, gab es hinter der inoffiziellen Mitteilung des Schulleiters noch eine weitere, der Schulverwaltung wohl unbekannte, inoffizielle Argumentationsebene. Wüstefeld stehe unter dem Verdacht, unter dem Dach der Kirche eine Gruppe zu gründen, die der öffentlich gewollten Darstellung der deutschen Geschichte widerspreche, hieß es da. Der Tochter schaden, um den Vater zu treffen – eine klassische „Zersetzungsmaßnahme", wie sie oft angewandt wurde, wenn ein von der Stasi Verdächtigter zu wichtig oder zu populär war, ihm selbst zu schaden. Wüstefeld war, so die Akten, als Brückenbauer zu wichtig.

An dem Vorwurf, Wüstefeld wolle der offiziellen Geschichtsdarstellung widersprechen, war allerdings etwas dran. In den Räumen der katholischen Kirchengemeinden ließ er sich offen und frei vor Publikum, „immer rund 30 bis 100 Leute", darüber aus, wie die Dinge früher gewesen waren. Zum Beispiel über die Geschichte Israels, und zwar aus Anlaß eines grob antizionistischen „Hetzartikels" in der SED-Bezirkszeitung „Neuer Tag". „Meine Vorträge waren brisant", meint Wüstefeld. In den bislang gefundenen Akten werden sie lediglich erwähnt, ohne dokumentiert zu sein.

Über lückenhafte Akten kann Peter Rompf dagegen nicht klagen. 25 Kilo Material haben die Mitarbeiter des Bundesbeauftragten für die Stasiunterlagen in dessen Frankfurter Archiv und in der Berliner Zentrale insgesamt zutagegefördert. Nach Auskunft der Gauck-Behörde gehören die Akten, die die „feindlich-negativen" und „staatsfeindlichen Aktivitäten" Rompfs beschreiben und die Zersetzungsmaßnahmen der Staatssicherheit belegen, zu den umfangreichsten Konvoluten, die im Bereich der ehemaligen Stasi-Bezirksverwaltung Frankfurt (Oder) in den 70er Jahren angelegt wurden.

Der Fall ist bis heute nicht erledigt. Rompf steht noch immer auf der Liste der „Feinde". So läßt er Vorsicht walten, empfängt

170

Besucher erst, wenn er sich ganz sicher ist, mit wem er es zu tun hat. Der Kontakt mit dem früheren Kantor und Organisten der Frankfurter Katholischen Gemeinde kommt nie direkt zustande. Er läßt vermitteln, ruft dann zurück. Vergewissert sich mehrfach, daß der Besucher der ist, für den er gehalten werden will. Dann nennt er widerwillig seine Adresse. „Schreiben Sie sie nicht auf, sagen Sie sie keinem weiter. Unter meiner alten Adresse habe ich immer wieder anonyme Anrufe erhalten. Morddrohungen. Die Kripo nimmt das ernst. Man rät mir, sehr vorsichtig zu sein."

Wenn er aus dem Haus gehe, solle er auf Unbekannte achten, die sonst nie in der Gegend zu sehen seien. Vielleicht werde ja ein Verkehrsunfall inszeniert. Die meisten Drohungen geschähen im Affekt, weiß die Kripo, aus Liebe oder Eifersucht etwa. Politisch motivierte Morddrohungen dienten meist dazu, den Bedrohten einzuschüchtern. In der Regel geschehe nichts. Dennoch: Die für Rompf zuständige Staatsanwaltschaft arbeitet mit dem brandenburgischen Landeskriminalamt zusammen...

Die Anrufer, daran gibt es laut Rompf auch für die Kripo keinen Zweifel, sind ehemalige Stasileute, die ihren tschekistischen Kampf in eigener Sache weiterführen. Dazu haben sie einigen Anlaß. Rompf betreibt „Dekonspiration", verstößt gegen das eherne Gesetz der Geheimen, Geheimhaltung. Er hat ein Buch geschrieben, in dem Stasileute identifizierbar sind, zitiert wörtlich aus den Akten. Also auch die allgegenwärtigen Signaturen der Führungsoffiziere „seiner" ganz persönlichen Inoffiziellen Mitarbeiter. „Ich habe aus den Akten fast 100 Offiziersnamen. Die hatten ja keine Decknamen."

Als Rompf zu einer Veranstaltung in der Außenstelle der Gauck-Behörde nach Frankfurt (Oder) eingeladen worden war – sein Fall ist einer derer, die in deren ständiger Ausstellung dokumentiert werden –, sagte einer der Anrufer: „Wenn du Schwein nach Frankfurt kommst, machen wir dich platt."

Die Drohungen gehen schon weiter als Zersetzung. Sie sind späte „operative Maßnahmen" mit „Offensivcharakter", der im Wörterbuch der Stasi als „kennzeichnendes Merkmal aller inoffiziellen und offiziellen Maßnahmen des MfS" beschrieben wird, „die darauf gerichtet sind, unter den sich verändernden internationalen Klassenkampf- und Lagebedingungen (...) dem Gegner das

171

Gesetz des Handelns zunehmend zu diktieren, seinen Wirkungs-kreis entscheidend einzuengen (...).“[58]

Was den physischen Wirkungskreis Rompfs betrifft, haben die Ehemaligen mit ihrem Druck einen Erfolg erzielt. Er lebt zurück-gezogen in einer westdeutschen Großstadt. Nach Art eines Ge-heimdienstlers hüllt er sich in einen Kokon aus „toten Briefkästen“ in Form von Deckadressen und Kontakttelefonen. „Das ist weni-ger Angst, als daß ich keine Tracht Prügel für nichts und wieder nichts beziehen will.“ Er ist heute, da die DDR endgültig dahin ist, weit vorsichtiger als zu deren besten Zeiten. Da war er ihr so weit ausgeliefert, daß er ihren Vertretern sogar beinahe seine Kin-der hätte überlassen müssen.

Auch bei Erika Fain hat die Arbeit der Stasi traumatische Spuren hinterlassen. So manches Ereignis in ihrem Leben fand postum eine Erklärung in Zersetzungs- und Ermittlungsmaßnahmen. Das ist bitter und nicht ohne weiteres zu verwinden, und es begründet ihren Drang, Öffentlichkeit herzustellen und darzulegen, wie völ-lig unschuldigen, ja ganz arglosen Menschen auf der Basis unhalt-barer, absurder Anschuldigungen übel mitgespielt wurde.

Erika Fain, Jahrgang 1940, ihr Mann Burkhard, geboren 1936, und auch Sohn Enrico, Jahrgang 1961, wurden jahrelang von der Staatssicherheit überwacht. Sie ahnten nichts davon. Wie auch: Schließlich waren es nicht die paranoiden 50er und 60er Jahre, in denen sich am Checkpoint Charlie im nahen Berlin die Panzer der Amerikaner und der Russen gegenseitig ins Visier nahmen. Es waren die 80er. Man rüstete ab in bestem Einverständnis, Michail Gorbatschow sprach von Reformen und ließ Taten folgen.

Für die Stasi lag indessen genug gegen Fains vor. Hatten sie nicht in der Frankfurter Gartensparte „Zilletal“ einen Kleingarten, der an ein Militärobjekt der sowjetischen Streitkräfte grenzte? Und die Geschwister, den Vater im Westen?

Logisch: Militärspionage.

---

[58] Wörterbuch, S. 276.

172

Peter Rompf, Jahrgang 1940, moderner Komponist und frisches Blut in der katholischen Gemeinde, war nicht als unbeschriebenes Blatt gekommen. Er kannte das Wort nicht, er kannte auch noch nicht die Protagonisten der Methode, und doch hatte er eine besonders üble Zersetzungsmaßnahme schon am eigenen Leibe erfahren. Die Stasi hatte einen Amtsarzt und das medizinische Personal eines Sanatoriums eingespannt, um ihre Ziele zu erreichen.

In den 60er Jahren hatte die Stasi ihn aus dem Verkehr gezogen, nachdem er sich als Student in Erfurt allzu auffällig für Menschen engagiert hatte, die es in der DDR nach offizieller Lesart eigentlich gar nicht gab: Asoziale. „Wir setzten uns für Alkoholiker ein. Für die gab es nichts in der DDR. Wir sind auf der Straße betteln gegangen für Asoziale. Das war unerhört damals."

Rompf nennt den unliebsamen Aktivismus eine „private caritative Initiative" aus christlicher Motivation. Die Amtskirche distanzierte sich davon.

Unmittelbare Sanktionen gab es nicht. Die Einladung zur Tbc-Reihenuntersuchung beim Kreisarzt war als solche nicht erkennbar. Rompf wurde sofort in eine Lungenheilstätte zum Auskurieren einer Tuberkulose geschickt, die er sich, wie er glauben sollte, nur bei den Asozialen geholt haben konnte, für die er ein so ungesundes Interesse gezeigt hatte. Zehn Monate verbrachte Rompf in der Heilstätte, stellte dabei keinerlei Veränderung seines ohnehin nicht schlechten Allgemeinzustands fest, nahm irgendwann die Medikamente nicht mehr und entließ sich schließlich selbst.

Stasi-Akten über diesen Abschnitt seines Lebens hat er bislang nicht gefunden. Er ist sich jedoch sicher, daß man als Gesunden an einem Ort untergebracht hatte, wo er die Krankheit hätte bekommen können, von der er doch angeblich kuriert werden sollte. „Ein Arzt stellte später fest, daß ich mit Sicherheit nie Tbc gehabt hatte. Die haben mir einfach zehn Monate meines Lebens geklaut."

So ist es kein Wunder, daß Rompf schon bei seiner Ankunft in Frankfurt von der Stasi-Bezirksverwaltung mit einer Operativen Personenkontrolle empfangen wurde, bei der ein IM bereits lange vor Rompfs späterer „staatsfeindlicher" Tätigkeit unter anderem feststellte: „Der R. empfängt in seinem Keller konspirative Besuche und verweigert seiner Frau den Zutritt", was ihn heute erheitert abwinken läßt: „Das ist völliger Quatsch." Die OPK endete denn auch ergebnislos.

Rompf kam 1970 in einer Zeit nach Frankfurt (Oder), um Kantor und Organist der Katholischen Gemeinde zu werden, als die liberalen Geister in der Stadt besonders an ihrem Land litten. Die Ära Ulbricht war zwar am Ende, doch die Stimmung, nach neuen Ufern aufbrechen zu müssen, blieb durchaus verhalten. 1968 war das zarte Hoffnungspflänzchen des „Prager Frühlings" auch mit Hilfe der DDR zertreten worden, alles schien auf eine Zementierung des *Status quo* hinauszulaufen.

Wolfgang Wüstefeld löckte seit Jahr und Tag mit seinen historischen Vorträgen in den Gemeinderäumen wider den Stachel, doch hatte auch dies wenig geändert. Wüstefeld hatte aber durch eine gewisse Befreiung dessen, was in vielen Köpfen schon lange in Bewegung gewesen war, eine Atmosphäre für das freie Wort geschaffen.

Die Stasi hinderte Wüstefelds Kinder jahrelang am Fortkommen: Tochter Petra erlitt, Jahre nachdem ihr als erste in der Reihe die Aufnahme in die Erweiterte Oberschule verweigert worden war, einen neuen Rückschlag. Drei Tage nach erfolgreicher Aufnahme in der Handelshochschule Leipzig wurde sie doch abgewiesen – die Hochschule benannte in ihrer Mitteilung den wohl korrekten Grund für die Irritation: „Fehler der Kaderabteilung".

Sie zweite Tochter, Claudia, wurde ebenfalls nicht zum Studium zugelassen und nahm eine Arbeit bei der Kirche an, Sohn Thomas mußte das Abitur auf dem zweiten Bildungsweg erwerben, konnte dann aber nicht auf der Cottbuser Bauhochschule studieren und lernte Maurer; die Jüngste, Cordula, versuchte das Abitur erst gar nicht, bekam nicht einmal eine Lehrstelle und arbeitete zunächst als Putzfrau im Krankenhaus des evangelischen Lutherstifts, das ihr eine andere Stelle nicht hatte anbieten dürfen.

„An den Leistungen meiner Kinder lag das nicht. Die waren überall sehr gut", beteuert Wüstefeld noch heute nachdrücklich. Als Teilhaber einer Baufirma, Sozialarbeiterin und leitende OP-Schwester sind sie mittlerweile durchaus zu etwas gekommen – das Ende der DDR befreite sie von den unsichtbaren Banden der

174

Kaderakten und Stasi-Einschätzungen, die sie niedergehalten hatten: Statt Jugendweihe Kommunion, statt FDJ Kirchengruppen – der Vater hatte seine feindlich-negative Haltung, so sah das wenigstens die Stasi, auf die Kinder übertragen.

Wann genau Rompfs „staatsfeindliche Tätigkeit" wirklich losging, ist heute im Dunkel der Geschichte nicht mehr auszumachen – die Stasi jedenfalls hat den Termin verpaßt. In den Akten findet er sich daher nicht. Wahrscheinlich war sie so sehr fixiert auf ihren „Engerling", Wolfgang Wüstefeld, daß ihr die Bildung einer Gruppe unmittelbar nebenan, sozusagen am Rande der katholischen Gemeinde, zunächst entging, als sie dann wirklich stattfand.

Und das obwohl Thomas Wüstefeld, des „Engerlings" Sohn, fester Teilnehmer der Runde war.

Die war ein klassischer *Jour fixe* nach Art literarischer Salons. Man erhob sich mindestens rhetorisch aus der Enge der DDR. „Wir wollten Kulturdefizite ausgleichen, uns nicht allein auf den langweiligen DDR-Kulturbetrieb verlassen, wo man vieles nicht mitbekam." Die Teilnehmer, fast durchweg Intellektuelle aus der Stadt, aber auch Rompfs Schwester Margarete und ihr Mann Heinz – sie Goldschmiedemeister, er damals beim Frankfurter Bezirksrat beschäftigt – nahmen regelmäßig an den Gesprächen teil.

Schon der Ansatz der Veranstaltungen, so familiär sie auch gedacht waren, beinhaltete eine Kritik an den herrschenden Verhältnissen. Der Automatismus liegt auf der Hand: Wer es zum Beispiel ungeheuerlich findet, daß die DDR die „Klassiker" pflegte, Zeitgenossen hingegen zwar in Lohn und Brot hielt, ihre Kunst aber etwa als formalistisch denkbar geringschätzte, ja ihr öffentliche Aufmerksamkeit mit allen Mitteln vorenthielt, stellte die Kulturpolitik der SED in Frage, indem er diese Tatsache einfach nur zur Sprache brachte. „Wir gingen von Anfang an davon aus, daß wir mit Verfolgung zu rechnen hätten", sagt Rompf.

Wie die Stasi auf den Gesprächskreis kam – worauf sie sofort einen Operativen Vorgang unter dem Stichwort „Kreis" eröffnete – ist nicht nachzuweisen. In den Akten heißt es, er sei ihr „inoffiziell bekannt" geworden, was in der Regel heißt: Ein IM, ein freier Mitarbeiter also, hatte von sich aus geplaudert, denn sonst hätte

175

stolz in den Akten vermerkt werden können, es sei „operativ" bekannt geworden, sprich auf der Basis gezielter Ermittlungen.

Ein Lehrerehepaar, beide als zuverlässige IM schon länger mit dem Bespitzeln ihrer Kollegen beschäftigt, verschafften sich im Auftrag der Stasi Zugang zu dem Kreis, wobei ein Kirchenmann unabsichtlich Hilfestellung leistete.

Die IM „Sylvia Richter" und „Georg Notker" waren, wie klar aus den Akten hervorgeht, perfekte und beflissene Diener ihres inoffiziellen Dienstherrn. Mehr noch: Sie gefielen sich darin, Rezensionen zu schreiben über die Qualität dessen, was im „Kreis" an Beiträgen geleistet worden war. Sie lieferten mit den Berichten zugleich durchaus intime Charakterstudien ihrer selbst, wenn sie Feuilletons solcher Art verfaßten:

> „Nun begannen Rompf und (Thomas) Wüstefeld, wie die Besessenen zu musizieren. Es lief dann auf einen schlecht gemachten und total stümperhaften Blues- und Boogie-Stil hinaus ... Einzig, und das ist erwähnenswert, ist nach meiner Meinung Herr R(ompf). in der Lage, sauber und brillant das Klavier zu beherrschen."

Das war nur einer von insgesamt rund 80 IM-Berichten der beiden, deren oberlehrerhafter Habitus daraus erwachsen sein mochte, daß sie offenbar ihren Stasi-Auftrag auch darin sahen, die Frankfurter „Subkultur" aus ihrer Sicht mit Zensuren zu belegen.

Ihr Bedürfnis, das Gesehene mit fotografischer Präzision wiederzugeben, bekam geradezu rührende Züge, wenn sie Zeugen zu künstlerischen Happenings geronnener Systemkritik wurden:

> „... ein ,Dia-Ton-Vortrag' durchgeführt: u. a. waren auf dem Tonband Satzfragmente aus Reden des Gen. Honecker völlig sinnentstellt zusammengefügt und mit schneller, dissonanter Musik unterlegt. Andererseits waren vollständige Biermanntexte mit leiser, harmonischer Musik unterlegt auf dem gleichen Band enthalten." (16. Februar 1977)

Hier verbot sich jede Wertung, da wollte man nur Auge und Ohr für die Firma Guck und Horch sein, statt zu interpretieren oder gar, wie bei der musikalischen Darbietung, den künstlerischen Wert zu erörtern: „Über dem Kopf des Gen. Honecker sind mehrere Schafköpfe angebracht", radebrechte man denn auch ange-

176

sichts einer Collage, die an einem Tagungsort des „Kreises" an der Wand hing – und fügte zur besseren Verständlichkeit eine Zeichnung von eigener Hand dem IM-Bericht bei.

Material bekamen die IM sozusagen frei Haus geliefert. So sprach man schon in der ersten Sitzung, an der sie teilnahmen, über den Philosophen Ernst Bloch unter dem Motto „Religion und Marxismus, die Bibel als subversives Buch". In anderen Sitzungen, weiterhin subversiv, über den Wehrdienst und das Recht auf Verweigerung aus Gewissensgründen, über Einsteins Relativitätstheorie, Richard Wagner und seine Bedeutung für die moderne Musik, allgemein über Kulturpolitik und über Werke von Rainer Kunze oder Wolf Biermann, dessen Gedichte und Platten verlesen oder gespielt, dann analysiert und diskutiert wurden. Auch eigene Werke wurden verlesen oder zur Aufführung gebracht.

Das klingt heute ziemlich unspektakulär. Doch 1976 und 1977 durchsetzte Panik vor „feindlichen Gruppierungen" die Reihen der Stasi. Als „feindlich" galt jede Gruppe, die etwa durch regelmäßige Treffen gefestigt, von einer gemeinsamen Haltung zu bestimmten Themen und von einer gewissen DDR-Ferne geprägt war.

Seitdem der Fluchtweg in den Westen verstellt war, hatten Intellektuelle die innere Emigration gesucht. Wichtige Impulse gaben die schließlich in offene Unruhen mündenden, vor allem studentischen Protestbewegungen in den USA, Frankreich und in der Bundesrepublik Deutschland. Zum Hinterfragen der dominierenden marxistisch-leninistischen Doktrin führten aber vor allem die gleichzeitigen Reform-Entwicklungen in der CSSR, die 1968 im „Prager Frühling" zu einem Höhepunkt kommen sollten, um wenig später zerschlagen zu werden. Die SED wandte sich entschieden gegen jede Tendenz nach Prager Muster, komme sie aus den eigenen Reihen oder aus der Bevölkerung. Und doch war auch in der DDR der Boden bereitet für erste Menschenrechts-, Friedens- und Umweltgruppen, die sich, wenn nicht vom Sozialismus, so doch von der Sozialismusauffassung der SED abwandten.

Bei den Kämpfen innerhalb der SED in den 50er Jahren hatte sich die Auseinandersetzung um den Grad der Stalinisierung ge-

177

rankt, aber letztlich hatte sie immer zum Ziel, Ulbricht und seine Leute an der Spitze des Systems abzulösen. Robert Havemann, selbst noch SED-Mitglied, forderte Anfang der 60er Jahre erstmals öffentlich demokratische Reformen in der Führungspartei.

Die neue Opposition dagegen formierte sich außerhalb des Systems. Sie wollte nicht die Partei umkrempeln, an deren Reformfähigkeit sie nicht mehr glaubte. Sie verlangte nicht nur Änderungen – ihr paßte die ganze Richtung nicht.

Die einzelnen Gruppen waren anfangs klein, desorganisiert, standen selten mit anderen Gruppen in Verbindung und waren oft nur auf ein Thema fixiert, wollten oder konnten daher in der Regel keine gesellschaftspolitischen Alternativen für die Zukunft der DDR aufzeigen. Sie arbeiteten nicht konspirativ oder subversiv. Im Gegenteil suchten und fanden sie Anfang der 80er Jahre Kontakt zueinander, so daß sich die ersten Ansätze zur späteren Bürgerbewegung bilden konnten. DDR-weit hatten sie aber insgesamt nach Erkenntnissen der Abteilung Bildung und Forschung der Behörde des Bundesbeauftragten für die Stasiunterlagen Ende der 80er Jahre nur knapp 4 000 Mitglieder. Soviele Menschen waren bei der Stasi jedenfalls als harte politische Oppositionelle registriert. Dennoch machte die Opposition außerhalb der stabilen Kontrollmechanismen, über die die SED in den Parteien und Massenorganisationen verfügte, die Führung unsicher. Die Furcht vor erstarkenden „Gruppierungen", die plötzlich konzertiert gegen die SED vorgehen könnten, war die Ursache für das Ausufern der „Zersetzungsmaßnahmen" in den 70er und 80er Jahren.

Ein Ziel war dabei die (evangelische) Kirche, die vielen Gruppen Räume und damit das Dach für ihre Tätigkeit bot und zugleich eine sozialismusfremde Ideologie vertrat. Das zweite Ziel waren Intellektuelle, die jenseits der kulturpolitischen Verbände und Organisationen, die alle unter Führerschaft der SED standen, in den Großstädten eine Alternativ-Szene bildeten. Da gerade die Kulturpolitik ein wesentliches Propagandainstrument der SED war, die bewährte feine Abstimmung gewährter und kassierter Freiheiten jedoch nur im Rahmen der offiziellen Kultur wirken konnte, infiltrierten ganze Scharen von IM der Stasi die jungen Gesprächs-, Musik- und Literatenkreise. Die Zahl der Hauptamtlichen Mitarbeiter der Stasi stieg zwischen 1970 und 1980 von 43 311 auf

178

75 138, Ende Oktober 1989 waren es 91 015.[59] 1988 gab es zudem 174 000 Inoffizielle Mitarbeiter der verschiedenen Kategorien, darunter 109 000 IM.[60]

Peter Rompfs „Kreis" traf sich alle drei bis vier Wochen. In Privatwohnungen, im „erweiterten Familienkreis", wie Margarete M., Peter Rompfs Schwester, sagt – ein Kreis von Freunden, die sich teils aus der Kirche kannten. „Wir hatten keine Teilnehmerliste, aber die Stasi hatte eine."

Peter Rompf wurde, wie früher Wüstefeld, die Zusammenarbeit mit westlichen Geheimdiensten unterstellt:

„Bisher kann jedoch nicht eingeschätzt werden, ob und welche Organisatoren bzw. Hintermänner außerhalb der Gruppe existieren. Gleichfalls kann noch nicht eingeschätzt werden, ob die Bildung und Tätigkeit der Gruppe auf Veranlassung, mit diesen oder durch ,Förderung' von feindlichen Dienststellen, Institutionen oder Personen aus dem kapitalistischen Ausland erfolgt",

heißt es, vermutlich 1976, in einem undatierten Bericht der Stasi. Sie trug Indizien für eine Außensteuerung des Frankfurter Gesprächskreises zusammen: Die Aufführungen von Kompositionen Rompfs im West-Berliner Sender Freies Berlin, Rompfs Versuch, Partituren bei einem Verlag in Westdeutschland unterzubringen, da sie in der DDR nicht verlegt wurden. Daß er sogar den seit Jahren unter intensiver beobachtung stehenden Oppositionellen Wolf Biermann ansprach, im „Kreis" aufzutreten, war der Staatsmacht nicht verborgen geblieben.

Rompfs Wohnung wurde beobachtet, das Haus, die Kirche, alles. Er wurde von auffällig unauffälligen Autos verfolgt, vier Herren in einem Trabi am Straßenrand lasen lang und ausgiebig vor dem Haus im „Neuen Deutschland", wenn er jemanden besuchte. Aus den Akten geht hervor, daß alles protokolliert, abgehört und geprüft wurde, was Rompf unternahm oder äußerte.

Bei Telefongesprächen witzelte er herum: „Hallo Martin, hallo Genosse Mithörer." Doch mit der ausgefeilten Abhör-Elektronik,

---

[59] Die hauptamtlichen Mitarbeiter, S. 99 f.
[60] Müller-Enbergs, S. 59 (Hochrechnung auf dokumentarischer Basis).

179

mit der Privaträume überwacht wurden, hatte niemand gerechnet. „Wir glaubten nicht, daß unsere sowas tolles haben."

Sie hatten aber, und so kommt es, daß manch vergessenes Familiengespräch heute dank der Stasi wieder ins Gedächtnis gerufen wird.

Mitunter kamen Rompf drei Herren in unauffälligem Stasi-Zivil – helle Windjacke, helle Schuhe, graue Hose –auf dem Gehweg entgegen und zwangen ihn auf die Fahrbahn auszuweichen, als ob sie Streit suchten. „Das glaubt einem heute keiner mehr."

1974 wurde die erste Operative Personenkontrolle gegen Burkhart Fain eröffnet. Er hatte sich durch abweichendes Verhalten verdächtig gemacht: An Feiertagen des sozialistischen Kalenders hängte er die Fahne nicht raus. Da die Familie an der Karl-Marx-Straße, der Magistrale, wohnte, konnte dies fast schon als politische Demonstration aufgefaßt werden. Ein IM in der Hausgemeinschaft versorgte die Staatssicherheit mit der Erkenntnis, daß „der F. ... keinen guten Leumund unter den progressiven Kräften in dieser Hausgemeinschaft" habe. Da Fain jedoch nichts schlimmeres nachzuweisen war, als daß er weniger Sozialist war, als einige seiner Nachbarn gern gesehen hätten, verliefen die Stasi-Ermittlungen für diesmal im Sande.

Doch die Nachbarn blieben wachsam. Die im Haus, aber auch die in der Gartensparte. Schließlich wagten es die Fains immer wieder, in ihrem den Sowjets benachbarten Garten die Verwandtschaft aus dem Westen zu empfangen.

Ende 1975 bekam Rompf den Tip, „daß die Verhaftung des Frankfurter Kantors" wegen staatsfeindlicher Hetze unmittelbar bevorstehe. Ein Strafrechtler riet: „Sofort Ausreiseantrag stellen. Wenn überhaupt etwas, wird ein Ausreiseantrag vor einer Verhaftung schützen."

In seinem ersten Antrag sprach Rompf von seinen in der DDR stark eingeschränkten Arbeitsmöglichkeiten und davon, daß er zu wichtigen Kirchenmusikveranstaltungen nicht nach Westdeutschland fahren dürfe. „Der Antrag wurde nicht recht ernst genommen."

180

Also stellte er einen zweiten, in dem er auf allgemeine, „international anerkannte" Menschenrechte hinwies und „kulturpolitisch heftig vom Leder" zog. Rompf berief sich auf die von Erich Honecker unterzeichnete Schlußakte der Konferenz für Sicherheit und Zusammenarbeit in Europa (KSZE) vom August 1975. Darin hieß es:

„Die Teilnehmerstaaten werden die Menschenrechte und Grundfreiheiten, einschließlich der Gedanken-, Gewissens-, Religions- oder Überzeugungsfreiheit für alle ohne Unterschied der Rasse, des Geschlechts, der Sprache oder der Religion achten. Sie werden die wirksame Ausübung der zivilen, politischen, wirtschaftlichen, sozialen, kulturellen sowie der anderen Rechte und Freiheiten, die sich alle aus der dem Menschen innewohnenden Würde ergeben und für seine freie und volle Entfaltung wesentlich sind, fördern und ermutigen."

Diesmal gab es keinen Zweifel daran, daß der Antrag ernstgenommen worden war. Mehrfach wurde Rompf in die „Abteilung Inneres" des Rates der Stadt – eine Abteilung der Stasi – zitiert und dort angebrüllt, befragt, agitiert.

Die DDR hatte sich mit der Unterzeichnung der KSZE-Schlußakte in eine Zwickmühle manövriert. Zwar verschaffte sie dem SED-Staat die gewünschte internationale Anerkennung. Doch wie Rompf beriefen sich viele Menschen auf die Deklaration der Menschenrechte in der Schlußakte, um aktiv Freiheiten und Freizügigkeit einzufordern. Es war nicht das erste Bekenntnis der DDR zu den Menschenrechten, aber angesichts der geänderten Stimmung im Lande das folgenreichste. Auf der Basis des KSZE-Dokuments bildeten sich Menschenrechtsgruppen, nahmen Verbindung auf zu ähnlichen Gruppen in anderen Ländern – etwa zur „Charta '77".

So sehr die DDR sich auch mühte, die typische volksdemokratische Definition der Menschenrechte zu vertreten – da tritt das Individuum hinter der Wohlfahrt der Gesellschaft zurück: Die politischen Freiheiten für das Individuum, die sie mit der KSZE akzeptiert hatte, rief man ihr immer wieder in Erinnerung. Die schlechte Presse, die die DDR bei jedem größeren Verstoß im Westen bekam, war schlecht auch für die dringend benötigte wirtschaftliche Kooperation mit dem Westen, besonders mit der Bundesrepublik. Zu einer Öffnung nach Westen gab es keine Alternative, zur geschlossenen, sozialistischen Gesellschaft sollte keine Alternative zugelassen werden. So schlingerte die DDR in schwindelerregender Geschwindigkeit zwischen den Extremen Härte und Nachsicht, je nach gerade angesagter Politik.

Härte wie beim Urteil gegen Rudolf Bahro, beim Rausschmiß Wolf Biermanns, bei der neun Monate währenden Isolationshaft von Jürgen Fuchs.

Stets wirkten Stasi und Justiz dabei in altbewährter Weise zusammen. So schuf die Staatssicherheit, wie der Richter Wolfgang Pfister, damals Vorsitzender einer Rehabilitierungskammer beim Landgericht Berlin, 1994 in einer Veranstaltung der Gauck-Behörde berichtete, für Menschen, deren Verhalten der Stasi nicht paßte, gelegentlich auch falsche Tatbestände. Volkspolizei und Justiz behandelten sie dann wie normale Kriminelle – ein Verstoß gegen die KSZE-Forderung politischer Freiheitsrechte war so nicht nachzuweisen.

Wichtig war die rechtsstaatliche Fassade vor allem in Fällen, in denen Publizität zu erwarten war. So wurde Jürgen Fuchs aus keinem anderen Grunde in der U-Haft der Staatssicherheit endlosen Verhören ausgesetzt, als um ihn gegen seinen Freund Robert Havemann „offiziell" als Zeugen zu benutzen, dem man eine Vielzahl „inoffiziell" erlangter Beweise unterschieben konnte.

Fuchs nennt diese Taktik in seinen Schriften und Vorträgen auf der Basis von Stasi-Lehrbüchern „rechtlich gestützte Zersetzung".

Fuchs ließ sich nicht umdrehen. Die Stasi mußte die Prozesse gegen Havemann auf der Basis sehr dünner „offizieller" Beweise inszenieren.

Diese Form der Zersetzung war offenbar weithin üblich als Attacke gegen die „Gruppenbildung". So wurde etwa Clemens Hansch, heute Wohnungsamtsleiter von Frankfurt (Oder), 1972 als kirchlich engagierter Mitarbeiter der Akademie der Wissenschaften ein Jahr lang in Magdeburg in Untersuchungshaft festgehalten. Einzelhaft, Beschäftigungs- und Leseverbot, ständige Überwachung, Verhöre von quälender Intensität und Dauer – Ziel war offenbar auch hier, den damals 31jährigen als Zeugen zu gewinnen, der „inoffizielle" Erkenntnisse in gerichtsverwertbare umwandeln

182

könnte. Doch ließ sich Hansch nicht gegen seine Freunde aufbringen. Er kam frei, wurde aber, anders als Fuchs, nicht in den Westen abgeschoben, weil er sich geweigert hatte, den Ausreiseantrag zu stellen. Hansch blieb in der DDR und unter ständiger Beobachtung, was ihn, wie er selbst sagt, im Laufe der Zeit zu einem verschlossenen, schwer umgänglichen, depressiven Menschen machte. Erst 1989 fand er wieder vollen Anschluß ans Leben.

Bei Rompf war gerade nicht Härte angesagt – die angekündigte Verhaftung fiel aus.

Der Kreis ruhte für einige Monate. „In unserer Naivität dachten wir, das MfS verliere dann das Interesse. Wir konnten ja nicht ahnen, daß wir zwei Top-Agenten in unserer Mitte hatten."

„Notker" und „Richter" wirkten unterdessen auftragsgemäß zersetzend von innen: Der Kreis glaubte von den Falschen, daß sie mit der Stasi zusammenarbeiteten, während man den beiden Inoffiziellen stets vertraute. Die beiden schrieben manchmal zwei bis drei Berichte am Tag über Freunde aus dem „Kreis", trafen sich unablässig mit Führungsoffizieren in „konspirativen Objekten" der Stasi. Rompf gibt sich beeindruckt: „Es ist mir ein Rätsel, wie die das gemacht haben. Die hatten ja auch noch anderes zu tun."

Als der Kreis sich nach etwa einem halben Jahr schließlich „in etwas anderer Besetzung" wieder traf, im Atelier eines befreundeten Malers, handelte die Stasi mit inzwischen bei anderen Intellektuellen, die Zirkel gebildet hatten, wie Biermann und Fuchs, bewährter Geschwindigkeit.

Rompf wurde am 15. September 1977, einem Donnerstag, die Staatsbürgerschaft der DDR aberkannt. Das basierte offenbar schon auf einem älteren Plan, denn die Urkunden, die jetzt zugestellt wurden, trugen ein Datum aus dem Februar 1977.

In ihrer Furcht vor der Macht der „feindlich-negativen Gruppierungen" entwickelte die Sammelwut der Staatssicherheit bizarre Züge. So hat Wolfgang Wüstefeld in den Akten in einem tabellarischen Bericht von IM „Peter", einem Arbeitskollegen, nachlesen können, wie er eine Woche im September 1980 verbrachte. Da heißt es etwa über Dienstag, den 9. 9.: „8.00 - 13.00 Uhr Büro, kein Besuch." Oder Freitag, 12. 9. 1980: „9 - 9.30 Uhr Frühstück gemeinsam". Und: „Sonnabend für die Kirche unterwegs".

Banalitäten wurden zu tiefergehenden Ermittlungen aufgebauscht. Eine imposante Aufstellung vom Anfang der 70er Jahre nennt 60 Kontaktpersonen „des Engerling" – unter dem Decknamen wurde er bei der Stasi geführt –, 55 im Osten, fünf im Westen. Darunter „Onkel Bruno", „Muck" und „Rosi", die die Stasi nicht bekannten Personen zuordnen konnte und daher als mögliche Decknamen westlicher Spione unter die Lupe nahm. „Muck war der Spitzname meiner Tochter", lacht Wüstefeld.

Auch Observationsbefunde wie dieser aus einem IM-Bericht vom 1. April 1971 sind in Wolfgang Wüstefelds Stasiakten häufig zu finden:

„Tante T r u d c h e n gratulierte Claudia zum Geburtstag und meinte, daß sie eventuell einmal vorbeikommen wird. Claudia teilte ihr mit, daß Ina, Thea und Tante Lia kommen werden."

Doch die unfreiwillige Komik der Stasiprotokolle überdeckt nicht, daß Wüstefeld sich zeitweise ernsthaft in Gefahr befand, ohne es zu wissen. Aus einem „Operativplan" vom 27. Juli 1978 ist etwa zu entnehmen, daß er sogar unter dem Verdacht stand, Spionage für die BRD zu treiben.

Daß man auch „Ina", „Thea" und „Tante Trudchen" bei der Stasi darauf überprüfte, ob sie etwa Decknamen von Agenten wären, erregt bei Wüstefeld alias „Engerling" fast ausgelassene Heiterkeit. Dies indessen war ernst:

„W. unterhält persönliche Verbindungen zu zwei BRD-Bürgern, die nach bisherigen Erkenntnissen des MfS in einem Objekt in der BRD beruflich tätig sind bzw. dorthin Kontakte unterhalten, in dem sich Organisationen und Einrichtungen befinden die sich in ihrer Tätigkeit feindlich gegen die DDR richten."

Zu den üblichen Überwachungsmaßnahmen kamen nun noch „Speicherüberprüfungen", also Recherchen in den elektronischen Datenbanken und den Aktenkellern der Stasi-Abteilungen, hier wohl vor allem der Hauptverwaltung Aufklärung, sowie der Grenztruppen, der Volkspolizei und der Abteilungen Inneres der Kreise und der Bezirke. Ziel war, zu „prüfen, ob Verbindung zu ausländischen Agenten besteht".

Die Überprüfung ergab im Fall „Engerling" nichts Kriminelles. Das „Objekt" in der BRD war ein katholisches Kloster, einer der beiden „BRD-Bürger" ein Jesuit, mit dem Wüstefeld in der Tat in Verbindung stand. Damit war zwar der Verdacht zerstreut, Wüstefeld arbeite als Spion – der Kontakt an sich wurde jedoch nicht gern gesehen. Wenn es kein Agentenkontakt war, so war es eben wieder ein Versuch, eine „Gruppierung" zu bilden. So handelte sich ein Bekannter Wüstefelds wegen einiger Treffen mit dem Jesuiten einen Operativen Vorgang unter dem Decknamen „Larve" ein – für Gespräche unter Christen, die befreundet waren und sich über dies und das, Kirchliches und Profanes, unterhielten.

Wüstefeld nennt die Charakteranalysen, die die Stasi von ihm anfertigte, „durchaus treffend, von groben Verzerrungen in der Einschätzung abgesehen." Zu übertriebenen Kommentaren ließen sich die Geheimdienstler immer dann hinreißen, wenn sie Wüstefelds kirchliches Engagement würdigten. Er sei ein „fanatischer Katholik", hieß es einmal. Daß er, wie die Stasiakten besagen, als Brückenbauer „einer der Tüchtigsten im Bezirk Frankfurt" war, schützte ihn vor Haft oder Verlust der Arbeit.

Von der Stasi-Masche zu überwachen und zu zersetzen, statt zu strafen, wußten kleine IM wie der Arbeitskollege „Peter" nichts. Der würdigte denn auch den „Engerling" als einen „unheimlichen Taktiker", da man ihm nichts nachweisen konnte.

„Alles Quatsch", sagt Wüstefeld dazu. „Die hätten sich die ganze Spitzelei sparen können. Ich hätte mich ganz frei geäußert, wenn die mich gefragt hätten."

Doch eine solche Haltung war im tschekistischen Stasi-Weltbild nicht vorgesehen.

Am 16. September 1977, am Tag vor der Ausweisung, flatterte morgens um halbacht ein Zettel, handschriftlich auf kariertem Papier, durch den Briefschlitz – eine Vorladung. Rompf sollte sich mit seinen drei Kindern, zwei Mädchen im Alter von acht und elf Jahren und seinem neunjährigen Sohn, eine Stunde später beim Rat der Stadt, Abteilung Inneres, melden, bei der Genossin B. Mitzubringen seien Schulzeug, Zahnbürste, etwas Spielzeug, einmal Wäsche zum Wechseln, Hausschuhe und Schlafanzüge.

Sie wurden im Rathaus in einen Dienstraum zitiert, wo am Beratungstisch bereits ein Mann saß, der sein Schulterhalfter sehen ließ und insgesamt nichts unterließ, bedrohlich zu wirken.

Rompf wurde abgewiesen. Er solle die Kinder nur abgeben, sagte der Mann. „Als wir auf dem Flur für einen ziemlichen Aufruhr sorgten, durfte ich doch mit rein."

Der Mann setzte die Kinder unter Druck, die Genossin B. „machte auf Großmutter".

Man teilte den Kindern mit, daß ihre Eltern das Erziehungsrecht verwirkt hätten, und daß für alle drei bereits Plätze in einem Kinderheim beschafft worden seien.

Das war Rompfs große Stunde. Er nutzte aus, daß die Stasi nach Gesprächen über die Ausreiseanträge über seine Westverbindungen informiert war und behauptete, wenn er nicht mit den Kindern unbeschadet das Rathaus wieder verlasse, würde die Sache in den Mittagsnachrichten der Berliner „Westsender" verbreitet.

Man zog sich zur Beratung zurück. Rompfs blieben mit dem Bewaffneten allein. Die Tür war abgeschlossen, eine Flucht unmöglich, und die Kinder überlegten sich, wie sie ihrem Vater später erzählten, ob man nicht aus den Stuhlbeinen Knüppel machen könne, um dem Mann zuleibe zu rücken, oder ob man sich nicht seines „Colts" bemächtigen könne. „Die Kinder träumen noch heute, als Erwachsene, manchmal davon."

Bei der Beratungspause ging es ohne Zweifel weniger um humanitäre Überlegungen zugunsten der Familie Rompf, als um das Ansehen der DDR. Wahrscheinlich wurde die Bezirksverwaltung der Stasi konsultiert, nach Berlin telefoniert. Angesichts des internationalen Drucks in Sachen Menschenrechte, dem sich die DDR seit der KSZE ausgesetzt sah, konnte man sich derlei Aufsehen nicht leisten. Und hatte nicht gerade der „Spiegel" (Nr. 3/77) in einer spektakulären Titelgeschichte über Zwangsadoptionen in der DDR berichtet?

Nach einer halben Stunde tauchten die Stasileute mit der Genossin B. wieder auf.

Die Kinder wurden mehrfach gefragt, ob sie ihren Eltern dahin folgen wollten, wo alle Verbrecher hingingen, und wo alle in der Gosse umkämen, in die BRD nämlich.

186

Ja, sagten die Kinder, da wollen wir gern mit unseren Eltern hin.

Man nahm dies zu Protokoll und die Protokolle zu den Akten, dann ließ man Rompf und die Kinder gehen. Als tags darauf am Berliner Grenzübergang Bahnhof Friedrichstraße die Papiere der nunmehr staatenlosen Rompfs kontrolliert wurden, gab es noch kurz Ärger. „Da fehlen drei Kinder", blaffte ein Grenzer – Rompf hatte einen Passierschein für einen Erwachsenen und drei Kinder, seine Frau einen zweiten.

„Wenn Sie einen Moment Zeit haben, können wir die ja schnell machen", schlug Rompf vor.

Minuten später fanden sie sich mit ein paar Koffern, aber immerhin als vollständige Familie, auf dem West-Berliner Lehrter Stadtbahnhof wieder.

„Die werden sich sowieso gewundert haben, warum ich oft an der falschen Stelle lachte", sagt Rompf. Er habe sich die Vopos und die Stasileute in langen Unterhosen beim Ponyreiten vorgestellt, wenn es besonders brenzlig wurde.

„Das ist eine Form von Galgenhumor, die ich immer noch nicht ganz verloren habe. Praktisch denken, Särge schenken..."

Die Gewährung der Ausreise oder die Ausweisung aus „politisch-operativen Gründen" war nach der Unterzeichnung der KSZE-Schlußakte zu einem zunehmend gebräuchlichen Instrument der DDR-Sicherheitspolitik geworden. Begünstigt wurde dies Vorgehen noch durch den seit Jahrzehnten praktizierten „Freikauf" von DDR-Bürgern durch die Bundesrepublik: Ein Anreiz, Häftlinge oder andere Problemfälle zu „produzieren", um Devisen zu erwirtschaften.[61] Die Ausweisung – mit oder ohne Gegenleistung – wurde in Fällen angewandt, in denen dem Staat von „feindlich-negativen Personen" unmittelbare Gefahr drohte. Der Stasi-Ministerbefehl 6/77 sah dies ausdrücklich vor, während er zugleich regelte, „rechtswidrige" Antragsteller auf Ausreise, beson-

---

[61] So z. B. der Zeitzeuge Hans-Hermann Lochen, der 1980 bis 1985 in der Ständigen Vertretung der BRD in Ost-Berlin arbeitete, in einer Veranstaltung der Außenstelle der Behörde des Bundesbeauftragten für die Stasiunterlagen am 26. März 1996.

ders solche, die sich auf die KSZE beriefen, grundsätzlich abzuweisen, sie auf die strafrechtlichen Konsequenzen aufmerksam zu machen, im Privaten wie im Beruf durch Zersetzung zu schikanieren.[62] Die Ausweisungen (meist nach zuvor, mitunter auch unter Druck gestellten Ausreiseanträgen) dienten dazu, die Lage in der DDR ruhig zu halten, ohne mit Massenverhaftungen internationales Aufsehen zu erregen.

Wolfgang Wüstefeld eine feindliche Haltung gegenüber der DDR zu unterstellen, war zwar eine durchaus treffende Analyse aus Sicht der Genossen beim Geheimdienst. Wüstefeld wandte sich schon aus christlichem Bekenntnisdrang gegen atheistische Diktatur des Proletariats, wo immer er konnte. Doch wurde er nie aggressiv. Daher klingt aus manchen IM-Berichten auch eine gewisse Achtung vor Wüstefelds Offenheit und Geradlinigkeit oder gelegentlich ein Hinweis darauf, daß Wüstefeld zu trennen wußte zwischen dem ungeliebten System und dessen Vertretern, denen er als Mensch unter Menschen, eben nicht feindlich, zu begegnen wußte.

Dies Verhalten eines als „Feind" identifizierten Bürgers führte zu Irritationen, zu Unsicherheit manchen IMs im Umgang mit Wüstefeld – und dazu, daß er viele, vor allem junge Menschen, stark beeindruckte, indem er sie mit freiheitlichem Denken konfrontierte. „Das war immer ein starkes Erlebnis, wenn er in der Gemeinde auftrat", sagt eine seiner Zuhörerinnen, Peter Rompfs Schwester Margarete, heute.

Teil dieser Haltung ist auch der unbeirrbare Blick aufs Positive – selbst wenn die Not groß ist. Als Wüstefelds Sohn Thomas 1974 als Kriegsdienstverweigerer ins Gefängnis mußte, war das eine schreckliche Belastung für die Familie. Thomas Wüstefeld und seine junge Frau hatten zwei kleine Kinder, und zwei Jahre sind eine lange Zeit. Aber auch dies erzählt Wolfgang Wüstefeld mit derselben Anteilnahme: „Es gab viel Solidarität mit meiner

---

[62] MfS-Handbuch: Die zentrale Koordinierungsgruppe Bekämpfung von Flucht und Übersiedlung, Berlin 1995, S. 23 f. (Im folgenden: „Die zentrale Koordinierungsgruppe".)

188

Schwiegertochter damals. Man hat ihr einfach Geld in den Briefkasten gesteckt, für ihren ‚tapferen Mann'."

„Es gab 100 gute Gründe wegzugehen, aber auch 1 000 Gründe hierzubleiben."

Da waren die pflegebedürftigen Schwiegereltern. Und die Katholische Gemeinde, die Wüstefeld als bewahrenswert empfand: „Wir hatten da ein ziemliches Ansehen, da wären sicher viele hinterhergezogen, wenn wir gegangen wären. Das wollten wir nicht. Es sind sowieso mehr Katholiken weggegangen, als es ihrem statistischen Anteil an der Bevölkerung entsprochen hätte." Außerdem dachte Wüstefeld immer, „daß Leute hierbleiben müßten, die wissen, was passiert war in der Vergangenheit, und die die Vereinigung der beiden deutschen Staaten wollen. Deshalb auch meine Vorträge zur Geschichte."

Daß die Staatssicherheit diese Vorträge aushielt, hatte natürlich neben Wüstefelds Können als Bauingenieur noch einen weiteren handfesten Grund: Daß er kontakt- und kommunikationsfreudig war, ließ ihn zu einem begehrten Objekt der Beobachtung werden. Wer mit ihm in Kontakt kam, mußte damit rechnen, selbst in Verdacht zu geraten. Nur in Freiheit konnte Wüstefeld der Staatssicherheit dazu dienen, über die angeblichen staatsfeindlichen Aktivitäten, als deren Zentrum er angesehen wurde, auf dem laufenden zu bleiben. „Aufklärung" über oppositionelle Kreise war ein wesentliches Motiv der intensiven Stasi-Arbeit an den Vorgängen, die „Engerling" betrafen.

Als Stadtorganist fand Peter Rompf in Schweinfurt eine neue Stellung. „In der Zeit hatten wir drei Stasi-Hausbesuche." Unter Vorwänden - etwa einer Erbschaft in der BRD - tauchten ostdeutsche Besucher auf, die in unbekannter Mission versuchten, Rompfs Vertrauen zu erschleichen. Er informierte den Verfassungsschutz mit dem Erfolg, daß die Besuche bald ausblieben.

Wahrscheinlich wollte die Stasi in Erfahrung bringen, über welche Verbindungen in die DDR Rompf noch verfügte. Die Überprüfung von „Rückverbindungen" gehörte in Fällen, in denen die Ausreise aus politschen Gründen genehmigt worden war, zur gängigen Praxis des MfS. Und immerhin traf Rompf sich mit seiner

Schwester und seinem Schwager in Ungarn und in Polen, in der Ferienzeit. Beim Biertrinken in sommerlicher Landschaft hatte man biertrinkende Nachbarn, deren Berichte wiederum auf dem Wege der Amtshilfe unter sozialistischen Freunden in die Stasiakten Eingang fanden. Und obwohl Rompf das Land hatte verlassen müssen und der „Kreis" daher ohne seinen angeblichen Rädelsführer auskommen mußte, hatte die Stasi keinen Zweifel daran, daß die „vermutlich staatsfeindlichen Aktivitäten" auch ohne Rompf weiterbetrieben wurden.

Ein weiteres Opfer staatlicher Zersetzungsmaßnahmen wurde daher Peter Rompfs Schwager, Heinz M., der seinen Namen nicht in der Zeitung ausgeschrieben sehen möchte. Als Parteiloser hatte er eine leitende Position beim Rat des Bezirks Frankfurt (Oder).[63] „Eines Tages traf man den Beschluß, mich aus dem Staatsapparat zu entfernen."

Als Heinz M. erkannte, daß man ihn von seiner Stelle ekeln wollte, dachte er zunächst, es sei etwas Persönliches, allenfalls der Umstand, daß er nicht der SED angehörte. Daß seine beruflichen Schwierigkeiten mit derselben Sache zu tun hatten, über die sein Schwager die DDR hatte verlassen müssen, glaubte er schon deshalb nicht, weil dies ja vorüber war.

So arglos die vermeintlichen Staatsfeinde in den Tag hineinlebten – die Stasi war umso argwöhnischer.

„Der ausgewiesene R. nutzt die verwandtschaftliche Beziehung zu M. für die Durchsetzung seiner Interessen gegen die DDR aus, indem er diesen für seine staatsfeindliche Zielsetzung mißbraucht. M. soll zu einem Stützpunkt des Untergrundes in der DDR werden."

Dieser Befund aus einem „Sachstandsbericht" zur „Operativen Personenkontrolle" (OPK) „Runde", die an den OV „Kreis" anschloß, vom 11. Mai 1979 überrascht umso mehr, als „Notker"

---

[63] Auf Wunsch Heinz M.s wird hier nicht näher ausgeführt, welcher Abteilung er angehörte. Die M.s fürchten Klagen oder Repressionen ehemaliger Stasimitarbeiter, die von gemeinsamen Bekannten eventuell identifiziert werden könnten. Die Aktenlage ist indessen eindeutig: Alle IM sind einwandfrei mit vollem Klarnamen identifiziert.

190

und „Richter", die beiden eifrigen Inoffiziellen, Heinz M. mehrfach als einen eher „naiven" Teilnehmer des Kreises charakterisiert hatten. „Da sieht man mal, wie mein Mann sich verstellen konnte", witzelt Margarete M.

Auch sie wurde überwacht. Auf die selbständige Handwerksmeisterin mit eigener Goldschmiede wurde IM „Kraus", ein vermeintlicher Freund, angesetzt, der einem ebenfalls vom 11. Mai 1979 datierenden „Operationsplan" der Stasi zufolge „die politische Einstellung der M.", den „finanziellen Stand der Geschäfte der M.", und besonders „Unkorrektheiten in der Geschäftsführung der M." aufklären sollte, „die politisch-operativ als Druckmittel genutzt werden können".

Was damit gemeint war, geht aus den Akten nicht hervor. Doch war mit dem Ende des OV „Kreis" der Informationsfluß über die privaten Aktivitäten und Kontakte des Ehepaars M. ins Stocken geraten – möglicherweise wollte die Stasi eventuelle Unregelmäßigkeiten im Geschäft Margarete M.s als „Kompromat" benutzen, also als „objektive Erkenntnis" über eine nicht geahndete Straftat, wie sie etwa eingesetzt wurde, um Menschen mit „verfestigter antisozialistischer Einstellung" zu einer Mitarbeit als IM zu erpressen.[64] Stasi-intern war in solchen Fällen von Erpressung nicht die Rede, sondern von einer Mitarbeit aus „Wiedergutmachungs- und Rückversicherungsmotiven".

Doch dazu kam es bei Margarete M. nicht. „Ich habe nicht einen Feilspan Gold abgezweigt" – was in der DDR, wo jedes Bröckchen Edelmetall registriert wurde, in der Branche durchaus üblich gewesen war. Ob ihr der IM „Kraus" im Falle einer Verfehlung auf die Schliche gekommen wäre, ist indessen fraglich – war er doch nicht einmal in der Lage, einen vernüftigen Grundriß des Ladens zu zeichnen, in dem er regelmäßig verkehrte. Ein fehlerhafter Grundriß fand sich bei den Stasiakten.

Der Druck gegen Heinz M. nahm bald unerträgliche Ausmaße an. Man kritisierte seinen Führungsstil und seine Arbeit, kontrollierte von ihm erledigte Vorgänge nach, legte jedes seiner Worte auf die Goldwaage. Es war offensichtlich, daß man fieberhaft nach Gründen suchte, ihn loszuwerden. Als eifrige Stasi-Helfer wirkten

---

[64] Wörterbuch, Seiten 194 u. 218.

191

seine Kollegen, denen M. keinerlei Mißtrauen entgegenbrachte und die seiner Loyalität sicher sein konnten. Was er von sich gab, wurde umgehend veruntreut. „Bei Gesprächen im Kollegenkreis war es üblich, recht privat zu plaudern." IM „Siegbert" schrieb der Stasi sogar einen besonderen Bericht über die Hobbies des Probanden.

Obwohl niemand Mängel an seiner Arbeit fand, sah Heinz M. sich nach einigen Monaten eifriger Zersetzungsmaßnahmen nervlich zerrüttet. Als wieder einmal in einer Leitungsberatung an seiner Arbeit kein gutes Haar gefunden wurde, entfuhr ihm der Ausruf: „Jetzt reicht's, ich gehe."

Nach 20 Jahren im Dienste des Bezirks geschah etwas Ungeheuerliches: „Die gingen darauf sofort ein. Es gab kein Zurück mehr. Ich war so gut wie sofort draußen."

Der Schlußbericht zur OPK „Runde" vom 20. Juli 1979 lobt folgerichtig: „Entsprechend dem Operationsplan ... wurden zielgerichtet politisch-operative Maßnahmen zur Herauslösung des M. aus dem Rat des Bezirkes eingeleitet und durchgeführt" mit Hilfe von „inoffiziellen Kräften und IM in Schlüsselpositionen" – was im übrigen dank der Differenzierung zwischen „inoffiziellen Kräften" und „IM" ein hübscher Beleg dafür ist, auf welch schwankem Boden sich die bewegen, die glauben machen wollen, als Beweis für eine Stasimitarbeit könne nur die Verpflichtung als IM dienen...

Doch damit war es nicht getan. Entlassen mit einem ausgezeichneten Zeugnis – als letzter Hinweis, daß alles bis auf die Politik in Ordnung gewesen war –, fand Heinz M. im Bezirkskrankenhaus eine neue Stellung. Die Akte der OPK „Runde" endet mit dem Vermerk, daß auch dort der Einsatz zuverlässiger IM gegen Heinz M. fortgesetzt werden solle. Und richtig: Der Druck ging weiter, was dazu führte, „daß meine Aufgabe schließlich darin bestand, Feuerlöscher zu prüfen".

Bei schönem Wetter fuhren Fains in den Garten, wie Tausende andere Frankfurter auch. Was hinter der Mauer bei den sowjetischen „Freunden" passierte, war ihnen ziemlich egal.

192

Großes Interesse daran hatten ihre Gartennachbarn H. und B. SED-Genossen und Zuträger der Stasi, hielten sie es für ihre Pflicht, auf die weniger „gesellschaftlich engagierten" Gartennachbarn ein Auge zu haben.

Das gab den Ausschlag, 1984 die neue Operative Personenkontrolle „Golf" zu eröffnen. Am 18. Mai 1984 notierte Stasi-Leutnant G., worum es ging und wie vorgegangen werden solle:

> „Am heutigen Tage wurde mit dem Gen. B. zur Realisierung der OPK ‚Golf' eine Absprache geführt. Dabei ging es insbesondere um die Klärung von Regimefragen in der Gartensparte ‚Zilletal' sowie die Beratung gemeinsam zu realisierender Maßnahmen bei der Aufklärung der Familie Fain und deren Verbindungspartnern."

Als Fains 1984 nach Suchumi in Urlaub fuhren, warb die Stasi noch kurz vor der Abreise einen Mitreisenden als Inoffiziellen Mitarbeiter an, um immer auf dem Laufenden zu bleiben, was Fains so trieben und welchen Wein sie im Hotelrestaurant bevorzugten. Kaum waren sie abgereist, beschafften sich Hauptamtliche der Staatssicherheit die Fainschen Wohnungsschlüssel zu einer konspirativen Wohnungsdurchsuchung – sie brachen also ein, um durch die privaten Dinge der Familie zu stöbern.

Pakete wurden kontrolliert, Briefe geöffnet, das Telefon überwacht, die Wohnung abgehört. „Seltsam, daß in Frankfurt Leute leben, die damals jahrelang unser Privatleben beobachtet haben", merkt Erika Fain an. Privates, Intimes, auch mancher „zuweilen recht laustark" (Stasi-Protokoll) geführte Streit ist in die Akten eingegangen – eine Familienchronik der eigenen Art.

Nachbarn, Freunde, Verwandte ließen sich als IM auf Fains ansetzen, um sie für die Stasi zu bespitzeln. Etwa Erika Fains beste Freundin, Lore J., Deckname „Rolf".

Lore/„Rolf" gefiel sich darin, Lügen oder grobe Verzerrungen der Tatsachen zu Protokoll zu geben. So beschrieb sie Erika und Burkhard Fains Sohn Enrico als „Alkoholiker", der sich „in asozialem Umfeld" bewege. Über ihre Freundin Erika setzte sie in die Welt, sie nehme „Westgeld" an, lasse sich von einer befreundeten Ärztin krankschreiben, wann immer sie wolle.

193

Elf Inoffizielle Mitarbeiter weist die Akte, teils mit ihren Klarnamen, aus, mindestens vier Hauptamtliche kommen dazu. Da Erika Fains Bruder Hartmut G. als „operativ interessanter BRD-Bürger" das besondere Interesse der Stasi auf sich gezogen hatte, lag es für die Geheimdienstler nahe, vor allem IM „Norbert" auf ihn anzusetzen, wenn Hartmut zu Besuch kam – einen engen Verwandten von Burkhard Fain.

Die eifrigsten Inoffiziellen Mitarbeiter oder auch Informanten, die als brave SED-Leute ihren Genossen bei der Stasi Auskunft gaben, ohne ihnen ständig verbunden zu sein, waren indessen Fains Nachbarn in der Gartensparte.

Doch so sehr die Nachbarn sich mühten, auch diese OPK erbrachte nicht das erwünschte Ergebnis, die Fains endlich ihrer Taten zu überführen. „Keine Hinweise auf Spionagetätigkeit", notiert Oberleutnant V. am 25. Oktober 1985 als kurze Begründung für das Ende der OPK.

Erika Fain bestätigt: „Wir hatten nichts zu verbergen, hatten uns auch nichts zu schulden kommen lassen. Wir hatten nicht die blasseste Ahnung, daß wir praktisch ständig unter irgendeinem Verdacht beobachtet wurden."

Und in der Tat: knapp 800 Seiten Berichte, Maßnahmepläne und Einschätzungen umfaßt die Stasiakte der Familie. Dafür, daß sie weder „Kulturschaffende" waren, noch zu irgendeinem Zirkel der Kirche oder einer anderen schon an sich verdächtigen Gruppierung angehörten, hatte die Stasi ungewöhnlich intensives Augenmerk auf die Fains.

1988 wurde erneut ein Verfahren eröffnet – und diesmal wurde es ernst. Es war ein Operativer Vorgang, was darauf hindeutet, daß diesmal der Anfangsverdacht hinreichend erhärtet war, weshalb sich eine neue Personenkontrolle erübrigte.

Die Stasi verschaffte sich einen Nachschlüssel der Fainschen Wohnung, baute nach gründlicher Durchsuchung und Fotodokumentation Abhörgeräte ein, während Fains unter Vorwänden von stasitreuen Kollegen an ihren Arbeitsplätzen festgehalten wurden. Erneut ging es um Spionage. Neu war indessen der Vorwurf, Fains wollten sich daran beteiligen, DDR-Bürger in den Westen zu schleusen.

194

Zwei Jahre vor dem Ende der DDR waren die für die Sicherheit zuständigen Genossen ratlos. Keine Taktik hatte verfangen: Sowohl eine zeitweise Öffnung des Ausreiseventils, wie sie im Jahr 1984 erfolgt war, wie auch die Anfang 1988 eingelegten scharfen Sanktionen gegen Antragsteller oder Menschen, die für die Reisefreiheit mit Schleifen an der Auto-Antenne oder indem sie mit ihrem Paß an Grenzübergängen erschienen waren, demonstriert hatten, erhöhten – aus unterschiedlichen Motivationen heraus – die Zahl neuer Antragsteller kontinuierlich. Die Freizügigkeit war der populäre Kernpunkt der Forderungen vieler wachsender Bürgerrechtsgruppen.

Der Versuch der Staatssicherheit, den Ausreisewunsch durch „geeignete Maßnahmen der Zersetzung" als moralisch verwerflich und geradezu gefährlich für die Gesellschaft und die persönliche Sicherheit der Ausreisebegehrenden darzustellen, verfing immer weniger. So entzogen sich allein 1986 knapp 4 000 Menschen der Kontrolle und Pression der Partei, indem sie ihre Stellen freiwillig kündigten, um sich bei schlechterer Bezahlung in oft unterqualifizierten Jobs bei der Kirche oder in Privatunternehmen durchzuschlagen.[65]

Wer seinen Antrag auf Ausreise mit entsprechenden Begründungen gestellt hatte, mußte andererseits mit Rückgewinnungsversuchen der Staatssicherheit rechnen, bei denen eine bessere Wohnung oder andere Vergünstigungen versprochen wurden.

Von zuvor rund 20 000 Antragstellern schnellte die Zahl derer, die sich um eine Ausreise bemühten, 1984 um einige 40 Prozent auf über 50 000. Im Jahr 1987 hatte sich die Zahl mehr als verdoppelt: Es gab über 105 000 Anträge auf Ausreise, 1988 waren es bereits 113 500.[66] Botschaftsbesetzungen gehörten zur Tagesordnung, auch die Zahl der Eingaben an die SED-Führung, in denen Reisefreiheit gefordert wurde, wuchs dramatisch. Stasiminister Erich Mielke stellte im Frühjahr 1988 fest:

„Wir stehen mit der Ausreiseproblematik vor einem grundsätzlichen Problem der Entwicklung der DDR. Die Erfahrungen zeigen, daß die bisher eingeleiteten Maßnahmen (mehr Reisemög-

---

[65] Die zentrale Koordinierungsgruppe, S. 40.
[66] Ebenda, S. 50.

lichkeiten, Abschiebung von Personen) nicht die erhofften Erfolge gebracht, sondern in der Tendenz das Gegenteil bewirkt haben."[67]

1989 wurde stasi-intern sogar eine Regelung entworfen, wie man der wachsenden Zahl illegal ausreisender IM Herr werden könne – mit Zuckerbrot und Peitsche.[68]

Am 13. Januar 1989 wurde Erika Fain am frühen Morgen von zwei Stasileuten abgeholt. Als sie fragte, was man von ihr wolle, sagten die beiden stereotyp, sie hätten „Fragen zu einem Sachverhalt". Da sie durchaus nicht die Möglichkeit hatte, zu widersprechen, zog sie sich an und ging mit.

Auf dem Rücksitz eines Trabant Kombi hinter den beiden Stasileuten eingeklemmt, mußte sie feststellen, daß es nicht, wie man ihr gesagt hatte, eine kurze Fahrt sein würde. Der Wagen fuhr auf die Autobahn, Richtung Fürstenwalde. „Ich war fix und fertig. Ich dachte, ich würde verschleppt", erzählt Erika Fain. Ihre ängstlichen Fragen wurden von ihren Begleitern nicht beantwortet.

Man brachte sie zu einem umzäunten Gebäude im Wald bei Fürstenwalde/Spree. In einem Raum ohne jede Verbindung zur Außenwelt begann man, sie zu befragen.

Ein Stasimann in Zivil wollte wissen: „Was stellen Sie sich unter Schleusen vor?"

Erika Fain antwortete nach einem gewissen Zögern: „Wasserschleusen, sonst nicht viel mehr."

Da brüllte der Mann sie an und stellte klar, worum es ging: „Schleusen" wie Rausschleusen – Fluchthilfe, Republikflucht – eins der schwersten Verbrechen nach den Maßstäben der DDR.

Über zwölf Stunden lang wurde Erika Fain verhört. „Die wollten von meinem Bruder und den anderen Geschwistern alles wissen. Und ich habe alles erzählt." An etwas anderes hätte sie in ihrer Angst nicht zu denken gewagt.

---

[67] Zit. nach: Bernd Eisenfeld: Dableiben oder Gehen – Regulierungsstrategien der Staatssicherheit. Thesen zur Veranstaltung gleichen Titels am 26. März 1996 im Informations- und Dokumentationszentrum der Außenstelle Frankfurt (Oder) des Bundesbeauftragten für die Unterlagen des Staatssicherheitsdienstes, S. 4.
[68] Müller-Enbergs, S. 60.

Sie erzählte auf die gezielten Fragen des Stasimanns hin auch von der Bekanntschaft ihres Bruders Hartmut zu einer jungen Frankfurter Serviererin, Susanne, die offen von ihrem Wunsch gesprochen hatte, mit ihrem Verlobten die DDR zu verlassen – auf einer Luftmatratze über die Ostsee. Hartmut hatte scherzhaft mit dem Vorschlag reagiert, ob es nicht besser wäre, wenn er die beiden mit dem Flugzeug abhole und rüberbringe.

Natürlich hatte die Stasi all dies schon gewußt.

Während des Verhörs, das etwa von 6.30 bis 20.30 Uhr dauerte, mangelte es Erika Fain aus Angst an der erforderlichen Geistesgegenwart und auch an Kenntnissen über die Arbeitsweise der Stasi, um zu erkennen, daß sie von den Genossen dazu ausersehen war, in einem Prozeß gegen Susanne, vielleicht sogar gegen Hartmut, als „offizielle" Zeugin zu dienen. Es war dieselbe Taktik, der schon Jürgen Fuchs zum Opfer gefallen war.

Susanne war zum Zeitpunkt des Verhörs bereits in Haft. Sie hatte sich als renitent erwiesen, weigerte sich, irgendetwas zuzugeben, was die Aussage einer Zeugin überflüssig gemacht hätte. Erika Fain weiß heute, daß die Frau unter anderem in einer mit eisigem Wasser gefüllten Stehzelle gefoltert wurde, um ihr ein Geständnis abzupressen.

Die Stasileute gaben Erika Fain den ganzen Tag nichts zu Essen oder zu Trinken. Als sie auf die Toilette mußte, wurde sie von zwei Männern begleitet und durfte die Tür nicht schließen.

Während der Befragungen strahlte man sie mit einem starken Scheinwerfer an. Wenn dem Verhörer eine ihrer Antworten nicht paßte, brüllte er Dinge wie: „Sie lügen! Auf dem Bauch könnte man Ihnen herumtrampeln."

Und schließlich machte der Stasimann der verängstigten Frau klar, daß keiner ihrer Schritte dem Geheimdienst je entgehen könne. „Vor einigen Tagen haben Sie Räucherlendchen mit nach Hause gebracht", sagte er beiläufig, als er sie zu ihren Lebensumständen befragte – und da erkannte sie zum ersten Mal, daß sie abgehört wurde.

Als sie schon die Hoffnung fast aufgegeben hatte, mußte sie unterschreiben, sie sei gut behandelt und verpflegt worden. Dann wurde sie nach Hause gefahren.

197

Ein Alptraum begann, aus dem Erika Fain so schnell nicht erwachen sollte. Plötzlich fiel die ganze Arglosigkeit von ihr ab. Wie bei einem Puzzle, das schlagartig aufging, paßten die Dinge zusammen. Erlebnisse, die bis dahin kaum eine Rolle gespielt hatten, ergaben auf einmal das Muster einer seit Jahren währenden „politisch-operativen" Bearbeitung.

Es hatte öfter mal Anrufe gegeben, die sich nicht erklären ließen. „Wir glaubten, es sei Telefonterror, irgendein Verrückter. An die Stasi hätte keiner von uns im Traum gedacht!"

So hatte eine tiefe Männerstimme einmal am Telefon gesagt: „Erika, ich bin's. Du willst doch in den Westen." Sie legte gleich auf und ging zur Polizei. Ein anderes Mal hatte ein Mann angerufen, der versuchte, wie ihr Vater zu klingen. Sie hatte sich schon ein paar Sekunden lang mit dem Mann unterhalten, als der nach „den Kindern" fragte. Es war ein gehöriger Schreck, zu erkennen, daß der Anrufer ein Fremder war – der nicht wußte, daß sie nur den einen Sohn hat.

Plötzlich war auch der Sinn des Ärgers zu erkennen, den ihr Sohn Enrico bei der NVA gehabt hatte: Sein Spind wurde immer wieder scharfen Ordnungskontrollen unterzogen, er durfte die Silberhochzeit seiner Eltern nicht mitfeiern, weil die Verwandtschaft aus dem Westen da war, wurde einmal zwei Tage lang verhört, nachdem er mit seinem Großvater, der aus Westdeutschland zu Besuch war, auf dem Balkon der elterlichen Wohnung Schach gespielt hatte.

Daß man ihn als Inoffiziellen Mitarbeiter gegen seine Familie hatte gewinnen wollen und er dies verweigert hatte, davon erfuhren seine Eltern erst aus den Akten – zu Hause erzählte er nie davon.

Eine Woche nach dem ersten Verhör wurde Erika Fain erneut abgeholt. Wieder standen zwei Mann vor der Tür, wieder forderte man sie auf, mitzukommen. Sie war gerade in ärztlicher Behandlung, hatte einen Labortermin. Sie wies die Männer darauf hin.

„Aber Sie müssen mitkommen", war die Antwort.

„Gut, aber Sie müssen die Verantwortung übernehmen."

Das mochten die Stasileute nicht. Sie zogen ab, mit dem Versprechen in der Tasche, sie werde in die Bezirksstasi kommen, wenn der Labortermin vorbei sei.

198

Am zweiten Tag, an dem Erika Fain bei der Stasi festgehalten wurde, gab es von früh bis 18.30 Uhr nichts zu Trinken. Die Stasileute wollten nichts anderes, als daß sie das Vernehmungsprotokoll vom 13. Januar unterschreiben solle. Nur ließ sich Erika Fain diesmal nicht wieder so unter Druck setzen, daß sie tat, was die Stasileute ihr abpressen wollten. Sie las das Protokoll gründlich, fand darin zahlreiche Ungereimtheiten und Lügen, die von den Geheimdienstlern in ihre Aussage eingefügt worden waren, und weigerte sich, die Fälschung zu unterschreiben.

Den ganzen Tag lang wurde diskutiert. Wohl um die gerade gewonnene Zeugin gegen Susanne, die Bekannte ihres Bruders, nicht zu verlieren, ließen sich die Stasileute schließlich doch auf die gewünschten Korrekturen ein.

Am Abend erhielt Erika Fain das Glas Wasser, um das sie morgens, kurz nachdem sie angekommen war, gebeten hatte. Und durfte gehen.

Keine Minute zu spät: „Ich war so fertig, daß ich nicht mehr wußte, wo ich war. Ich habe mir den Weg zur Straßenbahn weisen lassen müssen, traute mich dann aber nicht, in die Bahn zu steigen."

Das Leben in der DDR wurde für die Fains unerträglich. Einerseits waren sie dank der Erkenntnis, daß sie überwacht wurden, paranoid geworden, andererseits war es keine Beruhigung, daß diese Paranoia nicht etwa Wahn, sondern real begründbar war. „Ich hatte Furcht vor jedem fremden Auto. Ich wollte ernsthaft in die Oder gehen."

Mitte 1989 stellten sie den Ausreiseantrag.

Sofort wurden zusätzliche IM und auch hilfreiche SED-Genossen auf Erika Fain angesetzt, die im IFA-Vertrieb, wo sie arbeitete, plötzlich üblen Schikanen ausgesetzt war. „Die Stasi ging da ein und aus, der Chef war ein 300prozentiger", erzählt sie.

Friedrich Gündel wußte, daß er ständig unter Beobachtung stand. Mehrere Versuche, ihn anzuwerben, zeugten von erhöhter Aufmerksamkeit des Geheimdienstes für seine Person. Vielleicht war es diese Aufmerksamkeit, die Gündel vor einer neuen Inhaftierung schützte: Er hatte Kontakte, konnte seine Beobachter also möglicherweise zu neuen Ansatzpunkten für Ermittlungen führen, ohne selbst zum Spitzel zu werden.

Auch Gündels Engagement als Kirchenältester in Alt-Rüdersdorf entging der Staatsmacht nicht: Er wurde 1981 über den Gemeindepfarrer begefragt, verweigerte aber die Auskunft.

Erst ganz zum Ende der DDR stand Gündel erneut mit einem Bein hinter Gittern. Er überspannte den Bogen, als er 1988 ein Plakat mit dem Porträt Gorbatschows in seinen Vorgarten stellte, versehen mit der Losung: „Von der Sowjetunion lernen heißt siegen lernen." Mit dieser offenen Provokation gegen die Herrschenden wollte Gündel gegen das Verbot der im Sinne von „Glasnost" liberaler gewordenen UdSSR-Zeitschrift „Sputnik" protestieren.

„Zunächst schien das niemand zu bemerken", wundert sich Gündel noch heute. Dann machte ihn sein Sohn darauf aufmerksam, daß ein Lada 1500 tagelang vor dem Haus parkte, besetzt mit mehreren Männern, die etwas zu beobachten schienen. Stasi.

Im Januar waren Demonstranten unter großem Aufsehen ins Gefängnis gekommen, als sie am Luxemburg/Liebknecht-Gedenktag das Luxemburg-Zitat von der Freiheit, die die Freiheit des Andersdenkenden sei, als Losung mitführten.

Was Gündel nun erlebte, zeugte vom inneren Zerfall des Geheimdienstes – eine bislang unerforschte Geschichte. In neuen Verhören drangen die Geheimdienstler nicht mehr darauf, daß Gündel mitarbeitete. Sie stellten nicht einmal die üblichen bohrenden Fragen. Sie suchten ihn in der Diskussion zu überzeugen, erörterten mit ihm politische Positionen.

Die Gorbatschowschen Reformen waren – allen Verletzungen der Menschenrechte zum Trotz, die Stasi und Volkspolizei sich weiterhin und noch im Oktober 1989 leisteten – offenbar auch an einigen der Tschekisten nicht spurlos vorübergegangen.

Dennoch wurde ein Operativer Vorgang angelegt, Gündel galt als „Aufwiegler". Auch im Rüdersdorfer Zementwerk, wo er arbeitete, wurde die Präsenz der Stasi augenfällig. Gündel erhielt offene Warnungen, daß er sich anpassen solle, oder... „Meine Familie war immer in Angst, daß man mich abholen würde."

Doch bis zur Wende hatte Gündel Glück. Die Belagerung seines Grundstücks endete sang- und klanglos. Gündel verschaffte sich

200

eine kleine Genugtuung als einer derer, die am 15. Januar 1990 die Zentrale der Staatssicherheit in der Berliner Normannenstraße erstürmten.

Eine Ausreise

Dokumentation

Hans-Jürgen N███████   7700 Hoyerswerda, den 23.5.82
Angelika N███████   Lunikstraße 38

A n t r a g
auf Entlassung aus der Staatsbürgerschaft der Deutschen
Demokratischen Republik

Hiermit beantragen wir:

Angelika N███████, geb. S██████ geb. ███.1951 - Klein Kölzig
Hans-Jürgen N███████   geb. ███.1948 - Böhlen/Lpzg.
einschließlich unserer gemeinsamen Kinder

                         geb. ████████ - Spremberg
                         geb. ████████ - Hoyerswerda

Die Entlassung aus der Staatsbürgerschaft der Deutschen Demokratischen Republik entsprechend dem Gesetz über die Staatsbürgerschaft
der Deutschen Demokratischen Republik vom 2o. Februar 1967
§ 1o Abs. 1, § 11 Abs. 1

Wir sind grundsätzlich gegen die zunehmende Militarisierung
unseres öffentlichen Lebens (Wehrgesetz, Wehrkundeunterricht,
Zivilverteidigung, GST, Wehrkampfsport, Reservistendienst, Reser-
ristenkollektiv u.a.) und wollen unseren Kindern die Möglichkeiten
einräumen, später einen Beruf zu ergreifen, der ihnen gefällt und
nicht nach wirtschaftlicher Notwendigkeit.
Wir wollen es unserem Sohn ersparen, sofern er später einmal studieren bzw. einen bestimmten Beruf ergreifen will, sich vorher zu
einem langjährigen Dienst in der NVA verpflichten zu müssen.
Unser Bestreben ist es, die Wünsche nach Freizügigkeit im Reise-
verkehr, freier beruflicher und persönlicher Entwicklung und
besserer finanzieller und materieller Sicherstellung endlich realisieren zu können.

Wir möchten uns nicht damit abfinden müssen, daß stets die führende
Rolle unserer Hauptstadt hervorgehoben wird und dort eine wesentlich
bessere Versorgung der Bevölkerung mit Obst, Gemüse, Industriegütern
und anderes erfolgt. In unserem Staat sind doch alle gleich und alle
genießen die Vorzüge des Sozialismus!

205

Warum werden solche Unterschiede gemacht, den auch alle anderen
sind DDR Bürger. Was nützt uns in Berlin der Palast der Republik,
das Kultur- und Sportzentrum, der Pionierpalast, der neue Fried-
richstadtpalast u.a., wenn wir hier auf unser Haus der Energie-
und Bergarbeiter ca. 8 Jahre und länger warten müssen!

Der "visafreis Verkehr ins Freundesland" wird einem verleidet,
weil man oft von unseren eigenen Grenz- und Zollbeamten gefilzt
und kontrolliert wird, als ob man ein Verbrecher ist!
Auch andere Länder auf dieser Welt sind ansehenswert und uns wird
jede Möglichkeit genommen das mal alles mit eigenen Augen zu sehen.
Dafür fahren einige Privilegierte von Partei, FDJ und FDGB in
andere Länder (NSW) und wir dürfen nicht einmal unsere eigenen
Verwandten in der Bundesrepublik Deutschland und Finnland besuchen.
Was haben wir denn verbrochen, daß uns so etwas nicht erlaubt wird!

Ständig steigen bei uns die Lebenshaltungskosten, jedoch in der
Zeitung und im Fernsehen wird nur von Erfolgen berichtet.
Die Arbeitsproduktivität und die Effektivität steigen ständig,
dafür aber auch die Preise!
Darin liegt doch ein Widerspruch. Preissteigerungen sind mit
Verbesserungen im Gebrauchswert begründet, jedoch in vielen
Fällen ist das sicher nicht damit zu rechtfertigen. Die meisten
Preissteigerungen werden nicht begründet und man bemerkt es
erst beim Einkauf.
Wir haben es satt, einen großen Teil unserer Freizeit nur dafür
zu opfern, um nach Dingen des täglichen Lebens, Garderobe, Indu-
striegütern, Autoersatzteilen, Baumaterialien und viele andere
Gegenstände (sogenannte Engpässe) herumzurennen.
Die Versorgung mit Fleisch, Südfrüchten, Fisch, Obst und Gemüse
verschlechtern sich ständig. Auf Autoreparaturen wartet man
wochen- bzw. monatelang, auf ein neues Auto 1o Jahre, auf das
Moped 5 Jahre, auf die Tiefkühltruhe 5 Jahre und auf das Telefon
7 Jahre. Man könnte diese Aufzählung beliebig fortsetzen!

Wenn wir daran denken, daß sich unsere Kinder auch einmal einen
eigenen Haushalt einrichten wollen dann tun sie uns jetzt schon
leid. Wenn dieser Trend mit den ständigen Preissteigerungen fort-
setzt, dann müssen wir ja jetzt schon anfangen zu sparen, damit
wir sie dann auch richtig unterstützen können. Sie selbst werden
dazu nicht in der Lage sein.

Wir haben einfach kein Vertrauen mehr in die Wirtschafts- und
Sozialpolitik dieses Staates!

In der Schule und Lehre wurde uns eingetrichtert, daß jeder studieren und sich qualifizieren soll. Hat man sich endlich dazu
überwunden, studiert 5,5 Jahre und ist Ingenieur dann verdient
man genau dasselbe wie vorher als Produktionsarbeiter. Dafür
hat man aber alle Nachteile eines "Übrigen Beschäftigten".
Sei es bei der Urlaubsplatzvergabe, bei Auszeichnungen, bei Ver-
gabe von Wohnungen und anderem. Stets wird man als "Übriger Beschäftigter" hinten an gestellt.

206

Davon hat aber in der Schule und vor dem Studium keiner
geredet!
Dabei ist ja die Arbeit als Ingenieur wesentlich verantwor-
tungsvoller. Doch das gilt ja hier nichts!
Da-für wird man für irgendwelche Sondermaßnahmen herangezogen
und über einen möglichen Arbeitsplatzwechsel entscheiden ganz
andere, nur nicht man selbst.
Hier in diesem Staat zählt die Zugehörigkeit zur Partei
wesentlich mehr als fachliche Leistungen im Betrieb.

Es ist für einen DDR-Bürger beschämend, wenn man vor einem
Intershop steht und für sein sauer verdientes Geld darin nichts
einkaufen kann.
Sind wir denn Menschen zweiter Klasse, wie soll man sich das
erklären?

Sobald man eine Meinung äußert, die von der offiziellen, von
Partei und Regierung vorgegebenen abweicht oder mit einer be-
schlossenen Maßnahme nicht ganz einverstanden ist, so ist man
ideologisch nicht klar und ein Feind des Sozialismus.
Hier werden die Menschen schon in der Schule so erzogen, daß
sie zwei Meinungen haben. Eine, die ist mit der offiziellen
identisch und die zweite, die ist rein privat.
Viele DDR Bürger haben Angst die private Meinung öffentlich zu
äußern, da sie Schwierigkeiten im Berufs- und persönlichen
Leben fürchten.

Die hier genannten Gründe haben uns veranlaßt diesen Antrag zu
stellen. Wir wollen in der Bundesrepublik Deutschland uns eine
neue Existenz aufbauen und letzten Endes in fast allen Dingen
selbst entscheiden was gut für uns und unsere Familie ist.

Dieser Antragstellung ging eine mehrjährige Entwicklung voraus
und ist nicht spontan. Sie beruht auf der ständig zunehmenden
Verschlechterung unseres Lebens in der letzten Zeit.

Wir sind uns über die evtl. eintretenden Konsequenzen für unser
persönliches und berufliches Leben völlig im Klaren.

Hans-Jürgen N██████   Angelika N██████

D./ Min. d. Inneren Berlin

207

„In dem Antrag habe ich mir den ganzen Frust vom Leibe geschrieben", sagt Hans-Jürgen N. Einen Monat, bevor er die Ausbürgerung beantragte, war er 31 Jahre alt geworden, seine Frau, Angelika, war knapp drei Jahre jünger. Sie hatten zwei Kinder, Manja, Jahrgang 1971, und Raik, der Ende September 1981 auf die Welt gekommen war. Neubauwohnung in Hoyerswerda, Datsche am Stadtrand, Trabi – „Wir lebten eigentlich ganz gut in der DDR. Aber es war abzusehen, daß alles nur schlechter werden konnte."

Hans-Jürgen N. hatte sich tagelang der Formulierung des Antrags auf Entlassung aus der Staatsbürgerschaft gewidmet. Er wollte, ohne feindlich zu erscheinen, seiner Unzufriedenheit mit dem Leben in der DDR Ausdruck geben, die bei ihm schon in der Schulzeit begonnen hatte. „Meine Schwester lebte in Finnland. Da haben wir sie auch hin und wieder besucht. Plötzlich durften wir nicht mehr reisen. Ich fragte natürlich, warum wir nicht mehr reisen durften. Da drucksten alle herum, und niemand konnte es richtig erklären. Es gab natürlich die Phrasen vom ‚antifaschistischen Schutzwall'. Doch, die, vor denen wir uns angeblich schützen mußten, konnten ja kommen. Aber wir durften nicht raus. Das habe ich nicht verstanden."

Anfang der 80er Jahre galt N. als guter Kollege, sein „gesellschaftliches Engagement" bewegte sich im Rahmen dessen, was mindestens erwartet wurde. Er hatte sich mittels eines Fernstudiums zum Ingenieur fortgebildet, arbeitete auch in einer entsprechenden Position im Gaskombinat „Schwarze Pumpe" – als „sonstiger Beschäftigter" für ein Gehalt, das nur wenig höher war als der Lohn, den er zuvor als Facharbeiter bezogen hatte.

Dies war ein wichtiger Beweggrund für den Antrag gewesen.

Wenige Wochen zuvor hatte Hans-Jürgen N. zudem die Einberufung zu einer Reserveübung der Nationalen Volksarmee erhalten. „Ich dachte mir, Du stellst den Antrag jetzt oder nie mehr. Wenn ich dahin gegangen wäre, hätten die mich für fünf Jahre als Geheimnisträger für Westreisen gesperrt, und wir wären ewig nicht rausgekommen."

Angelika N., sie arbeitete im Bezirkskrankenhaus als Röntgenassistentin, war entschlossen, mitzugehen. Gemeinsam mit ihrem Mann ersann sie den besten Weg, den Antrag zu stellen, um

208

sicherzustellen, daß er auch bei den richtigen Leuten ankomme. So brachten sie nicht nur das Original des Papiers zur Abteilung Inneres beim Rat des Kreises Hoyerswerda. Sie schickten eine Durchschrift zusätzlich an das Ministerium des Inneren nach Berlin, in der (falschen) Annahme, die entsprechenden Abteilungen seien diesem Ministerium unterstellt. Tatsächlich waren es aber Stasi-Kader, die dort tätig waren.

Mit einer zweiten Durchschrift fuhren sie nach Ost-Berlin, um sie in der Ständigen Vertretung der Bundesrepublik abzugeben. Sollte ihnen etwas geschehen, so ihr Kalkül, würde jemand im Westen Bescheid wissen.

Auch ein Freund Hans-Jürgen N.s, der sich bereits in den Westen abgesetzt hatte, wußte, was dieser plante. Als Invalidenrentner hatte er eine Reisegenehmigung zu Verwandten in der Bundesrepublik zur Flucht genutzt.

Die Fahrt zum Besuch der ständigen Vertretung am 26. Mai nutzten die N.s gleich für einen Termin beim Anwalt ihrer Wahl: Dr. Wolfgang Vogel. Der bekannte Vermittler zwischen Ost und West deutete gleich an, worauf es hinauslaufen würde: Er werde erst aktiv, wenn man sie eingesperrt hätte.

Der Antrag auf Entlassung aus der Staatsbürgerschaft war Hans-Jürgen N.s Argument für seine Verweigerung des Reservistendienstes, die er am 25. Mai 1982 dem verdutzten Wachhabenden beim Wehrkreiskommando schon mündlich mitgeteilt hatte. Aus einem Bericht des Leiters des Kommandos an die Kreisdienststelle der Stasi geht hervor, daß N. sogar versuchte, dem Mann seine Einberufung zum Reservedienst zurückzugeben: „Der Einberufungsbefehl wurde ihm nicht abgenommen. N. wurde daraufhin zu einer weiteren Klärung am 27.05.1982 zum WKK Hoyerswerda bestellt" (S. 210 f). Zu diesem Termin erschien N. mit einer schriftlichen Erklärung:

„Hiermit möchte ich mitteilen, daß ich meiner Einverufung als Reservist für die Zeit vom 02.06.82 - 30.07.82 nicht Folge leiste.

Am 25.05.82 habe ich einen Antrag auf Entlassung aus der Staatsbürgerschaft der DDR in die Bundesrepublik Deutschland gestellt und möchte aus diesem Grund meinen Dienst nicht antreten."

NATIONALE VOLKSARMEE
WEHRKREISKOMMANDO HOYERSWERDA
Der Leiter

O.U., den 09.06.1982

Kreisdienststelle des MfS
z.Hd. des Leiters

7700   Hoyerswerda

Mitteilung zum Sold. d. Res. Hans-Jürgen ▮▮▮▮ geb. ▮▮▮48
Geburtsort: Böhlen, Krs. Leipzig
wohnhaft: 7700   Hoyerswerda, L▮▮▮str. 38
Arbeitsstelle: VEB Gaskombinat Schwarze Pumpe, Bereich Kokerei,
                Abt. Technik,
Tätigkeit: Fachbearbeiter für Automatisierungstechnik

Am 25.05.1982 erschien o.g. Reservist in unserem WKK und erklärte gegenüber unserem Mitarbeiter Gen. ▮▮▮▮, daß er zu dem
für ihn geplanten Reservisten lehrgang vom 02.06. bis 30.07.1982
nicht anreisen und damit dem erhaltenen Einberufungsbefehl
nicht Folge leisten wird.
Als Begründung führte er an, daß er in dem militärischen Staat
DDR nicht mehr dienen wird und einen Antrag auf Ausreise in
die BRD stellt.

Der Einberufungsbefehl wurde ihm nicht abgenommen.
N▮▮▮ wurde daraufhin zu einer weiteren Klärung am 27.05.1982
zum WKK Hoyerswerda bestellt.

Nach dem 25.05.1982 erhielten wir durch die Abt. Inneres, des
Rates des Kreises die Mitteilung, daß der Reservist N▮▮▮
einen Antrag auf Entlassung aus der Staatsbürgerschaft der DDR
und Ausreise in die BRD für sich und seine Familie gestellt hat.

210

Am 27.05.1982 erschien N████████ im WKK zur Aussprache.
Die Aussprache wurde in meinem Auftrag durch den Gen. Major ████-
████ geleitet. Mit anwesend waren:

Oberstleutnant ████████   Leiter der AG Org./Auff.
Hauptreferent ██████   verantw. Bearbeiter Reservistenwehrd.

Auf die Frage, ob er seine Meinung zur Ableistung des Reservisten-
wehrdienstes geändert hat, gab er sinngemäß folgende Erklärung
ab:
"Die DDR sei ein militärischer Staat, in dem er nicht weiter
leben, arbeiten und wohnen möchte.
Mit dem Wehrunterricht an den POS und der vormilitärischen Ausbildung, Zivilverteidigung usw. ist er nicht einverstanden.
Die schlechte Versorgung mit Industriegütern, Fleisch- und Wurst-
waren und die eingeschränkte Reisefreiheit sind weitere Gründe
für die Aufrechterhaltung seines Ausreiseantrages.
Den Grundwehrdienst hätte er schon ungewollt leisten müssen."

Auf die Hinweise des Gen. Major ████████, daß er als Reservist
entsprechend dem "Wehrdienstgesetz" nach wie vor den geleisteten
Fahneneid und der Schweigepflicht unterliege, sagte er:
"Er sei jetzt konsequent und werde den Reservistenwehrdienst
nicht antreten.
Den erhaltenen Einberufungsbefehl, den Wehrdienstausweis und das
Gesundheitsbuch brauche er nicht mehr und gebe es ab.

Im übrigen möchte er uns davon informieren, daß er in der Zwischen-
zeit die ständige Vertretung der BRD in Berlin aufgesucht und
sich um Rat befragt hat.
Dort hat man ihm mitgeteilt, daß das Wehrdienstgesetz für ihn
zutreffe und er mit Folgen rechnen muß.
Er wurde dort aufgefordert, alles was mit ihm und seiner Familie
ab sofort geschieht, sollte er der ständigen Vertretung der
BRD in der DDR mitteilen.
Er sagte uns, daß er dies in jedem Fall selbst oder über seine
Ehefrau tun wird."

211

Abschrift

Hoyerswerda, den 29.05.1982

E r k l ä r u n g

Hiermit möchte ich Ihnen nochmals mitteilen, daß ich dem
Einberufungsbefehl vom 27.05.82 für die Ableistung des
Reservistendienstes in der Zeit vom 02.06. - 30.07.82
nicht Folge leiste !
Am 25.05.82 haben ich und meine Familie einen Antrag auf
Entlassung aus der Staatsbürgerschaft der DDR beim Rat
des Kreises Hoyerswerda Abt. Innere Angelegenheiten gestellt. Wir wollen in die Bundesrepublik Deutschland
übersiedeln.
Da meiner Bitte nach Rückstellung vom Reservistendienst
bis zur Klärung dieser Sachlage nicht entsprochen wurde,
lehne ich nun grundsätzlich einen Dienst in den bewaffneten Organen dieses Staates ab !
Ich bin mir über die Konsequenzen meiner Handlung völlig
im Klaren.
Ich möchte Sie nochmals davon informieren, daß alles, was
mir oder meiner Familie in der nächsten Zeit geschieht,
an die Ständige Vertretung der Bundesrepublik Deutschland
übermittelt wird.
Das soll in keiner Weise ein Druckmittel o.ä. darstellen,
jedoch ich möchte mir nicht eines Tages von irgendjemanden
vorwerfen lassen, daß ich vielleicht irgendwelche
militärischen Geheimnisse verraten habe.

gez. Hans-Jürgen N▮▮▮▮▮
7700 Hoyerswerda
Lunikstr. 38

F.d.R.d.A.
Losansky
02.06.1982

212

N. beteuerte dies erneut in einem Brief vom 29. Mai 1982 (S. 212).

Im übrigen ging Hans-Jürgen N. weiterhin seiner normalen Arbeit nach, erschien, als wäre nichts gewesen, in der Abteilung Instandsetzung des Kombinats.

Sein Abteilungsleiter wußte Bescheid. N. hatte ein so gutes Verhältnis zu ihm, daß er ihn in die Geschichte eingeweiht hatte.

Am 1. Juni erfüllte N.s Chef den Stasi-Auftrag, eine Einschätzung von N.s Arbeit und Verhalten im Betrieb zu geben. Obwohl er, wie N. später seinen Akten entnahm, selbst Inoffizieller Mitarbeiter der Staatssicherheit war, fiel das Urteil milde, ja wohlwollend aus (S. 214 f).

Am 2. Juni verabschiedete sich Hans-Jürgen N. von seinem Vorgesetzten in der sicheren Erwartung, nicht mehr zurückzukommen. Wie immer an Tagen mit gutem Wetter fuhr er hinaus an den Stadtrand zum Garten, um an der Laube weiterzubauen, als wäre nichts gewesen.

Etwa gleichzeitig klingelten an N.s Wohnungstür in der Stadt zwei Volkspolizisten, die Angelika N. mitteilten, sie wollten ihren Mann festnehmen. Wo er denn sei? In Tränen aufgelöst wies sie ihnen den Weg zum Garten.

Wenige Minuten später wurde N. festgenommen.

Er fuhr mit seinem Trabant vorweg, die Polizei folgte. Zuerst nach Hause. Die Polizisten erfüllten Angelika N.s Bitte, ein paar Häuser weiter weg zu parken, während Hans-Jürgen N. sich duschte und in saubere Kleidung wechselte.

„Wir tun nur unsere Pflicht", versuchte sich einer der Polizisten gegenüber N. zu entschuldigen.

„Aber Ihr tut sie", antwortete N.

In der Meldestelle des Wohnblocks gab es eine Arrest- oder Ausnüchterungszelle, in der N. die Nacht verbrachte. Am nächsten Tag wurde er in Handschellen dem Militärstaatsanwalt in Cottbus „zugeführt". „Auf der Fahrt wurde noch ein anderer irgendwo eingesammelt."

Die Befragung beim Militärstaatsanwalt war unangenehm: „Der war richtig fies." N. wurde in einer Ton-Mischung aus preußischer Kommißkopp und roter Scharfmacher angeschnauzt, bot aber wenig Angriffsfläche, da er voll geständig war.

VEB Gaskombinat Schwarze Pumpe

- Bereichsdirektor Kokerei -

VEB Gaskombinat Schwarze Pumpe, 761 Schwarze Pumpe

Dienststelle des MfS

Schwarze Pumpe

Ihre Zeichen	Ihre Nachricht vom	Hausapparat	Unsere Zeichen	Datum

Betreff: N ▓▓▓▓▓▓, Hans-Jürgen - geb. ▓▓▓.1948 in Böhlen, wh.: 7700 Hoyerswerda, Lunik-Str. 38, tätig im VEB GSP, Direktionsbereich Kokerei/Abt. Technik, Fachbearbeiter Automatisierungstechnik

Die Person N▓▓▓▓▓ wurde am 27.05.1982 bei mir vorstellig und informierte mich offiziell über seine erfolgte Antragstellung auf Übersiedlung und Entlassung aus der Staatsbürgerschaft der DDR. Im Zusammenhang mit dieser Information teilte N▓▓▓▓▓ mit, daß er

- seine Funktion als Vertrauensmann niedergelegt hat und

- seinen Austritt aus der DSF und aus dem FDGB erklärt hat.

Diese Schritte begründete er mit seiner genannten Antragstellung, welche aus politischen Gründen erfolgt ist. Mir gegenüber brachte N▓▓ ▓▓▓ zum Ausdruck, daß er es für richtig gehalten hat, mich offizie über seine eingeleiteten Schritte zu informieren. Gleichfalls bracht er zum Ausdruck, daß er sich der Konsequenzen seines Schrittes bewuß ist; es für ihn aber kein Zurück mehr gibt.

Am 27.05.1982 teilte mir der Koll. ▓▓▓▓▓▓▓ - amtierender Lei ter Abteilung ▓▓▓▓▓▓ - mit, daß N▓▓▓▓▓▓ am Montag, den 24.05.1982 überraschend ohne Angabe konkreter Gründe 2 Tage Urlaub (Dienstag un Mittwoch) beantragt hatte, die ihm auch genehmigt wurden. Diesen Urlaub hat N▓▓▓▓▓ genutzt, um nach Berlin zu reisen und dort die Stä dige Vertretung der BRD aufzusuchen.

N▓▓▓▓▓ hat gegenüber ▓▓▓▓▓ geäußert, daß er die Ständige Vertretun der BRD während seines 2-tägigen Urlaubs tatsächlich aufgesucht hat. Ebenfalls gegenüber ▓▓▓ hat N▓▓▓▓ zum Ausdruck gebracht, daß er am Donnerstag Mittag zum WKK Hoyerswerda gehen will, um dort offizie Mitteilung von seiner Antragstellung zu machen und gleichzeitig mitz teilen, daß er bei Aufrechterhaltung seiner Einberufung zum Reservistendienst der NVA ab 02.06.1982 dieser Einberufung nicht Folge lei sten wird.

Fernsprecher	Fernschreiber 17 525	Bankkonto: STB Spremberg	Bestimmungsbahnhof
Schwarze Pumpe 6	Nr. d. Bereichsanlagen m. angeben	Konto-Nr. 2741-16-900003	Stück- und Expreßgut: Hoyerswerda
Vermittlung 10	Telegrafie 13		Waggonladung: Spreewitz
			Betriebsnummer 02 640 196

214

Durch mich wird N▮▮▮▮▮ als ein korrekter, fleißiger und sehr intelligenter Mitarbeiter eingeschätzt, der in der Vergangenheit in seinem Arbeitskollektiv in keiner Weise negativ in Erscheinung trat".
N▮▮▮▮▮ war bisher stets bereit, kleinere gesellschaftliche Aufgaben im Rahmen der Gewerkschaftsarbeit zu übernehmen und hat diese auch zuverlässig realisiert.
Von seinen beruflichen Aufgaben her beschäftigt er sich ausschließlich mit Automatisierungsfragen in der Kokerei und gilt auf diesem Gebiet gegenwärtig als die Fachkraft Nr. 1.

Zu bemerken ist noch, daß N▮▮▮▮▮ mit einer Bearbeitungszeit seines Antrages in einer Zeitdauer von 2 - 3 Jahren rechnet.
Als Konsequenzen aus seiner Antragstellung rechnet N▮▮▮▮▮ mit einer Entbindung aus seiner jetzigen Funktion und rechnet mit seinem Einsatz entsprechend seiner Berufsausbildung als BMSR-Mechaniker.

Nach meiner Einschätzung wird es schwierig sein, N▮▮▮▮▮ von einer Rücknahme seines Antrages zu überzeugen. Diese Einschätzung leite ich daraus ab, daß N▮▮▮▮▮ seine Entscheidung bewußt trifft und sich diese tiefgründig überlegt.

K ▮▮▮▮▮
Bereichsdirektor Kokerei

215

NATIONALE VOLKSARMEE
WEHRKREISKOMMANDO HOYERSWERDA
Der Leiter

O.U., den 08.06.1982

Kreisdienststelle des MfS
z.Hd. des Leiters

7700   Hoyerswerda

Mitteilung

Am 03.06.1982 erschien Frau N█████ im WKK um sich Auskunft
über den Verbleib ihres Gatten, der am 02.06.1982 gegen
20.30 Uhr durch das VPKA zugeführt wurde, zu erkundigen.
Durch Gen. Oberstltn. ████ erhielt sie die Antwort, daß
er dem Einberufungsbefehl nicht Folge geleistet habe und er
am 03.06.1982 dem Militärstaatsanwalt Cottbus zugeführt wurde.

Am 04.06.1982 erschien sie erneut zum gleichen Problem. .
Nach telefonischer Rücksprache mit dem Militärstaatsanwalt
wurde ihr durch Gen. Major ████████ mitgeteilt, daß ihr Gatte
auf Grund des § 43 Abschnitt 1 in U-Haft genommen wurde und er
sich in der U-Haftanstalt Cottbus, Bautzener Str. befindet.
Die schriftliche Mitteilung erhält sie vom Militärstaatsanwalt.
Sie wurde darüber informiert, daß sie weitere Fragen über den
Militärstaatsanwalt zu klären hat.
Im Gespräch äußerte sie, daß sie fest zur Meinung ihres Mannes
stehe und ebenfalls in die BRD möchte.
In der BRD wohnen ihre Großeltern.

Oberst

216

Seine Untersuchungshaft verbrachte er in der Obhut des Innenministers, in der Untersuchungshaftanstalt für Kriminelle, nicht bei der Stasi. Das schien üblich zu sein, wie Hans-Jürgen N. heute glaubt. Er lernte in der U-Haftanstalt jedenfalls einen zweiten Reservesoldaten der NVA kennen, der den Reservistendienst aus religiösen Gründen abgelehnt hatte. Der Mann wurde später zu sieben Monaten Haft verurteilt.

Die Zelle hatte eine Grundfläche von 2 x 4 Metern. Links standen je zwei Doppelstockbetten, 65 Zentimeter breit, mit Decken anstelle von Matratzen. „Die Dinger sind so schmal, daß man anfangs dauernd rausfällt, wenn man sich im Schlaf bewegt." Außerdem gab es einen Tisch mit drei Stühlen, einen Schrank, ein Klo und ein Waschbecken. Die Fenster waren vergittert und waren mit Sichtblenden versehen, so daß wenig frische Luft in die Vier-Mann-Zelle zu bringen war. „In dem Sommer war es sehr warm. Wir haben da drin richtig gebraten."

Hans-Jürgen N. hatte schon beim Militärstaatsanwalt einen Antrag auf Aufhebung des Haftbefehls gestellt. Der wurde wegen Fluchtgefahr abgelehnt. Nun bestand er darauf, seinen Anwalt sehen zu wollen. Er bat um den Rechtsanwalt Stange, der in schwierigen Fällen als West-Berliner Verhandlungspartner Vogels auftrat. Dieser Wunsch wurde N. unter Berufung darauf verwehrt, daß ausländische Anwälte bei DDR-Gerichten nicht zugelassen seien. Der Wunsch, Rechtsanwalt Vogel als Verteidiger zu bestellen, wurde anstandslos erfüllt.

Bereits am 1. Juni 1982, da war Hans-Jürgen N. noch nicht inhaftiert, hatte die Stasi den Operativen Vorgang „Heuchler" gegen die N.s und ihre Verbindungen in Westdeutschland und in der DDR eröffnet. Wie aus dem Eröffnungsbeschluß der Stasi-Bezirksverwaltung Cottbus hervorgeht, stand N. unter dem Verdacht des Landesverrats, der Herabwürdigung der staatlichen Ordnung und der Bildung eines Zusammenschlusses zur Verfolgung gesetzwidriger Ziele (S. 218-225). Das Ermittlungsfeld hatte sich also über die Wehrdienstverweigerung und das „rE" (Stasi-Abkürzung für „rechtswidriges Ersuchen"), aus der DDR-Staatsbürgerschaft entlassen zu werden, hinaus schon erweitert. In ihrer üblichen Wachsamkeit witterte die Stasi schon eine staatsfeindliche Verschwörung und Spionage. So war es aus ihrer

MfS / BV / Verw. Cottbus

Diensteinheit Hoyerswerda

Mitarbeiter Major Ziesche

Hoyerswerda den 1. Juni 82

Reg.-Nr. VI 847/82

BStU
000038

Beschluß

über das Anlegen

eines Operativen Vorganges

1. Deckname "Heuchler"

2. Tatbestand §§ 99/100 StGB

eines Ermittlungsverfahrens
(nur bei Ermittlungsverfahren ohne Haft / gegen Unbekannt / bei Übernahme von anderen Organen)

1. Tatbestand

eines Vorganges über Feindobjekt

1. Bezeichnung des Objektes

eines Sicherungsvorganges

Gründe für das Anlegen:

Es soll der Verdacht von Handlungen gem. der Landesverratstatsbestände des rechtswidrigen Antragstellers N███████ im Zusammenwirken mit dem bei einer Invalidenrentnerreise in der BRD verbliebenen Person ████ unter Einbeziehung staatlicher Einrichtungen der BRD zum Schaden der DDR untersucht und nachgewiesen werden.

Ziesche Major
Mitarbeiter *

Wierich Major
Leiter der Diensteinheit *

Bestätigt am: vom

Unterschrift

Kopie BStU
Außenstelle Frankfurt (O.)

Anmerkung: * Zusätzlich Name und Dienstgrad mit Maschine bzw. Druckschrift angeben.

Form 1 b 0

218

E r ö f f n u n g s b e r i c h t

zum OV "Heuchler" über die Person

I. Personalien

Name, Vorname:	N ███████████ , Hans-Jürgen
Geb. am/in:	███ 48/Böhlen
Wohnhaft:	7700 Hoyerswerda, Lunikstr. 38
Beruf:	E-Monteur, BMSR-Ingenieur
Jetzige Tätigkeit:	Ingenieur für Automatisierungstechnik
Arbeitsstelle:	Kombinat Schwarze Pumpe, Abt. BMSR
Familienstand:	verheiratet , █ Kinder
Nationalität:	deutsch
Staatsangehörigkeit:	DDR
Parteizugehörigkeit:	ohne
Organisationen:	FDGB
Konfession:	
Vorstrafen:	███████
Dienst in den bew. Organen:	2.5.67 - 30.10.68 NVA/Gefreiter
PKZ:	███ 48 4███████

wird nach §§ 99, 100 und 256 StGB und

Name, Vorname:	N ███████████ , geb. S██████, Angelika
Geb. am/in:	██████. 51/Klein Kölzig
Wohnhaft:	7700 Hoyerswerda, Lunikstr. 38
Beruf:	Med.-techn. Assistentin
Jetzige Tätigkeit:	Med.-techn. Assistentin
Arbeitsstelle:	BKH Hoyerswerda, Röntgenabteilung

Kopie BStU
Außenstelle Frankfurt (O.)

219

Familienstand:	verheiratet, ▇ Kinder
Nationalität:	deutsch
Staatsangehörigkeit:	DDR
Parteizugehörigk.:	ohne
Organisationen:	
Konfession:	
Vorstrafen:	▇▇
Dienst in den bew. Organen:	keinen
PKZ:	▇▇ 51 5▇▇

wird nach §§ 99 und 100 StGB sowie

Inhalt dieser Abdeckung

enthält <u>schutzwürdige</u> Informationen

über andere Betroffene oder Dritte.

(gem. § 12 Abs. 4 Stasi-Unterlagen-Gesetz - StUG)

220

.Inhalt dieser Abdeckung

enthält <u>schutzwürdige</u> Informationen

über andere Betroffene oder Dritte.

(gem.§ 12 Abs. 4 Stasi-Unterlagen-Gesetz - StUG)

nannten Straltatbestände zu begehen.

II. Begründung der pol.-op. und strafrechtlichen Einschätzung
    des Ausgangsmaterials

Offiziell über Abt. Inneres beim RdK Hoyerswerda wurde bekannt, daß die Familie ▓▓▓▓ am 23. 5. 1982 mit einem rechtswidrigen Ersuchen auf Übersiedlung nach der BRD erstmals
in Erscheinung trat.
In der Begründung greifen sie im erheblichen Maße und ver-
leumderischer Art und Weise die Grundlagen des soz. Staates
an, im besonderen

- zunehmende Militarisierung in der DDR;
- Politik Partei und Regierung;
- schlechte Lebensbedingungen;
- keine Reisefreiheiten;

Die Antragstellung erfolgte ohne konkrete Zielangabe.
Durch einen Hinweis der Abt. 26 vom 25. 5. 82 wurde bekannt,
daß N. mit der Person ▓▓▓ in der BRD in Verbindung steht
und konkrete Absprachen zum Vorgehen zur Durchsetzung des
rE getroffen hat.
▓▓▓ ist am ▓▓▓▓▓▓▓ 1982 als ▓▓ -Rentner nach der
BRD zu seinem Cousin ▓▓▓▓▓▓ - geb. ▓▓▓▓▓ -
wh. ▓▓▓▓▓▓▓ selbst. Versicherungsmakler,
gefahren und nicht in die DDR zurückgekehrt. Gründe für die
Nichtrückkehr sind bisher nicht bekannt geworden. Durch die
BdVP Dz. II wurde ein EV nach § 213 StGB eingeleitet.

221

Aus dem Hinweis der Abt. 26 ist ersichtlich, daß N. den gegen-
wärtigen Zeitpunkt der rechtswidrigen Antragstellung gewählt
hat, um sich der Reservistenausbildung vom 2.6. - 30. 7. 82
zu entziehen.
Vor dem WKK Hoyerswerda erklärte er am 25. 5. 82, daß er nicht
bereit sei der Einberufung Folge zu leisten, da er in diesem
militärischen Staat keinen Wehrdienst mehr ableistet. Er er-.
klärte dort, daß er Ausreiseantrag nach der BRD gestellt hätte.
Am 27. 5. 82 erschien N. erneut beim WKK, gab den Wehrpaß und
den Einberufungsbefehl ab und erklärte, daß er am 26. 5. 1982
bei der Ständigen Vertretung der BRD in Berlin gewesen sei und
ihm dort zugesichert worden sei, daß er Unterstützung erhält.

Aus dem inoffiziellen Hinweis der Abt. 26 geht weiter hervor,

- daß die Ehefrau von N. und des ⬛ im vollen Umfang einbezogen sind und auch die Ständige Vertretung gemeinsam aufgesucht haben;
- daß ⬛. in der BRD eine organisierende Rolle spielt, indem
er versucht, staatliche Stellen in Bonn z. B. den Wehner und
andererseits die Rechtsanwälte ⬛⬛ und Vogel zu unter-
stützenden Aktivitäten zu veranlassen.
Dazu teilt ⬛. dem N. die Tel.-Nr. ⬛⬛ in WB mit, damit ⬛. sich auch selbst von Ber ⬛ aus mit diesem in Verbindung
setzen kann.
Weiterhin manipuliert ⬛. die ⬛haltensweisen für die Fam. N.
und seiner Ehefrau ⬛⬛ besonders hinsichtlich des Verkaufs persönlichen Eigentums und Umsetzung in andere Wertgegenstände.

Der Gesamtumfang di ⬛ anipulation und die dabei weiter
einbezogene Pers ⬛ (s. Verbindungsschema) können aus
gegenwärtiger Si ⬛ noch nicht bewertet werden.

In strafrechtl ⬛ Bewertung des vorgenannten Sachverhaltes
ist einzuschä ⬛, daß

1. das Aufsuchen der Ständigen Vertretung der BRD in Berlin
(als Vertreter   einer fremden Macht im Sinne des § 97 StGB)
durch die Person N ⬛⬛ Hans-Jürgen und Angelika sowie
⬛ mit dem Ziel staatliche Entscheidungen (Ablehnung der rechtswidrigen Antragstellung und Einberufung zum
Reservistendienst bei dem N. und Übersiedlung bei der ⬛.)
zu unterlaufen und damit zum Schaden der Interessen der DDR
entspricht dem Landesverratstatbestand des § 100 StGB.
Darüber hinaus verfolgen sie gemeinschaftlich die Zielstellung
andere staatliche Stellen der BRD zur Durchsetzung ihres rechtswidrigen Ersuchens über den ⬛⬛ einzubeziehen.
Des weiteren muß der Straftatbestand des § 99 in die weitere
op. Bearbeitung einbezogen und geprüft werden, ob an die
Ständige Vertretung der BRD oder an ⬛ zur weiteren Verwendung
verleumderische Informationen analog der Antragsbegründung übermittelt wurden, die die staatliche Ordnung u. gesellschaftlichen
Verhältnisse verunglimpfen und verächtlich machen und damit geeig
net sind, der DDR zu schaden. Es muß dabei berücksichtigt werden,
daß N., Hans-Jürgen von seiner Tätigkeit her Ing. in der Automatisierungstechnik des KSP ist und die ⬛., ⬛⬛
im VEB ⬛⬛ ist.

Kopie BStU
Außenstelle Frankfurt (O.)

222

Beide haben Zugang zu Informationen, die als Wirtschafts-
geheimnisse einzuschätzen sind.
N., Hans-Jürgen weigert sich weiterhin der Einberufung
zum Reservistendienst Folge zu leisten. Neben seiner direkten
und offenen Ablehnung nutzt er

1. diese rechtswidrige Antragstellung auf Übersiedlung,
   vermutlich in der Kenntnis der staatlichen Entscheidung
   Antragsteller nicht einzuberufen und

2. läßt er sich dazu von der Ständigen Vertretung der BRD
   beraten und gibt dies dem WKK bekannt.

Er erfüllt damit den Tatbestand des § 256 StGB.

Der ▆▆▆ erfüllt den § 213 StGB und ist darüber hinaus der
Drahtzieher des rE der Fam. N.
Er bietet sich zur Mitarbeit und Unterstützung unter Einbeziehung staatlicher Stellen der BRD (gemäß fremde Macht § 97)
an und organisiert die Durchsetzung des rE der Fam. N. und
der ÜS seiner Ehefrau ▆▆▆ zum Schaden der DDR, was dem
Straftatbestand des § 100 StGB entspricht.

In der weiteren op. Bearbeitung soll beobachtet werden
1. der § 220 StGB, da die Fam. N. im Zusammenhang mit ihrem
   rE öffentlich vor dem WKK und der Abt. Inneres des RdK die
   staatliche Ordnung mündlich und schriftlich herabwürdigen und
   diskriminieren.
2. der § 218 StGB Zusammenschluß zur Verfolgung gesetzwidriger Ziele, wobei das Zusammenwirken, weiterer im Verbindungsschema genannten Personen zu untersuchen ist.

Von der subjektiven Seite her liegen zu den im OV registrierten
Personen bisher keine negativen Informationen vor.

N., Hans-Jürgen ist gelernter E-Monteur und seit 1972 im KSP,
BMSR Abt. Kokerei.
1973/74 qualifizierte er sich zum BMSR-Mechaniker und 1975 bis
1980 im Fernstudium zum Ingenieur für Automatisierungstechnik.
Er ist parteilos, Mitglied des FDGB, trat bisher nicht im
Wohn- und Arbeitsbereich in Erscheinung.
Seine Ehefrau N., Angelika ist gelernte Fotolaborantin.
1972 - 1975 qualifizierte sie sich über die Erwachsenenqualifi-
zierung als med.-techn. Assistentin im BKH und 1979 - 1980
zur med.-techn. Fachassistentin für Radiologie.
Sie ist parteilos, im FDGB organisiert, trat aber weder gesellschaftlich weder im Arbeitsbereich noch im Freizeitbereich
in Erscheinung.
Die Familie N. hat ▆▆▆ Kinder (▆▆▆▆▆▆).
Sie besitzen einen Bungalow am Knappensee.

223

Inhalt dieser Abdeckung

enthält schutzwürdige Informationen

über andere Betroffene oder Dritte.

(gem. § 12 Abs. 4 Stasi-Unterlagen-Gesetz - StUG)

III. Begründung der Versionen und zu erreichenden Ziele

Aufgrund der bisherigen Ergebnisse und Erkenntnisse können folgende Versionen aufgestellt werden:

1. Bei der Fam. N. hat sich eine feindliche Einstellung zu den gesellschaftlichen Verhältnissen herausgebildet und sie hoffen mit legalen Mitteln nach der BRD übersiedeln zu können. Sie sind bereit, Unterstützung des ▪ entgegenzunehmen.

2.

3. Die im OV registrierten Personen handeln abgestimmt als Gruppe, wobei ihnen alle Möglichkeiten zur Durchsetzung ihrer Ziele recht sind.

   Ziel der op. Bearbeitung ist strafrechtliche Handlung zum Schaden der DDR zu unterbinden.

224

Das betrifft sowohl die

Reservistendienstverweigerung durch N.

als auch die Durchsetzung des

rechtswidrigen Ersuchens auf Übersiedlung nach der BRD durch die Fam. N. und die Familienzusammenführung im Ergebnis des ungesetzlichen Verlassens der DDR durch

Dabei sind insbesondere die Mittel und Methoden des Vorgehens, der Unterstützung und des Zusammenwirkens aufzuklären und die strafrechtliche Relevanz entsprechend vorgenannter Straftatbestände nachzuweisen.

IV. Einsatz der Kräfte und Mittel

Als Kontrollabteilungen werden die BKG und die Abt. IX zum Einsatz gebracht.
In der KD wird eine nichtstrukturelle AG zur op. Bearbeitung des OV zum Einsatz gebracht. Leiter der NAG   - Major Ziesche
                                    Mitarb. " "   - Hptm. Ruzicka
                                                    - Hptm. Grimplini
                                                    - Ltn. Friedrich
                                    und   - Oltn. Laske
                                                      der OD Schw.Pumpe

Von inoffizieller Seite kommen zum Einsatz der IMS "Albert Einstein" der OD Schwarze Pumpe, IMS "Jürgen" aus dem VEB Gerüstbau, IMS "Karat" aus dem VEB Gerüstbau, IMS "Helene" aus dem BKH.

Leiter der Dienststelle

Wierick   Ziesche
Major   Major

Bestätigt:
Stellv. Operativ

Schickart
Oberst

Operativplan
_____

Ausgehend von der Zielstellung des OV und bereits vorliegenden inoff. und offiz. Beweisen und Informationen werden in der weiteren op. Bearbeitung schwerpunktmäßig folgende Maßnahmen realisiert:

1. Strafrechtliche Qualifizierung der Wehrdienstverweigerung nach § 256 StGB im Zusammenwirken mit der Abt. IX BV Cbs., dem Militärstaatsanwalt und dem WKK Hoyerswerda

   T.: 5. 6. 1982
   V.: Major Ziesche
   K.: Leiter der KD

2. Vorbereitung und Durchführung op. techn. Mittel im Zusammenwirken mit der Abt. 26.

   T.: 30. 6. 82
   V.: Major Ziesche
   K.: Leiter der KD

3. Aufklärung der Persönlichkeit, des Umgangskreises, Verbindungen und das Zusammenwirken der Personen ████, N███████ und weiterer bisher unbekannter Personen.

   T.: 30. 7. 82
   V.: Gen. Grimpling, Friedrich, Larske, Grondkowski
   K.: Major Ziesche

4. Einsichtnahme in laufende EV der BdVP Dez. 2 zur Auswertung und Festlegung weiterer Maßnahmen für die OV-Bearbeitung.

   T.: 15. 6. 82
   V.: Major Ziesche
   K.: Leiter der KD

5. Organisierung des Zusammenwirkens mit der Abt. Inneres beim RdK Hoyerswerda auf der Grundlage op. Legenden zur Herausarbeitung der Zielstellungen, Motivationen und des arbeitsteiligen Vorgehens der Personen.

   T.: 15. 6. 82
   V.: Stellv. KD Leiter, Major Gäbler
   K.: Leiter der KD

6. Einleitung M- und PZF-Kontrolle zu verdächtigen Personen.

   T.: 15. 6. 82 u. nach Anfall
   V.: Major Ziesche
   K.: Leiter der KD

226

7. Sicherung der Beweismittel über das Auftreten der verdächtigen Personen beim RdK, Abt. Inneres und im WKK Hoyerswerda.

T.: 10. 6. 82/lfd.
V.: Major Ziesche
K.: Leiter der KD

8. Aussprache mit der Person ▓▓▓▓ mit dem Ziel der Konkretisierung ihrer Angaben zu ▓▓▓▓ und den Bungalownachbarn am ▓▓▓▓.

T.: 15. 6. 82
V.: Major Ziesche
K.: Leiter der KD

KOPIE BStU

227

WKW – Schema zum OV –

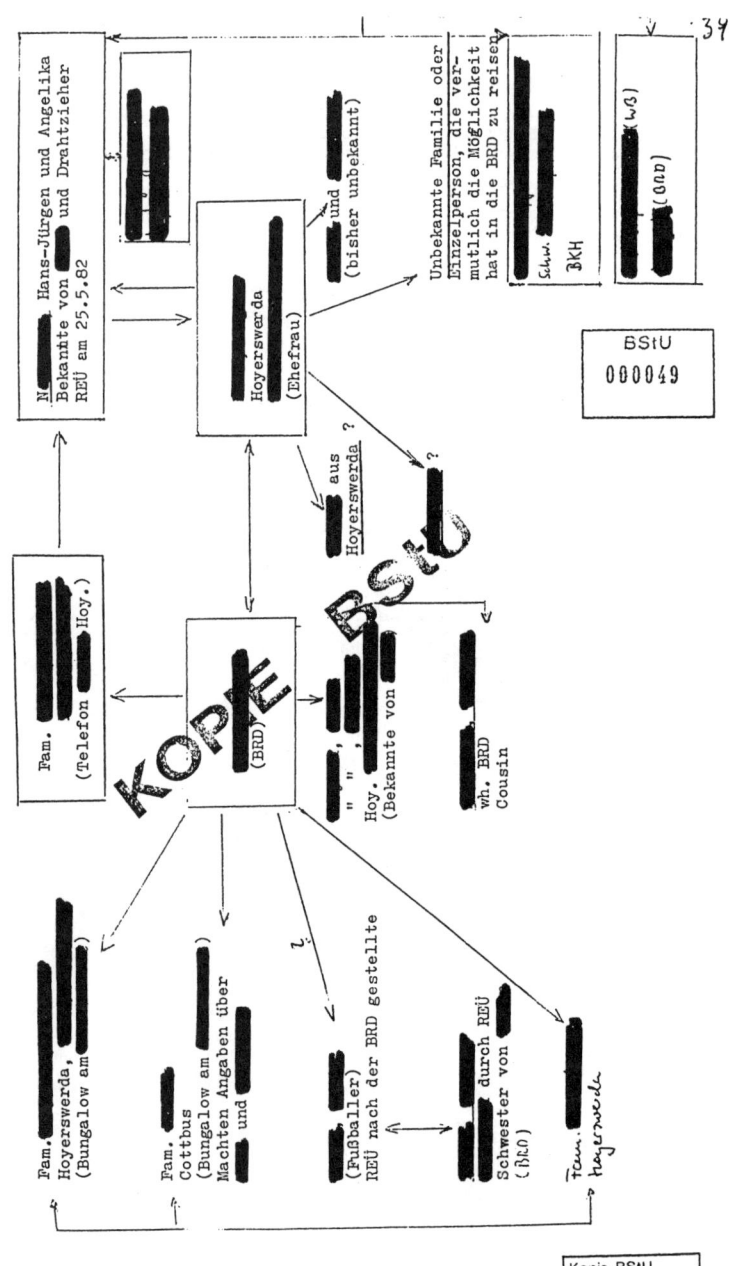

34

BStU
000049

Unbekannte Familie oder
Einzelperson, die ver-
mutlich die Möglichkeit
hat in die BRD zu reisen

N Hans-Jürgen und Angelika
Bekannte von und Drahtzieher
REÜ am 25.5.82

Hoyerswerda
(Ehefrau)

und
(bisher unbekannt)

aus
Hoyerswerda

?

Fam.
(Telefon Hoy.)

(BRD)

" ",
Hoy.
(Bekannte von

wh. BRD
Cousin

Fam.
Hoyerswerda,
(Bungalow am

Fam.
Cottbus
(Bungalow am)
Machten Angaben über
und

(Fußballer)
REÜ nach der BRD gestellte

durch REÜ
Schwester von
(BRD)

Fam. hoyerswerda

Kopie BStU
Außenstelle Frankfurt (O.)

228

Sicht folgerichtig, im „Operativplan" zum Eröffnungsbeschluß des OV „Heuchler" (S. 226 f, Aktenblätter BStU 47 f.) unter Punkt 3. die „Aufklärung der Persönlichkeit, des Umgangskreises, Verbindungen und das Zusammenwirken der Personen (...mehrere Namen...) und weiterer bislang unbekannter Personen" aufzuklären. Beweise sollten auch auf der Grundlage „operativer Legenden", also durch verdeckte Ermittler, beschafft werden. Dem Ausreiseersuchen und der damit einhergehenden Verweigerung des Reservedienstes bei der NVA – beides gestand der Täter bereitwillig – begegnete die Staatssicherheit also in einer Weise, die dem Vorgehen gegen eine mafios strukturierte Verbrecherorganisation entsprach. Entsprechend fiel das im Stasi-Jargon auch „Spinnennetz" genannte „WKW"- („Wer-kennt-wen"-) Schema zum OV aus (S. 228, BStU-Aktenblatt 49), in dem die N.s und ihre Bekannten und Verwandten in Ost und West als Geflecht von mutmaßlichen Tätern dargestellt sind.

Wie aus dem Eröffnungsbeschluß sowie einem „Sachstandsbericht" vom 10. Juni 1982 hervorgeht, verfügte die Staatssicherheit über detaillierte „inoffizielle" Erkenntnisse über die Motive und Verbindungen der N.s. Erst bei Einsicht in die Akten im Sommer 1995 haben Angelika und Hans-Jürgen N. erfahren, daß zu den Informanten der Stasi auch eine gute Bekannte, IM „Maren" gehörte, die Freundin, die sie über die Rechtslage in Sachen Ausreise beraten und ihnen beim Schreiben des Antrags auf Entlassung aus der Staatsbürgerschaft mit ihrer Schreibmaschine ausgeholfen hatte. Dies erklärt, warum die Stasi bereits im Eröffnungsbeschluß detailliert über die „Verbindungspersonen" der N.s Bescheid wußte.

Der Operativplan zeigt, daß die Stasi bei den Ermittlungen sehr schnell arbeiten wollte. Das Telefon der N.s wurde angezapft, wodurch einige 'zig „Informationsberichte" über Banales wie Relevantes entstanden; die Stasi mobilisierte IM im Kombinat „Schwarze Pumpe" und im Bezirkskrankenhaus, um über Angelika und Hans-Jürgen N. Informationen zu beschaffen. Zur „Aufklärung" der Wohnung der N.s beauftragte die Stasi-Kreisdienststelle Hoyerswerda die Cottbuser Stasi-Bezirksverwaltung, eine Schlüsselkopie auszufertigen „zur Durchführung einer operativen Maßnahme am OV ‚Heuchler'". Sechs Tage später

Operative Legende

zum Einsatz des IMS Frank Beyer

Zielstellung:
- Aufklärung der Wohnung der Familie N█████, wh. Hoyerswerda, Lunikstr. 38
- Anfertigung Wohnungsskizze

Operative Legende:
Auf der Grundlage von Eingaben aus der Bevölkerung speziell WK VI/Lunikstr. werden vom Ingenieurbereich Fernwärme Hoyerswerda in den Wohnblocks Überprüfungen der Leitungs- und Heizungssysteme durchgeführt. Diese Überprüfung soll mit zur Verbesserung der Qualität der GR 1982 (Beginn 21.6.82) und der damit verbundenen qualitätsgerechten Versorgung der Bevölkerung beitragen.
Diese Kontrollen und Überprüfungen sind nicht außergewöhnlich.
Der IMS kann sich auf Grund seiner beruflichen Tätigkeit mit den entsprechenden Unterlagen und Aufträgen ausrüsten, die auch überprüfbar sind.
Am 19.6.82 nimmt der IMS die Überprüfung in o.g. Anschrift vor. Bevor er die Zielwohnung betritt, werden andere Wohnungen des Aufganges einer Überprüfung unterzogen.

Der IMS Frank Beyer wurde davon in Kenntnis gesetzt, daß es sich bei der Familie N█████ um rechtswidrige Antragsteller auf Übersiedlung handelt und der Ehemann wegen Wehrdienstverweigerung inhaftiert wurde.
Der IMS hat sich so zu verhalten, daß nach der GR durchaus eine erneute Kontrolle durchgeführt werden kann.

Zesche
Major

bestätigt:
Leiter
Wierick
Major

230

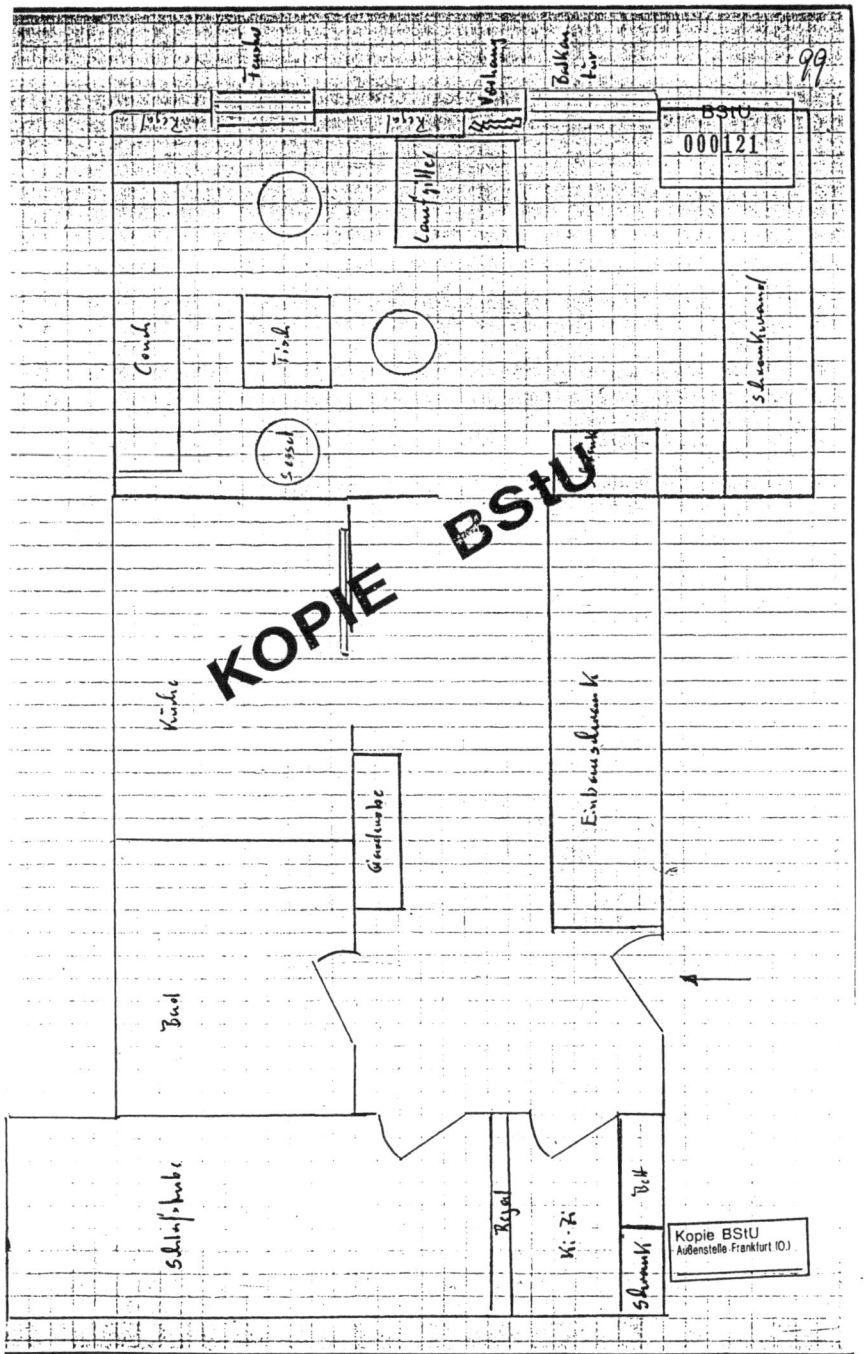

231

Dienststelle Hoyerswerda
schriftlich entgegengenommen
Major Ziesche

Hoyerswerda, den 06.08.82
IMS "Frank Beyer"
am: 23.06.82

BStU
000151

Wohnung N█████ Lunikstr. 38

Kontrolle: 21.6.82 – 9,45 Uhr
Weitere Kontrollen und Befragungen: Erdgeschoß █, 3. Stock █
5. Stock █

Flur
- Tür 2 Schlösser, 1 Doppelzylinderschloß
  1 Poln. Fana-Schloß, von innen verriegelbar,
  war beim Öffnen verriegelt
- Fußboden voll ausgelegt
- großer Einbauschrank, beginnt unmittelbar rechts neben der
  Türzarge, vermutlich Einzelanfertigung, äußerer Aufbau weicht
  von den handelsüblichen Modellen ab, seitlich nicht offen, verdeckt Fernsprechanschluß (s. u.)

Kinder zimmer
- Bett
- Schrank, längswand Fenster
- Regal, wandbeckend
- neuwertig, Handelsmodell, Korpus rot/beige gespritzt, Türen
  hellbeige

Schlafzimmer nicht besichtigt, da Säugling schlief

Stube
- Couchgarnitur, Sessel, modern, neuwertig, Bezug lila-weiß
  geblümt, Platzverhältnisse sind enger als auf Skizze
- Fußboden ganz ausgelegt, kein Teppich

232

- 2 -

- Schrankwand, modern-neuwertig, die gesamte Wand bedeckend, reicht
  nicht bis zur Decke links Fernsehgerät, darüber teures Transistor-
  trägegerät im Fach (vermutlich japanisch, 2 Lautsprecher,
  eingebautes Mikrophon, Kassetten, schwarz), mitteleiche
- Wand rechts, steht Barock-Biedermeierschrank wie Glasvitrine,
  dunkeleiche bis schwarz, Höhe - 1,00 m
- links neben Balkontür, schmaler Vorhang, orange verdeckt Telefonanschluß (s. u.)
- Fenster, Heizung, Wand li und re, sehr fachmännisch von Ehemann
  holzverkleidet, Fenster li u. re durch Regal eingekleidet,
  Bücher, Gegenstände, auch Westzeitschriften

Laufgitter
- steht vor rechten Regal und Vorhang bis zum Balkonfenster,
  ringsherum mit Deckenrollen eingepackt, vermutlich gegen Zugluft
  oder gegen Verrutschen gesichert, Telefonanschluß dadurch nicht
  sichtbar bzw. leicht zugänglich

Wertgegenstände
- relativ neuwertige Wohnungseinrichtung, gut gepflegt
- Fernseher
- Transistorradio
- Uhr, Intershop oder teures DDR-Modell, steht auf schwarzem
  Schrank
- Glas- und Kristallgegenstände, wie heutzutage in vielen Wohnungen
  üblich, Wert 2-3 TM?

233

- Waschmaschine, war mit Wäsche bedeckt, vermutlich WVA 511 (2 TM)
- im Bad: Westkosmetika, Tür stand offen
- Kinderzimmer: keine Bilder u. viel Spielzeug

Telefonanschluß
lag in den anderen kontrollierten Wohnungen frei, re neben Korri-
dortür unten, 2. Anschluß Säule zwischen Fenster und Balkontür,
wenn Flureinbauschrank Rückwand besitzt schlecht zugänglich,
in Sube müßte Laufgitter versetzt werden, wenig Platz zwischen
Regal und Balkontür

Gesamteindruck
sehr saubere, moderne, neureiche, Wohnung nach Aussagen der Frau:
Ehemann hat Beziehungen, auch zu Holz (oder Handwerker)

Allgemein
- Nachbarin war nicht anwesend, auch nach 2 Std. nicht - nochmaliger Versuch
- im Haus nur: angegebene Stockwerke anwesend, dies bestätigte
auch Ehefrau 5. Stock war als Inhaber der Mann anwesend
- Ehefrau gab sich nett, war von sich aus nicht gesprächig,
(ruhig, schüchtern, eingeschüchtert?), war aber zu einem Gespräch zu bewegen, besonders bezüglich Wohnung, leichte Provo-
kationen bzw. Floskeln überhörte sie, Gespräch mußte mehr fach-
lich geführt werden, eine Art Vertrauen zum "Fremdeindringling"
konnte nicht hergestellt werden, eine eventuelle Nachkontrolle
wurde in Aussicht gestellt, ein Zeitpunkt konnte nicht ausge-
macht werden, sie gab an, daß sie nicht immer anwesend sei.

gez. Frank Beyer

234

wurde ein IMS „Frank Beyer" mit der „operativen Legende" versehen, er habe die Heizung zu überprüfen (S. 230). Beyer, offenbar tatsächlich ein Mitarbeiter des Ingenieurbereichs der Fernwärmeversorgung, lieferte neben einem Grundriß der Wohnung (S. 231) einen detaillierten Bericht über die Lebensumstände der N.s (S. 232-234). „Beyer" arbeitete gründlich. Er entdeckte „Westzeitschriften" im Regal, beschrieb minutiös die Einrichtung, wobei er – wahrscheinlich zur Sondierung technischer Überwachungsmöglichkeiten – besonderes Augenmerk darauf richtete, wie gut der Telefon-Anschluß erreichbar war, und wertete seine Erkenntnisse nicht ohne diffamierenden Schlenker aus: „Gesamteindruck sehr saubere, moderne, neureiche, Wohnung nach Aussagen der Frau: Ehemann hat Beziehungen, auch zu Holz (oder Handwerker)."

Welcher Aufwand für ihre Überwachung getrieben wurde, konnten die N.s damals nicht einmal ahnen. Ja sie wußten nicht einmal, welcher Verdacht gegen sie bestand. „Nach einigen Tagen kam ein Stasimann in die Untersuchungshaft, um mich zu verhören", berichtet Hans-Jürgen N.: Der Geheimdienstler überraschte und befremdete den Häftling mit intensiven Fragen nach dem Besuch in der Ständigen Vertretung der Bundesrepublik in der DDR. „Ich wies darauf hin, daß dieser Besuch nicht mein eigentliches Vergehen war und weigerte mich, das Vernehmungsprotokoll zu unterschreiben." Am Ende eines längeren Wortwechsels, in dem der Stasivernehmer versuchte, sein Protokoll, das in Richtung „Landesverrat" zielte, gegen N.s Forderung, es möge sich um Ausreisewunsch und Wehrdienstverweigerung drehen, zu verteidigen, wurden zwei Protokolle angefertigt. Das eine entsprach N.s Forderung nach einem Bericht zur Sache, das andere enthielt knapp seine Aussage über den Besuch in der Ständigen Vertretung. N. unterschrieb, bat jedoch zugleich den Stasimann um seinen Namen. „Der hat das natürlich verweigert. Da das nach der Strafprozeßordnung ungesetzlich war, habe ich mich gleich beim Ministerium des Inneren darüber beschwert."

Durch IM-Berichte (S. 236 f) und Telefon-Abhörprotokolle (S. 238) hielt die Stasi auch Angelika N.s Bemühungen unter Kontrolle, die Verteidigung ihres Mannes zu organisieren. So wußten

KD Spremberg

Spremberg, den 24. August 1982

136

Handschriftlich entgegengenommen
am 18. 08. 1982
durch Ltn. Schoetz im Beisein des
KD-Leiters

Quelle: VIM "Maren"

B e r i c h t

- N▬▬▬▬

- Angelika N▬▬▬▬ kenne ich aus der gemeinsamen Schulzeit.
  Schulfreundschaft bestand über Jahre hinaus, eigentlich bis zu
  ihrer Hochzeit. Durch ihren Umzug nach Hoyerswerda verloren wir
  uns aus den Augen. Da ich ebenfalls nach H. zog, folgten wieder
  gegenseitige Besuche. War aber nach einem Jahr verzogen, so riß
  der Kontakt für Jahre ab. 1979, nach meinem Umzug nach Spremberg,
  trafen wir uns wieder auf der Straße. Es wechselten Besuche von
  Haus zu Haus.

- nach der 10klassigen polytechnischen Oberschule lernte Angelika,
  bei ▬▬▬▬, Fotolaborantin, arbeitete dort auch einige
  Zeit und begann dann nach ihrem Umzug nach H. im Krankenhaus.
  Erwarb dort eine Zusatzausbildung als Röntgenassistentin, arbeitete
  dort bis zum vorigen Jahr - jetzt Babyjahr -
  Hans-Jürgen begann nach der Schule (10. Klasse oder Abitur nicht
  bekannt) mit der Lehre als BMSR-Mechaniker. Er studierte in Senf-
  tenberg - Fachgebiet unbekannt.
  Arbeitete bis zur Inhaftierung im KSP als Ingenieur.

- Angelika ist ein durchschnittlich intelligenter Mensch, launisch
  und widerspenstig, allgemein interessenlos, sehr abhängig von anderen, naiv.

- Hans-Jürgen ist stark traditionell eingestellt, starke Willenskraft, selbstbewußt, dominierend.

- Das Verhältnis zwischen beiden würde ich als gut bezeichnen.

- Zur Antragstellung:

  . allgemeine Unzufriedenheit ökonomisch als auch politisch

  . eingeschränkt sein, keine Reisefreiheit

236

137

. als Möglichkeit zur Rücknahme sehe ich nur Angelikas Verhältnis zu ihrer Mutter. Da besteht eine feste Bindung und die Möglichkeit ihrer Mutter nicht mehr zu sehen, wäre für Angelika furchtbar.

- Aktivitäten

. nach der Antragstellung - Besuch in der Vertretung - dort wurde auf evtl. Verhaftung hingewiesen

. nach der Verhaftung v. H.-J. nochmaliger Besuch bei der Vertretung - dort Angebot der Vermittlung eines Rechtsanwaltes

. am 10. 08. erster Besuch in der Kanzlei Dr. Vogel - dort wurde mitgeteilt, daß starke Bemühungen im Gange sind, um H.-J. zur Ausreise in die BRD zu verhelfen

- Verbindungen BRD

. Großmutter Angelika

. Tante Angelika

. Freund von H. Jürgen, der vor kurzem die DDR illegal verlassen hat

- Verbindungen DDR

. Frau und Kind dieses Freundes

. befreundetes Ärztehepaar (sie Chirurg, er unbekannt)

- Der letzte Anstoß für die Antragstellung war meiner Meinung die Entscheidung des Freundes in der BRD zu verbleiben. Ansonsten sehe ich nur die eigene Entwicklung H.-J. ganz allgemein als Grund für die Antragstellung.
' Angelikas Initiative besteht mehr oder weniger nur in Passivität. Sie benötigt ständig Ansprechpartner für ihre Problematik. Wenn die nicht vorhanden sind, stürzt sie das in tiefste seelische Depressionen.
Deshalb versucht sie mich auch oft anzurufen oder mit mir zu sprechen, weil sie hofft, durch mich Rückenstützung zu bekommen.

gez. "Maren"

237

BV Cottbus
Abt. 26
KD Hoyerswerda
Gen. Ruzicka

Hoyerswerda, den 13.07.82
26/A

Vorg.Nr: 267/82/30/0757/

Vertrauliche Dienstsache

Objekt: N█████████
Tel.inh.: █████

Informationsbericht

Die N. ruft die Frau ██████████ (●) an. N. erkundigt sich ob sie
heute Abend mal vorbeikommen kann und ob der ███████████ auch
da sei. Die N. kann gegen 21.00 Uhr vorbeikommen, da wird er
da sein. Die N. muß mit dem ●. mal reden, da sie einige Fragen
hat, daß mit dem Vogel sei schief gelaufen.
●. meint, sie werden schon das richtige in die Wege leiten.

Ende des Gespräches : 09.07.82

Informationsbericht   267/82/

Die N. ruft den Dr.████e l (V) an.
Es meldet sich dessen Büro. N. teilt mit, daß sie ein Schreiben
vom Rechtsanwalt ███████████ bekommen hat und das man ihr
mitteilte, das der Dr. Vogel die Verteidigung über ihren Mann
übernommen hat und damit den RA ████████ beauftragt hat.
Der ████████ ist jedoch in Urlaub, und hat den Auftrag an dem
RA ████████ weitergegeben. Diesen hat die N. gestern aufgesucht
und wurde sehr enttäuscht. Der ████████ hatte noch keine Vollmacht
um in die Akten einzusehen.
Man übergibt das Gespräch an dem RA ██████████ (■).

N. berichtet nochmals von dem Schreiben und das sie den RA
████████ aufgesucht hat. Der ████████ benötigt bis heute eine
Vollmacht um in die Akten einsehen zu können , ansonsten lehnt
er die Verteidigung ab. ●. berichtet das gestern die Vollmacht
abgeschickt wurde und da am Dienstag die Verhandlung ist,
komme die Vollmacht noch rechtzeitig an.
N. erwidert das der RA ihr sagte, wenn die Vollmacht nicht
bis heute da ist, übernimmt er keine Verteidigung und außerdem
sei der Mann der N. auch alt genug , um sich selbst zu verteidigen. Der ●. hatte bereits mit dem RA telefonische Rücksprache
gehalten und das würde auch in Ordnung gehen.
N. erkundigt sich, wie das mit dem r.E. aussieht, ob sie deswegen
noch einmal vorsprechen kann ●. erwidert das sei nicht nötig, da
sich durch die Inhaftierung erstmal nichts tut.

Ende des Gespräches : 09.07.82

-2-

238

die Bewacher wahrscheinlich vor dem Inhaftierten, daß sein Anwalt, Wolfgang Vogel, zwar das Mandat angenommen hatte, aber einen Vertreter antreten ließ, der wiederum einen dritten Anwalt heranzog, weil er gerade in Urlaub war, als die Hauptverhandlung stattfand. Wegen des Anwalts-Problems mußte die Hauptverhandlung vertagt werden.

N. weiß heute, daß er auch ohne Anwalt zu sieben Monaten Haft verurteilt worden wäre. Sein Verteidiger hatte die Mindeststrafe von sechs Monaten gefordert, der Militärstaatsanwalt auf sieben Monaten bestanden. Das Gericht folgte dem Staatsanwalt.

N. wurde zur Verbüßung der Strafe ins Jugendhaus Halle gebracht, wo ein Ingenieur mit seiner Qualifikation gebraucht wurde. In dem Jugendhaus waren jugendliche Häftlinge damit beschäftigt, Anker für Elektromotore zu wickeln. N. verstand es, im Gefängnisalltag nicht auffällig zu werden. Er fand einen vierschrötigen, gutmütigen Kerl als Knastkumpel, mit dem er seine Pakete teilte und dafür Schutz und Informationen erhielt. N. nennt ihn bis heute „meinen Freund Bernd".

Der Knastalltag war denkbar eintönig. Einmal in vier Wochen durfte N. für eine Stunde Besuch von seiner Frau empfangen, bei guter Arbeit gab es gelegentlich „Sondersprecher" als Belohnung. Bei den Besuchen herrschte strenges „Themenverbot": Über die Ausreise und andere die Familie aktuell bewegenden Dinge durfte nicht gesprochen werden. „Daran haben wir uns nicht gehalten."

Nach jedem Besuch seiner Frau wurde N. gefilzt. Einmal machte dabei die nach dem üblichen Outfit in der Anstalt, Turnschuhe und Trainingsanzug, benannte „Turnschuh-Gang", ein Trupp besonders scharfer Wärter, die öfter Häftlinge mißhandelten, Miene, N. zusammenzuschlagen. Ein Hinweis auf West-Verbindungen ließ die Gang innehalten.

Eines Tages im November 1982 kam sein Freund Bernd zu Hans-Jürgen N. und erzählte ihm, daß seine Zivilsachen geprüft und gesäubert worden waren: „Das deutete auf Ausreise." Einige Tage später wurde er abends zum Zahnarzt des Jugendhauses gerufen. Der Mediziner stellte fest, daß N. gesund sei.

Am nächsten Morgen ging N. nicht zur Arbeit. Er bekam seine Sachen ausgehändigt und wurde in einen Häftlingstransporter gesetzt, in dem es fünf winzige Zellen gab. Ziel der Fahrt war Karl-

Marx-Stadt, das bei den Häftlingen „Kalle-Malle" genannte Stasi-gefängnis. Es galt als „Verschiebebahnhof in den Westen".

Doch kam N. zunächst auf die „Klemmerzelle": So genannt, „weil bei der Ausreise noch was klemmte". Angelika N. hatte mittlerweile ihren Ausreiseantrag zurückgezogen.

Die Stasi hatte bei der Bewachung der jungen Frau – längst wurde auch die Wohnung abgehört – festgestellt, daß diese sich mittlerweile mit einem anderen Mann angefreundet hatte und sich ihres Ausreisewunsches nicht mehr sicher war. Anders als in anderen Fällen hatte die Stasi den Mann nicht auf Angelika N. angesetzt. Doch wurde die Ahnungslose, nachdem Besuche, Telefonanrufe und gemeinsame Unternehmungen der Stasi „offiziell und inoffiziell" bekanntgeworden waren, von einer Kontaktperson, ihrer Freundin IM „Maren" und einem Stasioffizier im besonderen Einsatz gedrängt, sich von ihrem Mann scheiden zu lassen und mit den Kindern in der DDR zu bleiben.

Bei einem Gespräch mit einem Vertreter der Abteilung für Inneres erklärte Angelika N. am 9. Dezember, sie müsse es sich überlegen, ob sie noch ausreisen wolle. Tags darauf hatte sie sich besonnen: Sie blieb beim Ausreiseantrag. (S. 242-244)

Angelika N. spricht heute sehr zurückhaltend über dies Kapitel ihres Lebens: „Ich stand unglaublich unter Druck. Man kann sich das eigentlich gar nicht vorstellen."

Plötzlich ging dann für Hans-Jürgen N. alles sehr schnell. Er mußte noch ein paar Schriftstücke und Vollmachten für seine Frau unterschreiben, bekam erneut seine Sachen und wurde in den Hof von „Kalle-Malle" gebracht, wo zwei Busse aus dem Westen, mit Gießener Kennzeichen, schon warteten. Die Rechtsanwälte Vogel und Stange teilten den Häftlingen mit, sie könnten damit rechnen, daß ihre Familien innerhalb des nächsten halben Jahres ausreisen dürften. Am 30. Dezember 1982 wurde Hans-Jürgen N. Bürger der Bundesrepublik Deutschland – wahrscheinlich dank eines Freikaufs.

Der Druck auf Angelika N. wurde aufrechterhalten. In den Akten sind mehrere „Aussprachen" belegt, in denen sie immer wieder darzulegen hatte, warum sie ausreisen wolle. Einmal wurde sie morgens um 9 Uhr zur Stasi bestellt: „Nach drei Stunden

240

Warten frage ich: Wann bin ich denn dran? Der Kollege macht Mittag, sagen die. Um 16 Uhr wage ich es noch einmal, zu fragen. Da war der Kollege schon gegangen. Das war reine Schikane."

Auch Hans-Jürgen N. ließ nicht locker. Er rief an, schrieb liebe- und verständnisvolle Briefe. Jedes Wort ging in die Stasiakten ein.

Im Frühjahr 1983 trafen Angelika und Hans-Jürgen N. sich in der Tschechoslowakei. Sie brachte Bilder von den Kindern mit, er beteuerte immer wieder, sie müsse nur noch wenige Wochen warten, dann könne sie ausreisen.

Das Treffen wurde beobachtet. Auf der Rückfahrt in die DDR wurde Angelika N. gefilzt. Ein Zöllner fragte sie nach den Fotos: Wo die denn geblieben seien. „Ich zitterte am ganzen Körper. Ich sagte, ich weiß nicht, wo die Bilder sind. Vielleicht habe ich sie verloren. Die wußten alles. Aber ich wollte trotzdem nicht zugeben, daß ich sie Hans-Jürgen gegeben hatte. Der war ja jetzt Westbürger."

Sie besuchte den Rechtsanwalt Vogel in Berlin, um sich darin bestärken zu lassen, daß sie bald ausreisen könne. Er machte ihr Hoffnung.

Wechselbad der Gefühle: Sie wurde zur Kreisdienststelle Hoyerswerda der Stasi bestellt und von einem jungen Offizier angeblafft: „Sie kommen nie raus!"

Angelika N. betrieb dennoch die Ausreise. Die Stasi verhinderte, daß sie die Laube an einen Freund verkaufte, der 35 000 Mark dafür geboten hatte. Sie bekam schließlich 10 000. Den wachsamen Nachbarn im Wohnblock entging nicht, daß sie Vorbereitungen für die Ausreise traf, etwa Möbel zu Freunden schaffte, die Brauchbares gekauft hatten. Entsprechende Informationen wurden dem örtlichen Volkspolizisten gegeben, das Volkspolizei-Kreisamt leitete sie sogleich an die Staatssicherheit weiter (S. 245).

Anfang Mai fand Angelika N. eine Karte im Briefkasten: Sie solle am nächsten Tag um 8 Uhr in die Abteilung für Inneres der Kreisverwaltung kommen und fünf Mark mitbringen.

Sie erschien pünktlich, doch hatte sie nur einen 50-Mark-Schein.

241

Rat des Kreises   Hagenwerder, 9.12.82
Abt. Innere Angelegenheiten

BSIU
000199

Protokoll

über das Gespräch mit der Antragstellerin
N████████, Angelika

Am 9.12.82 wurde in der Wohnung der Frau
N████████ durch Ge████████ ein Gespräch
geführt. Frau N████████ wurde darüber
informiert, daß sich ihr Mann z.Zt. in
Karl-Marx-Stadt in der UHA Kaßbergstr. 11
befindet. Sie hat die Möglichkeit am 10.12.82
um 11⁰⁰ Uhr mit ihrem Mann zu
sprechen. Ihr Mann will von ihr persönlich
wissen, ob sie noch mit in die BRD
will oder nicht. Sollte sich Frau N████████
anders entscheiden, d.h. sie zieht den
Antrag auf Übersiedlung in die BRD zurück,
so müßte sie sich auch entscheiden und
die Scheidung einreichen. Es steht noch nicht
fest, daß ihr Mann in die BRD entlassen
wird.
Frau N████████ erklärte dazu, daß sie sich
nicht gleich entscheiden kann, sie muß
erst alles genau überdenken zumal sie
ja mit ihrem Mann gemeinsam den
Antrag auf Übersiedlung gestellt

242

Frau ██████ brachte Bedenken zum
Ausdruck, wollte ihren Antrag zurückziehen. Ihr wurde gesagt, daß sie nichts
zu befürchten hat, nach einiger Zeit spricht
kein Mensch mehr davon.
Frau ██████ bat sich Bedenkzeit aus.
Gegen 16³⁰ Uhr soll ich zu ihr vorbeikommen und dann teilt sie mir
ihre Entscheidung mit, ob sie mit ihrem
Mann in die BRD oder oder reist. Ihr
wurde gesagt, daß sie, falls sie sich
so entscheidet, daß sie hier bleibt, sie
dann gleich schriftlich formuliert und
ihren Antrag zurückzieht.
Das Gespräch wurde ausw. Qu.
geführt.

243

VS VVS		CFS-Nr.		*166*
Datum		Zeit	Sig.	
10.12.82		10.40	1.	
Empf. verst. am:		um:		

BStU
000201

dringend

bv cottbus
bkg
Leiter
- zur weiterleitung an die ha roem 9, osl br mme -

n___, angelika rpt h___

genannte wurde am 09.12.82 rpt 091282 davon informiert, dasz
sie am 10.12.82 11.00 uhr rpt 101282 1100 in der uha karl-
marx-stadt die moeglichkeit hat, ihren ehemann zu sprechen.
frau n. bat sich bis 16.30 uhr rpt 1630 bedenkzeit aus.
beim nochmaligen aufsuchen in der wohnung durch einen mitarbeiter der abt. ia des rates des kreises erklaerte frau n.,
dasz sie am 10.12.82 rpt 101282 nicht nach karl-marx-stadt
faehrt, da sie niemanden gefunden hat. ., der ihr kind be-
haelt. weiterhin erklaerte sie eindeutig, dasz sie bei ihrem
antrag auf uebersiedlung in die brd bleibt und wenn ihr ehemann in die brd geht, dann will sie ebenfalls mit dorthin.

kd hoyerswerda/bv cottbus
funk 34 der kd
gaebler major

244

Informationsbericht

Betrifft: DV 060/81

Informatorisch wurde mitgeteilt, daß bei der Familie N███████, Hans und Angelika, whft. in Hoyerswerda, Lunik-Str. 38, in den letzten Tagen mittels Pkw Möbel und andere Gegenstände aus der Wohnung und dem Keller abtransportiert werden. Der N██████ soll nach Verweigerung des Wehrdienstes inhaftiert worden sein und nach Angaben des Informanden nach seiner Haftentlassung die Ausreise in die BRD erhalten haben. Frau M███████ ist als Schwester in der Röntgenabteilung tätig. Da der Verdacht besteht, daß Vorbereitungshandlungen gem. § 213 StGB durch die N██████ durchgeführt werden, bitte ich die Information umgehend zu überprüfen.
Die Informationsperson möchte in diesem Zusammenhang nicht genannt werden.

ABV Mietke
Oberleutnant der VP

Es wurde angewiesen die Kontrolle de
obengenannten Person zu verstärken

Gruppenposten Leiter

Schumacher
Oblt. d. VP

Kopie BStU
Außenstelle Frankfurt (O.)

245

Der zuständige Beamte mochte nicht wechseln. Fünf Mark solle sie bringen, nicht 50. Das war die Bearbeitungsgebühr für das Formular zur Aberkennung der Staatsbürgerschaft.

Sie eilte hinaus zum Wechseln. Bekam das Formular und mußte im „Paß- und Meldewesen" alle Ausweise abgeben. „Ich wurde höflich gefragt, wann ich denn ausreisen wolle. Ich sagte, ich wolle mich noch bei Freunden verabschieden und so weiter, Donnerstag wäre recht. Da sagt der: Sie reisen morgen früh um 8."

In fieberhafter Eile beschaffte sie einen Container und räumte den restlichen Hausrat ein. Ein Zollbeamter kam, zu überprüfen, ob sie sich an die Vorschriften gehalten habe: Sie durfte außer Geld alles mitnehmen und auch nichts Neues kaufen. Der Mann übersah die brandneue „Praktika" und einen teuren Teppich.

Am frühen Morgen des 11. Mai 1983 fuhr Angelika N. mit ihren beiden Kindern und ihrer Mutter nach Magdeburg. Auf dem Hauptbahnhof sollte sie den „Rentnerzug" nehmen. Abschied von der Mutter auf dem Bahnsteig: „Es war fürchterlich. Ich wußte ja nicht, ob ich sie jemals wiedersehe. Dazu das Gefühl, in ein Schwarzes Loch zu fahren."

„Schämen Sie sich nicht?" fragte der Grenzer, der Angelika N. den letzten Pfennig Bargeld abnahm, bevor der Zug über die Grenze fuhr.

„Es war die Traum-Ausreise: Nach 50 Wochen war alles erledigt", sagen Hans-Jürgen und Angelika N. heute.

Der Operative Vorgang „Heuchler" wurde erst einen Monat später abgeschlossen. Bis dahin wurden die Telefone und Wohnungen der „Verbindungspersonen" der N.s weiter abgehört, Wohnungen observiert, IM eingesetzt oder befragt. Die Stasi wähnte sich weiterhin auf der Spur eines Agentenrings oder einer feindlichen Gruppierung.

Der Abschlußbericht zum OV „Heuchler" (S. 247-254) kündigte weitere Maßnahmen an:

„Nach Abschluß des OV werden die bereits vorhandenen und die sich neu anbahnenden Rückverbindungen unter operativer Kontrolle gehalten. Im engen Zusammenwirken der KD Hoyerswerda mit der OD Schwarze Pumpe erfolgt ein ständiger Ifo.-Austausch mit dem Ziel des rechtzeitigen Erkennens feindlich-negativer

246

269.

Hoyerswerda, den 13.06.83

BStU
000318

A b s c h l u ß b e r i c h t
zum OV "Heuchler", Reg.-Nr. VI/847/82

I. Personalien:

1. Name, Vorname: N ████████, H.-Jürgen
   geb. am: ████.48 in Böhlen
   wohnhaft: jetzt BRD - ████ D████████
                           Wilhelmsplatz 11
   Beruf: E-Monteur, BMSR-Ing.
   Tätigkeit: zuletzt Ing. f. Automatisierungs-
                           technik
   Betrieb: zuletzt GSP, Abt. BMSR
   Familienstand: verh., █ Kinder
   Nationalität: deutsch
   Staatsangehörigkeit: BRD
   Vorstrafen: 02.06.82-30.12.82 Haft,
                           gem. § 43, Abs. 1 Wehrdienstgesetz

   Dienst in den
   bewaffneten Organen
   der DDR: 02.05.67-30.10.68 NVA/Gefreiter

2. Name, Vorname: N████, geb. S████, Angelika
   geb. am: ████.51 in Kl. Kölzig
   wh.   jetzt BRD, ████ D████████
                           Wilhelmsplatz 11
   Beruf: Med.-techn. Assistentin
   Tätigkeit: zuletzt Med.-techn. Assistentin
   Betrieb: zuletzt BKH Hoyerswerda
   Familienstand: verh., █ Kinder
   Nationalität: deutsch
   Staatsangehörigkeit: BRD   Kopie BStU
   Vorstrafen: Außenstelle Frankfurt (O.)

247

- 3 -

Das Ziel der Bearbeitung bestand in der vorbeugenden Verhinderung von Demonstrativhandlungen, in der Herausarbeitung der Mittel und Methoden des Zusammenwirkens und in der Nachweisführung strafbarer Handlungen gemäß der §§ 99 und 100 StGB.

3. Politisch-operative und strafrechtliche Ergebnisse der Vorgangsbearbeitung

Die Familie N. trat am 23.05.82 offiziell mit einem REÜ beim Rat des Kreises Hoyerswerda in Erscheinung. Inoffiziell wurde dazu bekannt, daß N. den Zeitpunkt so gewählt hat, um sich dem geplanten Reservistendienst vom 02.06.-30.07.82 zu entziehen. Am 25.05.82 erschien N. im WKK Hoyerswerda und teilte mit, daß er ein REÜ gestellt hat und damit dem erhaltenen Einberufungsbefehl nicht Folge leisten wird. Seine Handlungsweise begründet er ferner damit, daß er in dem militärischen Staat DDR nicht mehr dienen wird. In einem weiteren Gespräch im WKK am 27.05.82 vertrat er nach wie vor seinen Standpunkt. Dabei brachte er zum Ausdruck, daß er die Ständige Vertretung der BRD in Berlin aufgesucht hat und er der Aufforderung, alles was mit ihm und seiner Familie ab sofort geschieht der Ständigen Vertretung mitteilen wird (S. 59/60)

N. gab eine schriftliche Erklärung, daß er dem Einberufungsbefehl nicht Folge leiste, ab. (S. 63) N. wurde wegen Nichtbefolgung des Einberufungsbefehls durch das Militärgericht Cottbus am 21.07.82 zu 7 Monaten FE gem. § 43, Abs. 1 Wehrdienstgesetz verurteilt (S. 119)

N. stellte am 21.10.82 aus der Haftanstalt erneut einen Antrag auf REÜ. Darin kommt konkret seine verfestigte negativ-feindliche Grundeinstellung zum Ausdruck (S. 160) Auf Grund seiner feindlichen Grundeinstellung wurde N. vom 30.12.82 nach Verbüßung der Haftstrafe nach der BRD entlassen.

Inoffiziell wurde bekannt, daß der N. seit seiner Übersiedlung mit bei

wohnhaft ist.

248

- 5 -

Am 21.02.83 hat die N. ihr Arbeitsrechtsverhältnis mit dem
BKH gekündigt, am 09.05.83 erfolgte die Entlassung aus der
Staatsbürgerschaft der DDR und am 11.05.83 die Übersiedlung
in die BRD.
Strafbare Handlungen entsprechend der Straftatbestände des StGB
beging die N. bis zu ihrer Übersiedlung nicht, da der Rechts-
anwalt Dr. Vogel bereits durch ihren Ehemann mit der Bearbeitung
beauftragt wurde.
Durch den N. wurde aus der BRD der Kontakt zu seinen ehemaligen
Arbeitskollegen aufgenommen. Die dafür notwendigen Adressen
hat er von seiner Ehefrau erhalten. Zu folgenden Personen hat
N. die Verbindung aufgenommen: (Bl. 185-187)

Die Konkretisierung und weiteren operativen Kontrolle der sich
herausgebildeten Rückverbindungen erfolgte nach Absprache durch
die OD Schwarze Pumpe.
Die Person ████, ████ stellte im Januar 1983 ein REÜ beim
Rat des Kreises Hoyerswerda. Zwischen █. und N. bestand bereits
seit langem ein enger Kontakt.
Im Ergebnis des durchgeführten Vergleiches zu inhaltlichen
Problemen der REÜ's muß vermutet werden, daß hier eine Abstimmung zwischen N. und █. erfolgt ist, da die rE inhaltlich
fast identisch sind. Die Bearbeitung des █. erfolgt in einer
OPK durch die OD Schwarze Pumpe.

249

Seit dieser Zeit gibt der N. seiner Ehefrau telefonische und
schriftliche Verhaltensweisen mit dem Ziel der Familienzusammenführung. Zur Durchsetzung dieser Zielstellung bezieht
N. aktiv das ▅▅ehepaar

▅▅▅▅▅ , ▅▅▅▅▅ und ▅▅▅▅▅

ein. Durch die Abt. VI der BV Karl-Marx-Stadt wurde bekannt,
daß die Familie ▅▅▅▅ und die N▅▅▅▅ am 06.03.83 sich einen
Tag in Karlovy-Vary (CSSR) aufgehalten haben (S. 196) un d
ein Treffen mit N., H.-Jürgen stattgefunden hat. Dieser Treff
wurde durch die eingeleiteten Maßnahmen mit der Abt. 26 bestätigt. Bei diesem Zusammentreffen wurden weitere Maßnahmen
zur Durchsetzung des REÜ des N. festgestellt. Welche konkrete
Rolle in diesem Zusammenhang die Familie ▅. spielt konnte bisher
nicht exakt herausgearbeitet werden.
Inoffiziell und offiziell wurde bekannt, daß die N. nach der
Inhaftierung ihres Ehemannes ▅▅▅▅▅▅▅▅▅▅▅▅▅▅▅▅
▅▅▅▅▅▅▅▅▅▅▅▅▅▅▅▅▅▅▅▅▅▅▅▅▅▅▅▅▅

▅▅▅▅▅▅▅▅▅▅▅▅▅▅▅▅▅▅▅▅▅▅▅▅▅

Durch den Einsatz der KP Angelika, VA-IM Maren und des OibE
Keil wurde die Zielstellung der schriftlichen Zurücknahme des
REÜ durch die N., unter Ausnutzung o. g. Faktes verfolgt, zumal
bekannt war, daß die N. leicht beeinflußbar ist und sich bereits
selbst dahingehend geäußert hat ihre Ehe scheiden zu lassen
▅▅▅▅▅▅▅▅▅▅▅▅▅▅▅▅▅. Trotz der zielge-
richteten positiven Beeinflussung konnte die N. nicht zu dem
entgültigen Entschluß - Rücknahme des REÜ und Ehescheidung -
gebracht werden.
Inoffiziell wurde bekannt, daß die N. durch ihren Ehemann unter
Druck gesetzt worden ist. ▅▅▅▅▅▅▅▅▅▅▅▅▅▅▅▅▅▅
▅▅▅▅▅▅▅▅▅▅▅▅▅▅▅▅▅▅▅▅▅▅▅▅▅▅▅▅▅
▅▅▅▅▅▅▅▅▅▅▅

N. setzte sich mit der Familie ▅▅▅ in Verbindung und forderte
von ihr, seine Frau dahingehend zu beeinflussen, daß sie zu
ihrem REÜ steht. Durch die ▅▅▅▅, ▅▅▅▅▅ wurde diese Unterstützung zugesagt und auch realisiert.

250

Persönlichkeitseinschätzung:

N████████, H.-J. erlernte den Beruf eines E-Monteurs. Er qualifizierte sich zum BMSR-Mechaniker und im Fernstudium zum Ing.
für Automatisierungstechnik. Seit 1972 war er im GSP, BMSR-Abt.
Kokerei tätig. Er war parteilos. Organisiert war er im FDGB.
Gesellschaftliche Aktivitäten gingen von ihm keine aus und er
trat auch in keiner Weise in Erscheinung. Seine fachlichen
Aufgaben erfüllte er umsichtig und gewissenhaft, was ihm Achtung
und Anerkennung einbrachte.
Innerhalb des Bereiches waren keinerlei Anzeichen für ein REÜ
des N. vorhanden.
Charakterlich wird er als herrschsüchtig und selbstbewußt eingeschätzt.
Seine Ehefrau N., Angelika mußte sich ihm in jeder Beziehung
unterordnen und sie wurde durch ihn zur Unselbständigkeit erzogen. Die N. war als med.-techn. Assistentin im BKH, Röntgenabteilung tätig. Arbeitsmäßig erfüllte sie ihre Aufgaben. Innerhalb des Kollektivs trat sie nicht in Erscheinung.
Charakterlich wird sie als launisch, interessenlos und als ein
von Anderen abhängiger Mensch eingeschätzt.

251

V. Ziel des Abschlusses des OV

Auf Grund der Nichtbetätigung strafbarer Handlung entsprechend
der Zielstellung der Bearbeitung wird der OV in der Abt. XII
der BV Cottbus zur Ablage gebracht. Die im OV herausgearbeiteten
Mittel und Methoden zum Vergehen wurden innerhalb der DE ausgewertet und fließen in die OPK Bearbeitung der Familie ████
(KD Hoyerswerda) und Familie ████ (OD Schwarze Pumpe) ein.

VI. Beim Abschluß zu beachtende Probleme

Besondere Fakten sind bei der Herauslösung der IM nicht zu beachten. Die erfaßten Personen hatten keine Kenntnis von der
operativen Bearbeitung erhalten.

VII. Weiterführende Maßnahmen nach Abschluß des OV

Nach Abschluß des OV werden die bereits vorhandenen und die sich
neu anbahnenden Rückverbindungen unter operativer Kontrolle
gehalten.

252

276

Im engen Zusammenwirken der KD Hoyerswerda mit der OD Schwarze
Pumpe erfolgt ein ständiger Ifo.-Austausch mit dem Ziel des
rechtzeitigen Erkennens feindlich-negativer Erscheinungen und
in der Einleitung und Durchsetzung einer vorbeugenden politisch-
operativen Arbeit innerhalb des jeweiligen Verantwortungsbereiches.

Leiter der Dienststelle   Referatsleiter

Wierick   Ziesche
Major   Major

253

Bezirkskoordinierungsgruppe   Cottbus, den 22. 06. 1983

Stellungnahme Abschluß OV "Heuchler" - KD Hoyerswerda

Der OV wurde zur Erarbeitung von Beweisen zu den Straftaten der
§§ 99, 100 StGB eröffnet. Bei den bearbeiteten Personen handelt
es sich um hartnäckig um Übersiedlung Ersuchende. Eine Person wurde
im Mai 1982 gemäß § 43 (1) Wehrdienstgesetzet zu 7 Monaten FE verurteilt und am 30. 12. 1982 aus der Haft in die BRD entlassen.
Der Ehepartner wurde in die Angehörigenliste aufgenommen und
ebenfalls im Mai 1983 aus der Staatsbürgerschaft der DDR entlassen.
Die Familie ist jetzt in D - ███ D████████ Wilhelmsplatz 11
wohnhaft.
Aktive Maßnahmen zur Kontrolle der ████verbindungen werden weiter-
geführt. Wesentlich ist die Weiterführung erarbeiteter Fakten
in der OPK "██████" (████████) und OPK "████".

Die Zielstellung gemäß §§ 99/100 StGB konnte durch strafprozessuale
verwertbare Beweise nicht bestätigt werden.
Dem Abschluß wird zugestimmt.

H e n s c h e l
Major

254

Erscheinungen und in der Einleitung und Durchsetzung einer vorbeugenden politisch-operativen Arbeit innerhalb des jeweiligen Verantwortungsbereiches."

Gerichtsverwertbare Beweise hatte die Bearbeitung des OV laut Schlußbericht zwar nicht erbracht, doch sollten die Erkenntnisse über die „Vorgehensweise" der N.s in die Ermittlungen gegen zwei weitere Familien eingehen.

Monate nach ihrer Ausreise fuhren Angelika und Hans-Jürgen N. über West-Berlin nach Ost-Berlin, um dort eine Freundin zu treffen. Zu ihrer eigenen Überraschung konnten sie sich in der DDR ungehindert bewegen. Anders sah dies bei Kontakten zur Familie aus. Sie ahnten, daß sie nicht ohne weiteres nach Hoyerswerda fahren konnten, so trafen sie sich mit Angelika N.s Mutter auf einer Autobahn-Raststätte an der Transitstrecke von Helmstedt nach Berlin. Ein Verwandter, der die Mutter zum Treffpunkt gebracht hatte, wurde nach dem kurzen Treffen noch auf der Autobahn angehalten und wegen zu schnellen Fahrens um 50 Mark erleichtert. „Der Onkel ist niemals zu schnell gefahren", sagt Angelika N.: Klarer Fall, sie waren erwischt worden. Als Angelika und Hans-Jürgen N. tags darauf von West- nach Ost-Berlin fahren wollten, verweigerten ihnen die Grenzer an mehreren Übergängen die Einreise.

Dabei blieb es bis 1985, als zwei Verwandte der N.s starben und sie die Genehmigung erhielten, zur Beerdigung Familienbesuche zu machen. Die erste Fahrt unternahmen sie gemeinsam. Sie wurden bei der Ausreise scharf gefilzt. Nach dem Tode einer Tante von Hans-Jürgen N. ein halbes Jahr später durfte nur seine Frau fahren.

Bei der Einreise stoppte der Zug gleich hinter der Grenze. Ein Grenzer blaffte Angelika N. an: „Nehmense alle ihre Sachen und kommense mit." Sie wurde in eine Baracke geführt: schäbige Möbel, Bilder von Honecker und Lenin an der Wand.

„Zwanzig Minuten lang passierte gar nichts. Draußen wartete der Zug. Ich saß auf heißen Kohlen."

Dann kam ein Mann und fragte sie nach dem Zweck ihres Besuchs. Mit der Information verschwand er wieder.

Lange Minuten später beschloß Angelika N., eine zu rauchen.

255

„Da kommt ein zweiter Typ und treibt mich zurück zum Zug. Zum Abschied zischt er mir zu: ‚Seien Sie zufrieden, daß das so abgegangen ist.'"

Während ihres Aufenthalts hatte Angelika N. mehrfach den Eindruck, beobachtet zu werden. Bei einem Ausflug mit ihrer Schwiegermutter setzten sich im Dresdener Bahnhofsrestaurant zwei Männer an den Nebentisch, die so offensichtlich lauschten, daß es der jungen Frau unangenehm wurde und sie das Restaurant verließ. Einer der Männer wartete später ebenfalls auf den Zug nach Hoyerswerda.

„Danach durften wir nicht mehr in die DDR einreisen."

„Von dem Alten will ich nichts mehr wissen"

Bleibende Folgen der „Bearbeitung"
durch die Stasi

Der Ausreiseantrag der Familie Fain wurde am 25. November 1989 genehmigt. Die Fains hätten schon seit 16 Tagen im Westen sein können. Aber wozu? Die andere Seite hatte unversehens verloren. Die Diktatur war untergegangen.

Geblieben ist ein Gefühl, das sie an keinem Ort der Welt hätten abstreifen können: Ein fremdes Leben gelebt zu haben, unter fremden und feindlichen Einflüssen. Und sie hatten etwas über sich selbst gelernt. Die Angst, die in einem geweckt werden kann, den Zorn. „Wenn ich den Verhöroffizier in der ersten Zeit gesehen hätte: Den hätte ich umgebracht", sagt Erika Fain.

Sohn Enrico Fain hat einen Freund abgeschrieben, Erika Fain ihre „beste Freundin und Kollegin seit 30 Jahren", Lore, IM „Rolf". Nein, sagte Lore entrüstet, als Erika Fain sie mit den Akten konfrontierte, nie und nimmer habe sie für die Stasi gearbeitet. „Sag' mir, wer das behauptet, und ich gehe aufs Gericht und erstatte Anzeige." Erika Fain hielt Lore Details aus Berichten des IM „Rolf" vor. „Da hat sie gestanden und behauptet, ihre Familie hätte gelitten, sie sei gezwungen worden... Kein Wort wahr."

Für Fains sind alle offenen Rechungen bezahlt. Sie leben in Ruhe, wo auch die ehemaligen IM und ihre Führungsoffiziere noch leben – weit entfernt von dem Gefühl, als ob nichts gewesen wäre.

Soviel Seelenruhe ist nicht jedem gegeben. So nehmen viele, die Jahre unschuldig oder unverhältnismäßig hart bestraft im Knast verloren haben, Anstoß an Wolfgang Wüstefelds Umgang mit früheren IM der Stasi. „Ich will keinen in die Pfanne hauen, will nicht, daß eine neue Stasi-Ära mit umgekehrten Vorzeichen kommt. Ich habe mit Spitzeln gesprochen, weil mich interessierte, was in deren Köpfen vorging. Die hatten zum Teil bürgerlichen Hintergrund, manchen Familien war übel mitgespielt worden. Nun

257

heißt es, es hätte die Aufgabe gegeben, ‚den Staat zu schützen‘. Ich weiß, wie manche Leute als Stasi-IM geworben wurden. Ein Kollege zum Beispiel hatte ein kleines, dummes Ding gedreht, der ist im Gefängnis zur Mitarbeit gedrängt worden.“ Viele aber hätten aus Geltungsbedürfnis die Stasi mit Informationen versorgt, um sich das Gefühl zu verschaffen, „Menschen in der Hand zu haben, Macht über ihr Schicksal zu haben“.

Wegen seines angeblich zu großen Verständnisses für die Täter nennt mancher ihn einen „Wendehals mit Linksdrall“, wie Wüstefeld selbst zitiert. Von „seinen“ 21 IM kennt er sechs, davon sind vier gute Bekannte, „zu denen ich auch sehr offen gewesen bin“.

Er verlangt von diesen Leuten nicht einmal „Beichte und Buße“, weil man die nicht erwarten könne. Wohl aber Schuldbewußtsein: „Wer mitgemacht hat, muß einsehen, daß großes Unrecht passiert ist – dann kann ich verzeihen.“

Er hat keine Berührungsangst gegenüber früheren SED-Leuten, denen diese Einsicht mittlerweile gekommen ist.

Die PDS ist für Wüstefeld, der seit 1990 wieder CDU-Mitglied ist, allerdings „ein Spuk“. Während einer Diskussionsveranstaltung, bei der „die PDS im Publikum ganz unter sich war“, habe er noch 1995 schon nach einigen Sätzen das Wort abgeschnitten bekommen: „Lügner, Lügner, Lügner“, skandierte man. „Das war wie in alten Zeiten – ein Redeverbot, Zensur. Mit diesen Leuten will ich nichts zu tun haben. Wer sich noch nach der Wende so verhält, dem verzeihe ich nichts.“

Und doch. „Die Stasizeit ist vorbei, das war mir ein Lebensanliegen. Ich muß nun, unter ganz bestimmten Umständen, mich versöhnen.“

Auch Friedrich Gündel geht es darum, daß ehemalige Stasileute ihre Tat bekennen, Einsicht und Reue zeigen – und schließlich „auch um Absolution“. Für Gündel ist klar: Es spielt nur aus der Sicht des Gesetzes eine Rolle, ob ein IM anderen geschadet hat – in der moralischen Bewertung ist das eine Nebensache. Jeder IM hätte anderen schaden können und wußte das. Es gab keine weniger belastenden Informationen für die Stasi: Die Sammelwut des Unternehmens ließ ein Puzzle von Informations-Splittern über jede

258

beobachtete Person zusammenkommen, das je nach dem gerade angestrebten „politisch-operativen Ziel" als strafbar oder harmlos beliebig zu interpretieren war.

Frühere IM sollten nicht „vernichtet" werden, meint Gündel, doch eine Zeitlang ins zweite Glied treten sollten sie schon.

Daher hat Gündel kaum Ruhe vor der Vergangenheit. Zu viele ehemalige IM sind seiner Ansicht nach bis heute in hohen und höchsten Positionen.

Als auf Stasi-Aufdeckung im eigenen Betrieb pochender Betriebsrat ist Gündel freilich schon 1991 gescheitert. Kein heute leitender Mitarbeiter ist nach Stasi-Kontakten gefragt worden.

Gündel weiß, daß seine Bemühungen vielen auf die Nerven fallen: Die Vergangenheit möge ruhen, heißt es oft. „Das ist die Aufgabe, die ich für mich sehe: Gegen IM vorzugehen."

Dies Feuer hat Friedrich Gronau auf seine alten Tage nicht mehr. Er wahrt die Erinnerung an die vielen, die er im Knast hat leiden und auch sterben sehen. Doch als IMS „Helmut" gleich nach der Wende plötzlich Jugenddezernent im Landratsamt Seelow war, platzte dem Mann, der von „Helmut" jahrelang ausgeforscht worden war, der Kragen über solche Dreistigkeit.

Gronau legte dem Landrat seine Stasiakte vor, in deren zweiter Hälfte „Helmut" eine unrühmliche Hauptrolle spielt. Dem früheren Stasimann wurde fristlos gekündigt.

Eine große Genugtuung war das nicht für Gronau – dazu kennt er zuviele Biographien, die von der Stasi umgekrempelt und gewaltsam zerstört wurden. Ganz zu schweigen von seinem eigenen Schicksal. Aber, so Gronau: „Es war nicht einzusehen, daß die Bürger auf die Straße gehen, und diese Leute sind nachher wieder dran."

Gronau lebt seit der Wende ungestört mit seiner Frau in Golzow auf seinem ehemaligen Wochenend-Grundstück in dem selbstgebauten Haus. In IM „Ernas" Haus leben heute junge Leute, die die einzigen Nachbarn sind, zu denen die Gronaus Kontakt haben. Die anderen Nachbarn starren noch immer unverwandt über ihre Zäune, wenn ein Besucher bei dem Stasiopfer vorfährt.

Auch Margarete und Heinz M. kennen „ihre" IM zum großen Teil. Sie jagen sie nicht. Sie suchen nicht das Gespräch. Und glauben nicht an eine Vermittlung zwischen Tätern und Opfern. Sie machen sich keine Illusionen darüber, wie IM ihr Tun heute bewerten: Für die Schlimmsten, die Überzeugten, sind die Opfer ihres Tuns Ziele eines durch das herrschende System sanktionierten Verfahrens, und sie haben nur ihre Pflicht getan.

Ausgerechnet die wichtigsten IM, die auf die M.s, Peter Rompf und den Rest ihres Intellektuellenzirkels im Rahmen des Stasi-OV „Kreis" angesetzt gewesen waren, lieferten für diese Ansicht den Beweis. 1994 enttarnte Rompf „Georg Notker" und „Sylvia Richter" anhand von Abhörprotokollen, ihren eigenen IM Berichten und mit weiteren Hinweisen aus der Gauck-Behörde: „(Klarname) betritt das Atelier", stellte der Abhörer fest. „Georg Notker betrat das Atelier", schrieb der IM über sich selbst in der Dritten Person: Zeitangabe präzise übereinstimmend. Nach Funden wie diesem konnte Rompf die Bestätigung bei der Behörde erfragen, indem er für die Suche in den einschlägigen Karteien gleich Deck- und Klarnamen angab.

Das so bildungsbeflissene Ehepaar stand noch im Schuldienst. Es war genug Zeit seit dem Ende der DDR vergangen, daß sie hätten Einkehr halten können. Doch hatten sie nicht allein im Personal-Abfragebogen für Landesbedienstete eine Mitarbeit bei der Stasi bestritten – kein Kavaliersdelikt, aber mitunter psychologisch nachvollziehbar –, sie stellten sich nach ihrer Entdeckung als die wahren Opfer vor ihre erschütterten Kollegen, behaupteten rundheraus, sie hätten wirklich niemandem geschadet, und daß sie jederzeit wieder mit der Stasi zusammenarbeiten würden. Sie seien nur ihrer staatsbürgerlichen Pflicht nachgekommen. Und es habe ihnen Spaß gemacht…

„Notker" und „Richter" taten vermutlich nicht einmal nur so, daß sie nicht verstanden, warum sie schließlich aus dem Öffentlichen Dienst entfernt wurden. Sie verstanden es wirklich nicht, und wahrscheinlich haben sie es auch heute noch nicht begriffen.

Mit ihrer Hilfe wurde ein Teilnehmer des „Kreises" inhaftiert, neben Rompfs zwei weitere Familien aus der DDR ausgewiesen, einer aus dem „Kreis" hat Rompf zufolge noch heute schwere psychische Probleme wegen der Folgen der „Zersetzungsmaß-

260

nahmen", Heinz M. verlor seine Arbeit und mußte einen Abstieg hinnehmen.

So gesehen könnte man die Arbeit der IM als Beihilfe zu Nötigung, Freiheitsberaubung und Körperverletzung einstufen – doch so lange niemand Klage gegen die Drahtzieher bei der Stasi erhebt, können die IM nicht wegen Beihilfe belangt werden. Spitzelei allein ist nicht illegal.

Peter Rompf ist kein IM-Jäger, die Enttarnung war das Nebenprodukt der Arbeit an seinem Buch, mit der er versucht, „eine tiefsitzende Kränkung wegzustecken".

Daran arbeitet im Grunde die ganze Familie schon seit zwanzig Jahren. „In der DDR hatte es keinen Sinn, das Ganze emotional zu nehmen: Du mußtest es wegstecken, alles andere hatte ja eh keinen Sinn. Und im Westen haben sich die meisten überhaupt nicht für das interessiert, was geschehen war. Nur ein Mensch hat sich darauf eingelassen. Also geschah das Wegstecken auch aus Einsicht in eine Notwendigkeit, weil einem nichts weiter übrig bleibt."

Die mühsame Arbeit am Buch wurde entsprechend wohlwollend von der Familie aufgenommen. Rompf ist heute Musiklehrer, die Recherchen erledigte er nebenbei. Im Archiv der Gauck-Außenstelle Frankfurt (Oder) sei er „sehr liebevoll betreut" worden bei der Suche nach und Analyse der 3 375 Blatt Akten zum OV „Kreis": „Zwölf Bände, an denen ich meine Stauballergie pflegen konnte." Nach Querverbindungen und Zusammenhängen stöberte Rompf auf insgesamt 80 000 Aktenblättern. Er ließ sich packenweise Kopien per Post schicken, „und alles ist angekommen". Einmal war ein Paket der Frankfurter Gauck-Außenstelle an Peter Rompf auf dem Weg über das damalige Verteiler-Postamt Rüdersdorf, das auch in DDR-Zeiten demselben Zweck diente und von der Stasi überwacht worden war, aufgerissen worden. „Ich nehme das als Tatbestand hin."

Und, will Rompf Rache? Will er es allen noch zeigen, die damals ihm geschadet, ja ihm nach Wohlstand und Familie getrachtet hatten? „Nee. Ich finde es aber schon scheiße, daß sich niemand entschuldigt, mit mir ein Bier trinkt und das dann auch bezahlt."

261

Werner Schöne lebt nicht so locker mit der Vergangenheit, auch wenn er nicht wie Rompf immer wieder von früheren Stasileuten bedroht wird. Internierung durch die Sowjets, zweimal Gefängnis aus nichtigen Gründen, dann zur Zusammenarbeit als IM erpreßt. Aus Selbstschutz hatte er bis 1989 regelmäßig der Stasi „Stimmungsberichte" zu geben: Wer was wann wo gesagt hat.

Sein Trost ist, daß niemand wegen seiner Informationen ins Gefängnis kam. Dessen meint er sicher sein zu können.

Mit einigen der Männer, die ihn 1961 denunziert hatten, arbeitete er noch jahrelang zusammen. Er wußte Bescheid. Und schwieg, wie sie schwiegen – eine Belastung, die Jahrzehnte währte.

„Man kann nicht einfach so darüber hinweggehen: Nichts darf geschönt oder verschleiert werden", sagt Hans-Joachim Helwig-Wilson. Auch der West-Berliner hat erst nach der Wende ein offenes Ohr für seine Geschichte gefunden. In Zeiten, da man im Zuge der Entspannungspolitik gerade in Helwig-Wilsons Partei, der SPD, die Gemeinsamkeiten mit der DDR suchte, sie sich durch Milliardenkredite gefügig machen wollte und ihr in aller Stille durch Freikäufe Devisennachschub verschaffte, waren Berichte über Grausamkeiten in DDR-Gefängnissen allenfalls in rechten Kreisen erwünscht, die wiederum Helwig-Wilson nicht schätzte. Er war zum Schweigen nicht verpflichtet, doch war es zweitweise auch in der Bundesrepublik opportun zu schweigen. Als Mitglied der Vereinigung ehemaliger politischer Häftlinge der SPD ist Helwig-Wilson heute ein harter Lobbyist in Sachen Gedenken an den Stalinismus.

Er gilt als streitbar, bei einigen amtlichen Hütern der Vergangenheit sogar als unerbittlich. Das sieht er gelassen.

Erst 1994 – nach langer Suche nach der falsch geführten Krankenakte aus dem Haftkrankenhaus Meusdorf – wurde Helwig-Wilsons Gehbehinderung als Haftleiden anerkannt. Damit, und auch mit seiner gerichtlichen Rehabilitierung, gibt er sich nicht zufrieden. Gegen alle, die ihn denunzierten, ungerecht verurteilten und stümperhaft medizinisch behandelten, hat er Strafanzeige erstattet.

262

Allein um den eigenen Fall geht es ihm dabei nicht – es ist für ihn eine Frage des Prinzips.

Wie um etwas wettzumachen, ließ man Helmut Padel nach der Haft ungehindert Karriere machen. Er wurde von seinem Betrieb wiederaufgenommen, bekam eine Werkswohnung, stieg zum Abteilungsleiter auf und konnte den Industriemeister machen. Dabei machte er aus seiner Opposition gegen die DDR keinen Hehl. Nach der Kampagne der geballten Staatsmacht und der Parteipresse gegen ihn, seinen Bruder und andere junge Männer als die angebliche „Padel-Bande", nach neun (von im Urteil 18) Jahren Haft ließ er jedoch Vorsicht walten, schon wegen der Familie.

Bei Anneliese Fricke war es nicht die Vorsicht, die sie zum Schweigen anhielt, sondern die Unfähigkeit zu reden. Es kam ihr entgegen, daß auch die Statsmacht entschieden hatte, sie als Opfer des Stalinismus einfach aus den Annalen zu streichen. Als sie 1957 ihre Meisterprüfung als Fotografin ablegte, war das polizeiliche Führungszeugnis, mit dem sie sich zur Prüfung anmelden mußte, nach acht Jahren Lager und Knast so „sauber", als wäre nichts gewesen. Während viele andere den Makel „Ex-Häftling" nie wieder loswurden, war das Kapitel für sie abgeschlossen. Unbehelligt arbeitete im Betrieb ihrer Eltern in Frankfurt (Oder), bis sie 1964 ihren eigenen Laden in Beeskow aufmachte.

Als selbständige Handwerkerin wurde sie weder von Parteien noch von Massenorganisationen zur Mitgliedschaft gedrängt, und auch von der Staatsmacht nicht wieder behelligt. „Ich hatte auch keine Angst. Ich hatte mir vorgenommen, wenn ich nochmal verhaftet werde, dem Offizier zu sagen: Wer durch Potsdam-Lindenstraße ging, hat vor Ihnen keine Angst."

Sie erlaubte der Erinnerung erst nach 1989, wieder an die Oberfläche zu gelangen. Es ist immer wieder eine schwierige Begegnung mit der eigenen Vergangenheit, für sie selbst wie für ihre Familie, die ihr ein großer Rückhalt ist. Nach Jahrzehnten des Schweigens ist das Erlittene kaum verarbeitet und so frisch wie am Tag danach.

263

Helmut Padel hatte seinen Bruder zum Reden, mit dem er die Erinnerungen aus der U-Haft und aus dem Zuchthaus Brandenburg teilt.

Am 24. Dezember 1962 war er aus der Haft entlassen worden, zwei Tage später als sein Bruder, sechs Jahre nach dem Mitangeklagten L., der die Stasi gegen sie mobilisiert hatte.

Padel war gegen „Sühnemaßnahmen" freigekommen. Er durfte nicht wählen – sein Interesse daran war ohnehin gering –, durfte kein staatliches Amt ausüben und kein Auto besitzen. Diese Maßnahmen wurden im Februar 1963 aufgehoben, nachdem Padel darauf verzichtet hatte, bei der Staatsanwaltschaft seine Rehabilitierung anzustrengen. „Sie sind jetzt entlassen, und wir hoffen, daß damit alles klar ist", hatte der Staatsanwalt gesagt.

„Schade um den schönen Sozialismus", war bald sein gängiger Spruch, wenn etwas im argen stand.

Das Scheitern der DDR hatte er kommen sehen, denn „das zeichnete sich in den Betrieben ökonomisch ab." Und als die Wende stattfand, „war das eine große Genugtuung" für ihn.

Edelgard Thumanicht und Horst Kober heirateten ein halbes Jahr, nachdem er aus dem Gefängnis entlassen worden war, im Mai 1964. Die Stasi hatte sie zusammengeführt. Doch hatten sie die ganze Härte und selbstgefällige Ungerechtigkeit des Machtapparats zu spüren bekommen. So war es kein Wunder, daß Kobers in der DDR nie ganz heimisch wurden.

Dabei machten sie beide nach der Haftentlassung zunächst gute Erfahrungen. Edelgard Kober wurde in ihrem Heimatdorf „mit großer Herzlichkeit" wiederaufgenommen. Die Bauern waren auf die Staatsmacht seit der Kollektivierung der Landwirtschaft nicht gut zu sprechen, so hatte die Kampagne gegen die angebliche Staatsfeindin nicht verfangen: Darüber wurde nicht diskutiert, es zeigte sich in Verhaltens-Nuancen.

Horst Kober bekam als Elektriker ohne Probleme Arbeit in einer Produktionsgenossenschaft des Handwerks in Erkner. Acht Jahre später schon feierte man sein zehnjähriges Betriebsjubiläum: Die Genossenschaft hatte ihm die Haftzeit stillschweigend als Betriebsjahre angerechnet.

264

Kobers ließen sich in Erkner nieder, führten ein äußerlich normales Leben, das im Grunde ein Doppelleben war. Ihre Vergangenheit war ein Tabu. Ihre Gegenwart hatte daher stets einen schwarzen Punkt, den es in der Öffentlichkeit zu kaschieren galt. Während Edelgard Kober – mit einer von ihrem Chef redigierten Kaderakte – sogar in der Wirtschaft der Stasi-Niederlassung in Erkner arbeitete, wuchsen die Töchter der Familie Kober, geboren 1965 und 1969, mit West-Fernsehen auf und mit der allgegenwärtigen Sehnsucht, anders zu wollen, wenn man nur könnte.

„Die Kinder wußten früh sehr genau, was sie etwa in der Schule von zu Hause erzählen konnten und was besser nicht", sagt Edelgard Kober. „Eigentlich waren sie ständig zum Lügen gehalten, dazu, zu sagen, was der Lehrer hören wollte." Die Töchter waren getauft und wurden konfirmiert. Schon daher bekamen sie genug Ärger.

Dazu kamen für die Eltern Erinnerungen, die nicht verdrängt werden konnten. So erzählt Edelgard Kober von einer jungen Frau, die sie in der Zelle kennengelernt hatte. Die Storkowerin hatte ein Schwimmbad geleitet, war für zwei Witze über die DDR zu fünf Jahren Haft verurteilt worden. Als sie nach drei Jahren freikam, fand sie nur noch Ruinen ihres alten Lebens – das Schlimmste war der Zerfall ihrer Familie. „Die ist bald gestorben", erzählt Edelgard Kober. „Sie hat das alles nicht verkraftet."

Dann konnten Urlauber, die in der Botschaft der Bundesrepublik Zuflucht gesucht hatten, aus Ungarn nach Österreich ausreisen. Edelgard und Horst Kober nahmen am 7. Oktober 1989 Abschied auf unbestimmte Zeit von ihren Töchtern, deren Männern und ihrem Enkel: Wie durch ein Wunder hatten alle fünf Besuchserlaubnis bei Freunden in Ungarn erhalten.

Die Situation war schrecklich für die ganze Familie; die einen zogen ins Ungewisse, die anderen blieben allein. Doch eine tränenreiche Abschiedsszene gab es nicht. Denn auch für die Eltern stand fest: „Wir wollten endlich einen Ausreiseantrag stellen. Wir hielten es nicht mehr aus."

Ihre Kinder schafften es, fanden Wohnungen in West-Berlin. Dann sprach Günter Schabowski auf der Regierungspressekonferenz vom 9. November 1989 den historischen Satz, daß jeder DDR-Bürger künftig einen Paß erhalten und ausreisen könne.

Noch in derselben Nacht – ganz Berlin war eine einzige tränenreiche Verbrüderung von Ost und West – fuhren auch die Eltern über die Grenze. „Mit 4 000 Ostmark in der Tasche und allen Wertsachen. Wir dachten, daß bald alles wieder dicht sein könnte", erzählt Horst Kober.

S-Bahn-Reisen zu den Kindern von Erkner nach Spandau sind mittlerweile Alltag, und doch noch befremdlich für Kobers. Edelgard Kober ist sichtlich stolz, wenn sie erzählt, daß sie in einem Laden am Kurfürstendamm arbeitet. „Ich empfinde es als Genugtuung, wie alles gekommen ist", sagt sie. Die eigene Biographie ist moralisch zurückgewonnen, dunkle Punkte im Lebenslauf haben nun die Täter.

Rachegefühle haben Kobers nicht, nur wenig Verständnis für DDR-Nostalgie, „daß damals alles besser war", sowie für Wähler der PDS. „Es ist nur traurig, daß mein Vater das Ende der DDR nicht erlebt hat", sagt Edelgard Kober. Von dem Kirchenmann ist in der Familie der Spruch überliefert: „Unrecht gedeiht nicht ewig."

Angesichts dessen, was ihr und vielen anderen in der DDR an Leid, ungerechter Strafe, Schikane und Verfolgung zugemutet wurde, kann auch Renate F. nicht das geringste Verständnis aufbringen für Menschen, die wegen der sozialen Sicherheit und der Vollversorgung mit Kinderhorten und Arbeitsplätzen dem alten ostdeutschen Regime nachtrauern: Dies sei zu teuer erkauft gewesen. Über DDR-Nostalgie mag Renate F. mit „Unbelehrbaren" erst gar nicht diskutieren. Sie würde „eine riesige, dreimal höhere Mauer bauen und alle diese Leute dahinterstecken".

Im Grunde will sie nicht immerzu an all das denken. Will ihre Ruhe haben. Doch die Emotionen, die die Verhältnisse in der DDR in ihr zu wecken vermochten, sind eine starke, wenn auch nicht beherrschende Erinnerung. Gefühle, die sie bis heute „keinem beschreiben kann" erzeugte etwa die Ausreise ihrer Tochter im August 1989. Mußte sie als ehemalige „Politische" doch damit rechnen, auf legalem Wege, selbst später als Rentnerin, niemals nach Westen fahren zu können, um die Tochter zu besuchen.

266

Als dann im November 1989 die Mauer fiel, war das „ein unvorstellbares Gefühl".

Renate F. fühlt sich als Gewinnerin der Wende. Die Grenzen, die sie gehalten, die die Familie getrennt hatten, sind gefallen. Dabei ist sie wie ihr Mann arbeitslos, hat als Frau um die 60 wenig Chancen, jemals wieder eine Arbeit zu finden.

Den alten Traum vom eigenen Haus werden sich die F.s mit großer Wahrscheinlichkeit nie erfüllen können. Sie leben in einer Plattenbauwohnung in einem Neubauviertel und sind sich einig: „So gut es uns jetzt geht, ist es uns noch nie gegangen", vor allem, weil sie die „ständige Belastung los sind".

Daß sie in der DDR beruflich nicht weiterkam, wurmt Frau F. im Nachhinein nicht mehr. „Macht nichts, da brauchte ich mich nie zu bedanken."

Im Februar 1964 war Renate F. aus dem Gefängnis entlassen worden. Doch der Schatten der Stasi blieb. Und der Schatten einer Schuld, die sie nicht auf sich geladen hatte: In Betrieben, in denen sie arbeitete, glaubte sie immer ein gewisses Mißtrauen zu spüren – eine Kriminelle?

So hatte einmal ein versehentlicher Zahlendreher einen rechnerischen Fehlbetrag in einer von ihr zu verwaltenden Kasse des Nahverkehrs-VEB, bei dem sie arbeitete, erzeugt. „Das war eine bange Zeit. Ich habe mich verteidigt: Geklaut zu haben, war nicht der Grund, daß ich im Knast war, sagte ich denen." An einer Betriebsfahrt in die Tschechei durfte sie als einzige nicht teilnehmen.

Bei der Deutschen Post, wo sie später arbeitete, wurde Renate F. nie befördert. Weil sie sich nicht in einer Partei oder Massenorganisation engagierte, hielt sie dies für den Grund.

Was ihr Haft und Barrieren im Beruf wirklich eingetragen haben mochte, erfuhr sie erst aus ihren Stasiakten. Ein lange verschüttetes, völlig vergessenes Erlebnis hat da ein großes Gewicht: In den 50er Jahren, sie war 17 oder 18 Jahre alt und arbeitete als Serviererin in der Nähe von Aachen, war sie wegen einer Krankheit ihrer Mutter heimgefahren nach Frankfurt (Oder), wo sie dann „aus Heimatverbundenheit" blieb. Die Stasi versuchte sie damals für eine Mitarbeit zu gewinnen, da sie viele lebendige, freundschaftliche West-Kontakte hatte. Sie lehnte ab. Dachte sich nichts dabei und vergaß das Ganze.

Nicht so die Stasi. Sie ließ Renate F. ständig überwachen. Von einem IM „Rose". „Nach dem Klarnamen habe ich nicht gefragt." Man kann bei der Rückeroberung der eigenen Biographie auch zu weit gehen.

Karl-Werner B. mußte erst lernen, sich zu erinnern. Die Tochter seines in der Haft zu Tode gefolterten „Komplizen" Georg R. brachte ihn dazu.

Nach der Beerdigung des Toten, also seit dem Frühjahr 1953, war die Erinnerung auch in der Familie R. unterdrückt worden. Die Witwe Anna R. schlug sich durch, brachte es in der DDR zu bescheidenem Wohlstand. Diskutiert wurde nicht. Die Tochter, Erika B., wurde gelegentlich von anderen Kindern beschimpft: „Buntmetallschieber!" Sie hatte ihre Gefühle dabei besser im Zaum als ihr jüngerer Bruder, der Anfang der 60er Jahre einmal in aller Öffentlichkeit verkündete: „Die Bullen, die meinen Vater umgebracht haben, erschieße ich alle." Ein Arzt attestierte ihm ein psychisches Problem, das nicht gemeingefährlich sei. So entging er Festnahme und Verfahren. Seither: eisernes Schweigen.

Dann kam der November 1989. Erika B. begann, die Familiengeschichte zu erforschen, fand im Schrank ihrer Mutter Gerichtsakten, betrieb erfolgreich die Rückgabe des Hofes in Niederjesar und die Rehabilitation ihres Vaters. Sie forschte auch nach dessen ehemaligem Mitangeklagten, Karl-Werner B. Sie trieb ihn in Westdeutschland auf, und zunächst reagierte er aggressiv auf den Boten aus seiner eigenen Vergangenheit. Er hatte selbst jahrzehntelang Verdrängung geübt, nichts von allem wissen wollen.

B. war völlig entkräftet gewesen, als er am 4. Mai 1953 aus der Haft entlassen wurde. Er hatte zuletzt auf der Großbaustelle von Stalinstadt Kalk ausladen müssen. „Das war eine unglaublich harte Arbeit", erinnert sich B. Nicht nur, daß sie mit unzureichender Arbeitskleidung erledigt werden mußte, Repressionen waren an der Tagesordnung: „Wir bekamen manchmal Salzheringe zu Essen, aber nichts zu Trinken – und dann den ganzen Tag arbeiten." Die Entlassung kam unerwartet. B. konnte kaum laufen, als er sich auf den Weg nach Groß-Machnow zu seiner Mutter machte.

Zwei Männer verfolgten ihn auf dem Heimweg. Erst als B. schon vor dem Tor des Gehöfts seiner Mutter stand, richteten sie das Wort an ihn. Sie wußten über seinen Lebenslauf bescheid, kein Zweifel: Stasileute. Ihr Anliegen war relativ harmlos. Ob er nicht in die Gesellschaft für Deutsch-Sowjetische Freundschaft eintreten wolle, fragten sie B. Den damals 33jährigen packte die Angst: War er doch 1951 wochenlang von Stasileuten mit Folter erpreßt worden, bei dem Geheimdienst mitzuarbeiten. Er hatte abgelehnt. Und nun: Eine neue Anfrage! Das eigentliche Anliegen der Männer war klar. Es kam oft vor, daß die Stasi Menschen, die gerade aus der Haft kamen, unter Drohung mit neuer Haft zur Mitarbeit preßten.

B. wußte sich nicht anders zu helfen, als einfach durchs Hoftor zu gehen. Die Männer folgten nicht, denn im Hof schlug der Schäferhund wütend an, wie immer, wenn Fremde kamen.

Die Begegnung mit seiner Mutter dauerte nur einige Minuten. B. hatte sich gerade umgezogen, als die Mutter zu ihm kam und sagte: „Draußen stehen zwei Leute, die mit Dir sprechen wollen." Sie hatte für ihren Sohn schon ihr Fahrrad bei einem Hinterausgang bereitgestellt. Ein schneller Abschied, B. schwang sich aufs Rad und holperte über die Felder davon.

„Da habe ich meine Mutter zum letzten Mal gesehen." Er nimmt sich Zeit und wischt die Tränen ab, bevor er weiter berichtet.

Während seine Mutter die Stasileute in ein Gespräch verstrickte, gewann er auf Seitenwegen einen Vorsprung, fuhr parallel zur F 96 in nördliche Richtung und kam unbehelligt über die West-Berliner Stadtgrenze. Einige Tage später wurde er via Tempelhof nach Westdeutschland ausgeflogen.

B. arbeitete bei der Bundeswehr, später als Kraftfahrer, war nun Frührentner.

Die Rehabilitation wurde für ihn und Erika B. ein Kampf mit hohen emotionalen Verlusten.

Schließlich brach bei B. ein Damm: Er schrieb sich alles von der Seele, berichtete dem Rehabilitationsrichter von den Folterungen, schilderte sie bis ins letzte Detail. „Es mußte raus", sagt B.

Der Bericht liegt bei den Akten des Gerichts, in einem verschlossenen Umschlag. Über das meiste darin kann B. nicht spre-

269

chen. Er bringt es nicht heraus, schon gar nicht gegenüber Erika B., mit der er mittlerweile zusammenlebt: „Wenn ich alles sagen würde, was mit ihrem Vater passiert ist, würde sie das nicht verkraften."

Erhard Hemmerling hat die verlorenen Jahre aus Selbstschutz weitgehend gestrichen. In der DDR wäre es ohnehin gefährlich gewesen, darüber zu sprechen. 1994 hat er eine Haftentschädigung erhalten, die Haftzeit wird auf seine Rente angerechnet. Seine Stasiakte will er nicht einsehen. „Was soll es mir schon bringen?" Schon zu erzählen, was er erlebt hat, wühlt ihn sichtlich auf.

Er müsse auf seine Gesundheit achten, sagt Vera Hemmerling.

Die Konfrontation mit seiner Stasiakte war für Fritz Peukert ein Schock: „Ich habe mich so aufgeregt, daß ich kaum etwas wahrnehmen konnte."

Er gab es auf, jedes Detail zu rekonstruieren, bestätigte sich anhand des Dokuments lediglich, was er schon ahnte: Wer ihn denunziert, wer ihn im im Knast bespitzelt, wer ihm draußen Schwierigkeiten gemacht hatte. Doch was hilft's? Niemand ist wegen der Dinge, die er den Peukerts angetan hat, heute noch zu verklagen.

Als Peukert 1977 das Rentenalter erreichte, war wenigstens die schlimmste Not vorbei – die Rente sicherte die Grundbedürfnisse des Exilanten im eigenen Land. Der Druck und der Zorn darüber, dem übermächtigen System ausgeliefert zu sein, blieben. Peukert fühlt sich nicht nur von den „Roten", wie er pauschal die Mächtigen in DDR und Sowjetunion bezeichnet, um sein Schiffahrts-Unternehmen betrogen, das er bis 1945 aufgebaut hatte, sondern auch um einen großen Teil seines Lebens.

Das Ende der DDR bedeutet für Fritz Peukert keinen Triumph.

Er projiziert die Machtlosigkeit, seine eigenen Rachegefühle befriedigen zu können, auf die ganze Führungsriege der DDR. „Man muß nur staunen, wie ungeschoren die davonkommen. Die tun jetzt noch so frech, es ist unglaublich! Schamlose, charakterlose Menschen sind das." Vor allem Egon Krenz und Hans Modrow

270

sind ein rotes Tuch für Peukert: angebliche Reformer, die bei vielen PDS-Leuten heute immer noch einen Stein im Brett hätten.

Peukert verhehlt nicht seine Bitterkeit. Er verharrt bis heute in einer inneren Emigration, denn für ihn persönlich ist Gerechtigkeit nicht zu erlangen. Mit seinem Haß ist er allein. Die ganze Familie lebt im Haus, Kinder, Schwiegerkinder, drei Enkel. Doch die haben die Vergangenheit weitgehend hinter sich gebracht. Und selbst Angela Peukert sagt: „Manchmal will ich von all dem Alten gar nichts wissen."

Das Ende der DDR nahm eine schwere Last von Joachim Mangelows Seele. Viele Indizien sprechen seiner Darstellung nach dafür, daß er bis 1989 bespitzelt wurde, auch wenn die ihm bislang bekannte Stasiakte – drei Bände – 1961, mit der Haftentlassung, endet. Die Vergangenheit holte ihn immer wieder ein, wenn er trotz guter Bewertung seiner Arbeit nicht befördert wurde, „wenn die Parteibücher" an ihm „vorbeizogen". Seine Einkommenseinbuße, die sich heute auf seine Rente auswirkt, schätzt er auf etwa 50 Prozent. Mangelow beklagt sich heute nicht. „So gut wie jetzt ist es mir nie gegangen."

Er weiß, daß das Urteil von 1953 gegen ihn nicht unrechtmäßig gewesen war, er hatte die ihm zur Last gelegten Taten ja begangen. Auch im Westen hätte ein Spion mit einem harten Urteil rechnen müssen. Die Mißhandlungen in der Haft indessen waren Verbrechen, Verstöße gegen Menschenrechte, über die er jetzt endlich offen reden kann. Mit der verstümmelten Hand, der Zerstörung seiner Familie – wie die Entfremdung von seiner ersten Tochter – ist aus dem Urteil „13 Jahre Haft" von 1953 trotz frühzeitiger Entlassung eine biblische, eine ewige Strafe für Mangelow geworden.

Schon 1964 wurde ihm ein Großteil seines Magens entfernt. Er verfügt über mehrere Atteste, daß die gesundheitlichen Schwierigkeiten, die er bis heute hat, eindeutig von Giften herrühren, die ihm als Häftling in Cottbus mit der Nahrung eingeflößt worden waren.

Entsprechend ist die Tiefe seines Traumas, aus der sein Haß erwächst. Aus dem freundlichen, ja leutseligen alten Herrn wird

271

ein scharfer, aggressiver Redner, wenn er auf die PDS zu sprechen kommt. Er unterstellt ihr – vor allem ihrer „Kommunistischen Plattform", den Wunsch, „die Uhr zurückzudrehen". „Davor habe ich Angst: Etwas Schlimmeres könnte nicht passieren."

Sensibel sammelt er Meldungen der Presse und protokolliert er Fernsehinterviews, wenn nur ansatzweise etwa vom „Schließen der Akten" oder vom „Schlußstrich" die Rede ist: „Das wäre eine Schweinerei."

Politisch-operative Siege

Bei jeder Rehabilitierung ehemaliger politischer Häftlinge bleiben Rechnungen offen. Niemand kann den Verlust an Lebenszeit ersetzen, niemand ist in der Lage, Selbstbewußtsein zurückzuerstatten oder eine erschütterte Moral zu restaurieren. Haftentschädigung wird gezahlt, für die meist älteren Betroffenen viel Geld, doch selbst wenn es mehr wäre: Der angerichtete Schaden ist nicht zu kompensieren.

Erna und Heinrich Wolfram hatten sich erhofft, mit dem Ende der DDR nicht nur entschädigt zu werden, sondern ihr vom Staat geraubtes Eigentum zurückzuerlangen. Die juristische Rehabilitation und die Haftentschädigung waren auch nicht schwer zu erhalten. Da mit dem Urteil vor 40 Jahren auch ihr Eigentum vom Staate DDR eingezogen worden war, dachten die beiden, Haus und Hotel zurückbekommen zu können. Doch obwohl sie Beweise für erlittenes Unrecht in Händen halten, steht die Rückgabe ihres Eigentums nicht in Aussicht.

Als Erna Wolfram am 30. November 1957, also nach fast drei Jahren, freikam, besaß sie gerade die 100 Mark, die sie für die Arbeit in der Näherei im Görlitzer Knast bekommen hatte.

Sie fand weder eine Wohnung noch Arbeit. Es wäre sinnlos gewesen, ihr Haus oder ihre alte Lebensgrundlage, das Hotel in Rathen, vom Staat zurückzuverlangen.

Sie kam bei ihren Eltern unter. Ihre Kinder konnte sie erst nach Weihnachten aus dem Kinderheim holen.

Mit den Kindern war die Not für Erna Wolfram noch erdrückender. Sie versuchte, sich mit Nähen durchzuschlagen. Das hatte sie im Knast gelernt. Viel brachte das nicht ein. Doch blieben weiter alle Bewerbungen erfolglos. Nur die Reichsbahn hätte sie übernommen, als Arbeiterin, Vollzeit für 225 Mark im Monat. „Das habe ich abgelehnt. Davon hätte ich die Familie nicht durchbringen können."

Freunde borgten ihr Geld, gelegentlich half sie als Verkäuferin aus.

273

Schließlich hatte Erna Wolfram aber doch Glück im Unglück. Ihr Vater besorgte ihr mit Hilfe eines Freundes eine Stellung bei der Staatlichen Versicherung der DDR.

Heinrich Wolfram konnte leichter als seine Frau wieder Fuß fassen. Er kam erst fünf Jahre später, am 15. September 1962, frei. Die Mauer war gebaut, der volkswirtschaftliche Ruin durch Abwanderung zunächst von der DDR abgewendet, und als Ausgleich für das gewachsene Defizit an Freiheit leistete sich der Staat ein wenig Milde, so weit es ihm nicht schaden konnte. Heinrich Wolfram bekam sofort Arbeit, wie seine Frau bei der Staatlichen Versicherung. Einmal in der Woche kam anfangs gar ein „Betreuer" von der Stasi, der Heinrich Wolfram fragte, wie es ihm so gehe und ob er etwa als ehemaliger Häftling Ärger habe. Sie bekamen eine Drei-Zimmer-Wohnung, erwarben allmählich bescheidenen Wohlstand.

Das Hotel in Rathen, von Wolframs aufwendig renoviert, war eine Gaststätte der HO geworden. Ob der FDGB, der Wolframs bei der Stasi angeschwärzt hatte, weil sie Gewerkschaftern keinen Rabatt einräumen wollten, mit der Leitung dieser gastronomischen Einrichtung zufriedener war, ist unbekannt.

In ihrem Haus in Frankfurt (Oder) wohnten seit 1955 Fremde als Mieter. Die Stadt hatte das Anwesen in der Kantstraße vom Gericht zur Verwaltung übertragen bekommen.

Am 11. Januar 1970 wurde das Haus einer Familie S. als Eigentum überlassen, als eine Art Wertausgleich im Rahmen des Verkaufs eines Hauses der S. an die Stadt. Das Grundstück blieb unter „Rechtspflegschaft" der Stadt, die Hausbesitzer hatten lediglich das Nutzungsrecht. Eine DDR-typische Konstellation, die im Sinne des sozialistischen Systems die Akkumulation von Immobilieneigentum in privater Hand verhindern sollte.

Die Hausbesitzer erwarben kurz vor Ende der DDR auch das Grundstück. Und zwar, woran auch die Alteigentümer nicht zweifeln, redlich. Die Käufer waren keine privilegierten Kader und konnten von Wolframs gar nichts wissen.

So verfing sich der Anspruch der Opfer in einem auch von Opferorganisationen immer wieder kritisierten Dickicht aus Präzedenzurteilen und Gesetzen. Zwar war die Beschlagnahme wie das ganze Urteil 1955 rechtswidrig gewesen, insofern hatte die Stadt

274

das Haus nicht redlich erworben. Doch beim Weiterverkauf lief alles sauber. Der Frankfurter Oberbürgermeister, Wolfgang Pohl, erklärte dies 1992 in einem Antwortbrief auf ein Schreiben der Wolframs von 1990 sogar persönlich.

Damit stehen Erna und Heinrich Wolfram im Regen.

Ihr Verständnis dafür, daß nach dem Entschädigungsgesetz der Wert des Hauses nach dem (fiktiven „Einheitswert") von 1935 berechnet werden soll, ist gleich Null. Sie hatten das Haus 1946 für 10 000 Mark gekauft und es ausgebaut, haben also schon auf der Basis des damaligen Werts einen erheblichen Verlust zu tragen. Vom heutigen ganz zu schweigen.

Auch das Hotel in Rathen wird ihnen nicht zufallen. Als Wolframs sich nach der Wende darum bemühten, es zurückzubekommen, um es zu verkaufen und sich von dem Geld einen angenehmen Lebensabend zu machen, wurden sie von der Gemeindeverwaltung des sächsischen Kurorts zunächst wie Bittsteller abgewimmelt.

Sie schalteten einen Anwalt ein. Der erhielt schließlich diese Antwort: Schon wegen der geleisteten Investitionen sowie angesichts eines Mangels an Kitaplätzen genieße die Gemeinde weiter Nutzungsrecht, bis sie die Kita aus eigenem Antrieb aufgebe. Auch das ist rechtens, ungeachtet der Tatsache, daß Heinrich Wolfram seit Jahren krank ist und auch Erna Wolfram ihre Lebenskraft schwinden fühlt. Sie sind Eigentümer, aber haben nichts davon. „Bis die die Kita aufgeben, sind wir tot", glaubt Erna Wolfram. Zumal ihr Anwalt offenbar die geltenden Gesetze und neuesten Präzedenzurteile nicht kennt, nach Lage der Akten Fristen versäumt hat und einen – nicht ganz aussichtslosen – Rechtsstreit in dieser Sache mied.

Auch politisch läßt sich offenbar nicht der Hebel ansetzen, um die Gemeinde Rathen umzustimmen. Die Wolframs nahmen Kontakt mit dem Frankfurter CDU-Bundestagsabgeordneten Ulrich Junghanns[69] auf, der auf die Darstellung der Rechtslage ebenso befremdet reagierte wie die Opfer selbst. Doch hat sich nichts be-

---

[69] Junghanns war der letzte Vorsitzende der Demokratischen Bauernpartei Deutschlands. Er führte die Blockpartei nach der Wende geschlossen in die CDU, gehörte eine Zeitlang deren Bundesvorstand an.

wegt, und das Ehepaar ist nach Jahren zermürbender und (wegen der Anwaltskosten) teurer Bemühungen dahin gelangt, sich von dem Hotel zu verabschieden.

Und außerdem, sagt Erna Wolfram plötzlich, sei ihr Sohn als politischer Häftling im Gefängnis gestorben, und niemand wisse, woran. Wegen angeblichen Rowdytums hätte er im Cottbuser Knast gesessen, Anfang der 70er Jahre, und dann war der zuvor kerngesunde Junge plötzlich tot. Keine Akten, keine Mitteilung, der man irgendwelche erhellenden Details hätte entnehmen können – nichts, bis heute.

Wolframs haben jedes Vertrauen in höhere Instanzen verloren. So ziehen sie im letzten Abschnitt ihres Lebens eine Bilanz, die auf der Haben-Seite keine Einträge aufweist. Die Stasi hat in ihrem Fall obsiegt. Mehrfach und nachhaltig.

Niemand weiß, wie viele Menschen genau aus politischen Gründen in der DDR inhaftiert waren, wie auch die Zahl derer, die danach dort blieben, unbekannt ist. Zu vielfältig waren die Mittel, die die Staatssicherheit anwandte, zu ausgeklügelt die Methoden, die es erlaubten, den Anschein des Rechts zu wahren, wo hinter den Kulissen in einem Komplott zwischen Partei, Stasi und Justiz blankes Unrecht ausgekocht worden war.

Wahrscheinlich leben noch viele Tausende, überwiegend alte Menschen, bei denen das System den Sieg davongetragen hat, die bis heute ihr Schweigen nicht brechen können. Nicht allein wegen der traumatischen Erfahrungen, die zu erinnern so starke Emotionen wecken könnte, daß die Verdrängung als die sicherere Taktik erscheint, das Leben zu meistern. Viele fühlen noch immer Scham, sehen sich als Ausgestoßene der Gesellschaft. Sie wurden durch Partei, Staatssicherheit und deren Helfer nicht nur demoralisiert, zersetzt, ihrer Habe und einiger Jahre beraubt, sondern auch ihres Selbstwertgefühls und ihrer Identität. Da hat die „Umerziehung" gegriffen, mit der die „Feinde" des Systems neutralisiert werden sollten.

„Es gibt immer noch viele, die denken: ‚Vielleicht war ja doch was dran. Ohne Grund wird der nicht gesessen haben'", sagt Rudi K. Da regt sich bei ihm ein absurdes Gefühl der Schuld, schlech-

276

tes Gewissen. Eine Projektion der Gefühle, die er anderen unterstellt: Du hast im Knast gesessen – Du bist für alle Zeit ein Gezeichneter, ein Außenseiter.

Dies hat K., der eine Woche nach dem Mauerbau wegen „staatsgefährdender Hetze" für über ein Jahr inhaftiert worden war, nie verarbeiten und überwinden können. Auch über das Ende der DDR hinaus nicht. Denn er glaubt, daß in vielen Köpfen 1961 gegen ihn erhobenen Vorwürfe noch ebenso festsitzen wie in ihm die furchtbare Erinnerung daran, der Angeklagte gewesen zu sein.

Schließlich wurde in der DDR genug unternommen, um die Erinnerung an sein „Verbrechen" wachzuhalten. So fand er kurz vor der politischen Wende im Rahmen einer innerbetrieblichen „Glasnost"-Aktion in seiner Kaderakte den handgeschrieben Zettel vom 24. August 1961 des Denunzianten Kr., der die Grundlage der Klage gewesen war:

„Der Kollege K(...) Rudi, äußerte sich bei einer Diskussion über die Lösung der Westberlinfrage, betrifft Friedensvertrag. Mit Hungersnot und Stänkerei holt Ihr den Sozialismus ein. Es ist eine Schande für uns mit der Grenzversiegelung, wo es doch die ganze Welt sieht und erfährt.

Er schildert den Lebensstandart wie es in Westberlin ist, was er dort alles schönes zu kaufen bekommt, was für schöne Schuhe sein Onkel trägt, die er bei uns hier noch nie gesehen hat. Weiter erzählte er von den Tomaten die er hier nicht bekommt und in Westberlin bekommt er sie an den Kopf geschmissen.

Er sagte Wörtlich, es gebe eine neue LPG Typ 4, Land in Osten Bauern in Westen.

Weiterhin äußerte er sich, daß Polizisten und 2 Kämpfer der Kampftruppe nach den Westen abgehauen sind. (Rias gehört)

Dazu sagte er, wenn es anders kommt, hängt man Euch Genossen mit den Beinen nach oben auf, es wäre jetz schon besser ein Loch zu graben Euch reinzuhauen und zuzuscheißen.

Er erzählte weiter das sie für Ihn nur 10 Minuten die Grenze aufmachen, daß er die DDR verlassen kann.

Der Kollege K(...) äußerte sich, als ich mit Ihm diskustierte, was sein Vater dazu sagen würde, sagte er, Mein Vater hat auch seine Eigene Meinung, er sieht so manches ein was bei uns gemacht wird, nicht so richtig ist.

277

Er sagte zu mir, falls ich etwas einen anderen, schlägt er mich zusammen. (gez.) Heinz Kr(...)"

„Ich konnte es gar nicht fassen. Wie kam das Ding da hin? Ich war wie vom Donner gerührt." K. faßte sich ein Herz, nahm den Zettel aus der Akte und rückte ihn auch nicht wieder heraus, als die Sekretärin des Kaderleiters ihn unterrichtete, daß dies nicht erlaubt sei. „Nach fast 30 Jahren lag das Ding noch bei meinen Papieren. Da war mir alles egal."

Der denunziatorische Brief des Kollegen Kr. an die Stasi war der entscheidende Strang eines Geflechts aus Lügen und Verrat, in dem Rudi K. wegen Hetze dingfest gemacht worden war. Am 14. August 1961 gab er Kollegen im EKO gegenüber folgenden Kommentar zum Mauerbau: „Das ist eine Schande, durch Berlin eine Mauer zu bauen."

Mit dieser Meinung stand er nicht allein. „Am 14. August 1961 wurde im Betrieb eine Versammlung zum Mauerbau gehalten. Der war an dem Tag natürlich sowieso das Thema. Wir haben dauernd darüber gesprochen. Alle haben sich geäußert, und die meisten waren dagegen." Der Denunziant habe aus dem Gespräch Aussagen zusammengestellt und ihm in den Mund gelegt. „Ich habe zum Beispiel keinen Onkel in West-Berlin", sagt K. Und von der Verfügbarkeit von Obst, Schuhen und anderer Ware in Ost und West sei ohnehin immer wieder die Rede gewesen.

Als Rudi K. am 19. August 1961 festgenommen wurde, hatte er sich gerade eine kleine Existenz geschaffen. Der damals 26jährige war seit Mai 1961 verheiratet, hatte eine neue Wohnung in Stalinstadt bezogen. Dorthin kamen an dem Sonnabend „zwei Koffer von Polizisten, die mir alle möglichen Äußerungen vorwarfen."

Während K. unter Drohungen – „Ich schlage Sie zusammen, wenn Sie nicht unterschreiben", sagte der Vernehmer –, und Schlafentzug ununterbrochen verhört wurde, tauchten Stasi-Leute auch bei seiner Frau auf. Sie solle endlich die Waffe ihres Mannes herausgeben, sagten sie und durchsuchten die Wohnung.

Wie bei einer Durchsuchung vorgeschrieben, wurden Zeugen hinzugezogen. Nachbarn aus dem Haus. So war für das gesamte Umfeld klar: Bei K.s stimmt etwas nicht. Damit wurde der An-

278

fang gesetzt für Rudi K.s bis heute nicht verarbeitetes Schuld-Trauma.

K. wurde von seiner Festnahme an fünf Tage lang praktisch ohne Unterbrechung verhört. Unablässig strahlten ihn die Stasi-Vernehmer mit zwei Scheinwerfern an. Eine Zermürbungstaktik: Da der vor Furcht zitternde Gefangene im gleißenden Licht, dahinter, für den Gefangenen unsichtbar, die Stasileute, scheinbar allwissend, überlegen, aggressiv, gnadenlos. „Ich habe schließlich unterschrieben, was die mir aufgeschwatzt haben", berichtet K.

Da konnte die Propagandamaschine anrollen. Die Brigade, in der K. bis zu seiner Inhaftierung gearbeitet hatte, übte in einem offenen Brief in der EKO-Betriebszeitung „Unser Friedenswerk" vom 31. August 1961, gegenüber dem „Werten Genossen Franke", der damals als 1. Sekretär der SED-Kreisleitung Stalinstadt vorstand, Selbstkritik:

> „Aus dem Prozeß und unseren Diskussionen darüber haben wir eine wichtige Schlußfolgerung: Wir haben für unsere Brigade die klassenmäßige Erziehung vernachlässigt und haben lange geduldet, daß einer von uns gegen die Partei auftritt, der wir alle unendlich viel zu verdanken haben."

Der „Fall K." wird nach dieser zerknirschten Einleitung ausführlich – und nahezu in denselben Worten wie denen des Denunzianten – geschildert. Eine zeitgenössische Spielart des Prangers.

K. wurde ins Kriminalgefängnis in der Frankfurter Gartenstraße verlegt. Das war ungewöhnlich, denn normalerweise kamen Fälle der Stasi auch in deren Untersuchungshaftanstalt in der Großen Oderstraße. Nicht so K. Vom unschuldig eingekerkerten „Politischen" wurde er so zum Kriminellen quasi degradiert, denn in der Gartenstraße galt der Spruch „Hier sind sie alle unschuldig" als eine Art Latrinenwitz – für K. ein weiterer Baustein seines Traumas.

Die Behandlung war schlecht. K. saß mit vier weiteren Männern auf einer Zelle. „Die hatten so eine Luke in der Zellentür. Da haben sie ein halbes Brot reingeworfen, davon sollten wir alle satt werden." Doch die Erinnerung daran ist bei Rudi K. relativ schwach. Einen tiefen, wiederum traumatischen Eindruck hinterließen die Umstände, unter denen er wenige Tage später von dem

Gefängnis über die Straße zum benachbarten Gericht gebracht wurde: „Zu Fuß, in Ketten. Vor allen Leuten!"

K.s Prozeß war kein großes Propagandaspektakel. Die Ursache könnte auch der Grund dafür gewesen sein, aus dem man K. nicht in die Stasi-Haftanstalt gebracht hatte: Die Gefängnisse waren überfüllt, die Gerichte überlastet.

Bezirksstaatsanwalt Klühsendorf drehte in der Klageschrift die Biographie des Angeklagten so zurecht, daß auch aus im DDR-Sinne positiven Daten ein Indiz für seine Täterschaft wurde. So hatte K. fünf Jahre freiwillig bei der Kasernierten Volkspolizei und der Nationalen Volksarmee gedient – vor Gericht wurde daraus eine besonders raffinierte Masche zur Tarnung seiner staatsfeindlichen Machenschaften.

„Das kann man nie vergessen. Ich will von diesen Dingen Ruhe haben, will nicht mehr daran erinnert werden."

Rudi K. wurde wegen staatsgefährdender Hetze zu zwei Jahren und fünf Monaten Zuchthaus verurteilt. Man brachte ihn nach Gera, wo er in der Kammgarnspinnerei des Gefängnisses arbeitete. „Nach der Hälfte der Zeit war ich draußen." Das war am 3. November 1962.

Nachdem er erfahren hatte, daß er entlassen werde, konnte er nicht mehr essen oder schlafen, nicht einmal rauchen, „vor Angst, was die Leute draußen sagen werden."

Sie sagten nichts. Aber K.s Suche nach Arbeit verlief erfolglos. Im EKO wurde er abgewiesen. Obwohl weite Teile der Stadt, die mittlerweile Eisenhüttenstadt hieß, im Bau waren, um Wohnungen für dringend im Stahlkombinat gebrauchte Arbeitskräfte zu errichten, gab es auch auf dem Bau keine Stelle für ihn. „Zwei Wochen lang bin ich herumgelaufen und habe keine Arbeit gefunden."

In dem Maschinenbaubetrieb in Finkenheerd, in dem er gelernt hatte, fand er schließlich Arbeit.

Dieselbe stille Renitenz Offizieller und Halboffizieller bekam auch seine Frau auf der Suche nach einem Krippenplatz für den inzwischen geborenen Sohn zu spüren. Die Frau arbeitete im Eisenhüttenstädter Heizkraftwerk und konnte das Baby schlecht mit an den Arbeitsplatz nehmen. Erst als sie wegen des Kindes ihre Kündigung einreichte, eilte sich der Betriebsleiter, einen Krippenplatz zu beschaffen.

Später wurde der Sohn trotz guter Noten nicht zum Studium delegiert, weil er keinen Betrieb fand, der ihm mehr als eine Lehrstelle geben wollte. Der Junge solle in die Partei eintreten, dann werde das schon klappen, hieß es inoffiziell.

Alle Rückschläge waren Bausteine für K.s Gefühl, ein Außenseiter zu sein, ein Schädling in den Augen aller anderen, die Zeit ihres Lebens unauffällig, angepaßt, akzeptiert gewesen waren.

Schon im Knast hatte er sich gefragt, ob er nicht doch irgend etwas falsch gemacht habe.

Die DDR hatte ihn kleingekriegt, sie hatte sein Gefühl für Recht und Unrecht zerstört.

K.s Vertrauen in seine Mitmenschen ist so weit erschüttert, daß er noch immer nicht zur Tagesordnung übergehen kann. Ja, er ist rehabilitiert; ja, die EKO-Betriebszeitung hat sich schon 1990 öffentlich bei ihm entschuldigt. Doch da ist der ehemalige Parteisekretär, der zugegeben hat, über K. alle drei Monate Berichte – an wen nur? – angefertigt zu haben, weil er doch ein Verbrecher war; da sind frühere EKO-Kollegen, die ihm noch heute aus dem Weg gehen.

K. wird den Denunzianten Kr. nicht anzeigen: „Die haben alle Bewährung gekriegt, die verklagt wurden."

Für die Behandlung Erich Mielkes durch die bundesdeutschen Gerichte hat K. kein Verständnis. Die DDR-Justiz, da ist er sich sicher, hätte wegen Alters und Krankheit eines Angeklagten nicht soviel Milde gezeigt, hätte angesichts der Komplexität des Themas nicht vor der Staatssicherheit zurückgesteckt und statt dessen ein butterweiches Urteil wegen eines sechs Jahrzehnte alten Mordes gefällt.

Der Rechtsstaat kann K.s verletztes Rechtsempfinden nicht kitten. Er fordert unnachsichtliche Strafen für die Täter, möchte, daß schon die Härte der Urteile das Ausmaß ihrer Schuld vor aller Welt dokumentiere. Gerechtigkeit in seinem Sinne wäre, sie – auf welche Weise immer – öffentlich auszustellen. Doch wird nicht einmal die Strafverfolgung mit dem nötigen Ernst betrieben.

K. demonstriert seine Haltung so, wie er glaubt, die Republik treffen zu können: „Ich gehe in kein Wahllokal mehr."

Zur Entstehung dieses Buches

„Ja, schreiben 'Se mal darüber", brüllte mich ein alter Mann im Herbst 1993 im Frankfurter Kongreßhotel an. „Wetten, in ihrem komischen Laden kriegense Ärger schon für die Idee?!" Natürlich wollte ich über sein Schicksal schreiben, Jahre im DDR-Knast, üble Haftbedingungen, Stasi-Zersetzung der ganzen Familie... Ich hatte ihn und andere Stasiopfer bei einer Veranstaltung der Gauck-Behörde kennengelernt.

Es war übrigens nicht ganz so, wie die alten Herren behaupteten. Die „Märkische Oderzeitung" hatte durchaus einiges unternommen, um Licht ins Dunkel der Vergangenheit zu bringen. Ein Redakteur hatte „Täter-Opfer-Gespräche" veranstaltet, andere MOZ-Leute gelegentlich lange Schicksalsberichte über Einzelfälle verfaßt.

Doch war das Thema heimatlos, hatte weder einen festen Platz in der Zeitung, noch mochte es jemand dauerhaft betreuen. So rannte ich mit der Idee, in einer Artikelserie über Stasiopfer zu berichten, offene Türen ein. Gelegentlich bekam ich aber auch zu hören: Muß denn das sein? Wer braucht die alten Geschichten?

Der frühere Stasi-Bezirk Frankfurt (Oder) steht exemplarisch für die ganze frühere DDR. Gleich nach der Wende hatte die Bürgerbewegung überall den Versuch unternommen, die Schicksale von Opfern zu erfassen und öffentlich zu machen. In Frankfurt gründeten Kirchenleute und Mitglieder der Bürgerbewegung einen Runden Tisch, der es sich zur Aufgabe machte, Interviews mit Opfern der DDR zu führen. Diese Interviews sollten im Wortlaut protokolliert und publiziert werden.

Als die Runde zum ersten Mal zusammenkam, war das Stasi-Unterlagengesetz in seiner heutigen Form noch nicht erlassen. Es war auch weitgehend unbekannt, wie viele und welche Stasi-Unterlagen erhaltengeblieben waren.

Es ging also nicht etwa um den Versuch, auf Stadt- und Bezirksebene Geschichtsforschung „von unten" zu betreiben, also um Heimatkunde als Alternative zu einer auch öffentlich und professionell betriebenen Wissenschaft. Es ging darum, Geschichten

282

endlich an den Tag zu bringen, die in der DDR vertuscht worden waren: Geschichten über die Abgründe, in die ein sich blindwütig verteidigender, ideologisch geprägter Staat seine Bürger täglich stoßen konnte, wenn er es für nützlich, für politisch geboten hielt.

Die Protokolle des Runden Tisches sind nie veröffentlicht worden. Pfarrer Christian Gehlsen, damals bürgerbewegter Teilnehmer der Runde und heute parteiloser Landtagsabgeordneter in der Fraktion der PDS, soll dabei die treibende Kraft gewesen sein. Die Zeit sei nicht reif dafür, meinte er.

Darin fand er Zustimmung bei Opfern und bei Tätern. Die einen glaubten sich zu bloßen Lieferanten wohlfeiler Horrorgeschichten degradiert, fürchteten auch neuen politischen Mißbrauch. Die anderen fühlten sich zur Jagd freigegeben. Beide Positionen waren geprägt durch den Umgang vor allem der Boulevardpresse und der privaten Fernsehsender mit dem Thema Stasi.

Befriedigt hatte dies Ergebnis der monatelangen Bemühungen des Runden Tisches freilich niemanden. Der Frankfurter Wohnungsamtsleiter Clemens Hansch, selbst Opfer der Staatssicherheit und Teilnehmer der Runde, hatte sich davon erhofft, „Täter und Teilnehmer" durch die Veröffentlichung der teils erschütternden Berichte zur inneren Einsicht bringen und zu Bußfertigkeit bewegen zu können. Erhofft hatte er sich auch eine öffentliche Diskussion über die Vergangenheit – aus dem Gefühl heraus, daß schon aus Gründen der Moral nicht wieder ein Schlußstrich gezogen werden dürfe wie nach 1945, als sich die meisten Täter unwidersprochen als zu ihren Taten oder Unterlassungen genötigt präsentieren konnten.

Als Hansch Anfang 1994 in einem Interview mir gegenüber diese Position vertrat, bezeichnete er auch eine allenthalben bemerkbare Verklärung der DDR zu einem Staat, in dem „wenigstens soziale Gerechtigkeit geherrscht habe", als unerträglich.

Hansch erzählte mir eher beiläufig von den Protokollen des Runden Tischs, von deren Existenz ich bis dahin nichts gewußt hatte. Es ging ihm darum, klarzumachen, daß die Debatte über die DDR allzusehr an prominenten Tätern festgemacht war, die mit Hilfe prominenter Opfer die Rhetorik und die Richtung der Diskussion bestimmten.

Schon um auch einmal „kleine Opfer" mit ihren Biographien einer größeren Öffentlichkeit vorzustellen, war ich gleich sehr interessiert daran, die Protokolle des Runden Tischs in der „Märkischen Oderzeitung" zu veröffentlichen. Ich bat Hansch darum, für mich bei den anderen Mitgliedern des Runden Tischs zu vermitteln.

Bis heute habe ich keins der Protokolle zu Gesicht bekommen. Das pauschale Mißtrauen gegen „die Medien" war offenbar zu groß gewesen. Ich beschloß, selbst mit Opfern in Kontakt zu treten und eigene Interviews zu führen. Nur wie? Ich konnte mich schlecht ans Telefon hängen und eine Nummer nach der anderen im Telefonbuch abhaken: Tag, sind Sie ein Stasiopfer...?

Diesmal war Hanschs Vermittlung erfolgreich. Er führte mich im Frühjahr 1994 zu Manfred Neumann, einem Frankfurter Maler, der im Rahmen einer Arbeitsbeschaffungs-Maßnahme im Frankfurter Stadtmuseum Viadrina am Aufbau einer Gedenkstätte für die Opfer politischer Gewaltherrschaft beteiligt war. Neumanns Aufgabe bestand darin, für die Dokumentation der Gedenkstätte Opfer der Staatssicherheit zu befragen und mit seinen Gesprächsprotokollen die von den Stasi-Opfern der Gedenkstätte zur Verfügung gestellten Akten zu ergänzen. Neumanns Arbeit beruhte zum Teil auf den Ergebnissen des Runden Tischs. Auf dessen Beschluß ging auch die Entscheidung der Stadtverwaltung zurück, die Gedenkstätte zu gründen.

Manfred Neumann, ein sehr ruhig und besonnen wirkender Mensch mit einem Naturell, das selbst auf ältere Menschen einen väterlichen Eindruck macht, war zu Beginn der Arbeit an meiner Serie über Stasi-Opfer in Stadt und Bezirk Frankfurt (Oder) eine unverzichtbare Hilfe. Er genoß bei seinen Gesprächspartnern großes Vertrauen, ohne ihn hätte kaum eines der Stasi-Opfer mit mir gesprochen.

Das Grundmißtrauen ist sehr groß. Einige sagten, sie würden „normalerweise nicht mit einem Journalisten der ‚Märkischen Oderzeitung' reden", weil das Blatt aus dem „Neuen Tag", dem DDR-Bezirksorgan der SED, hervorgegangen sei. Hier half nicht nur Neumanns Vermittlung, sondern auch der sonst in den neuen Bundesländern nicht immer hilfreiche Umstand, daß ich als Westdeutscher, der im letzten Jahr der DDR 26 Jahre alt war, garantiert weder Täter noch Teilnehmer gewesen sein kann.

284

Die 80 Folgen der Serie mußten für dies Buch völlig neu strukturiert werden. Ich habe die Schicksalsberichte mit historischen Hintergründen angereichert, chronologisch und thematisch neu zu einer Collage zusammengestellt, die ein unvollständiges Bild der DDR wiedergibt. Unvollständig, weil es durch die Wahrnehmung und das Erinnerungsvermögen meiner Gesprächspartner gefiltert ist. Es ist das Bild der DDR, das sich Opfern vermittelte.

Zu danken habe ich an erster Stelle Manfred Neumann. Er arbeitet mittlerweile wieder als freier Künstler, denn seine ABM ist ausgelaufen, wodurch die Gedenkstätte für die Opfer politischer Gewaltherrschaft und die im Aufbau befindliche einschlägige Dokumentation des Frankfurter Stadtmuseums Viadrina mangels Finanzen praktisch brachliegen – allen politischen Lippenbekenntnissen zum Trotz.

Mein Dank gebührt ferner dem Herausgeber der „Märkischen Oderzeitung", Claus Detjen, für den Rückhalt, den er mir für die Artikelserie gewährte, und seine Unterstützung bei der Suche nach einem Verlag für dies Buch.

Ich danke zudem der Außenstelle Frankfurt (Oder) der Behörde des Bundesbeauftragten für die Unterlagen des Staatssicherheitsdienstes für ihre Hilfe bei meiner Recherche.

Und natürlich meiner Frau, Katja, die mich wochenlang nur über den Computer gebeugt zwischen Stasiakten und Bücherstapeln am Schreibtisch hocken sah.

Joachim Widmann

Aufgrund eines technischen Versehens der Druckerei ist die Danksagung des Autors in der vorliegenden Ausgabe von „Dich kriegen wir weich" im Druck ausgefallen.